리훙장 李鴻章 평전

리훙장 평전

량치차오一梁啓超一 지음
박희성 · 문세나 옮김

프리스마

리훙장 李鴻章 다시 읽기

한국사에 관심이 있는 사람이라면, 리훙장(이홍장李鴻章)이라는 이름을 들어본 적이 있을 것이다. 리훙장은 19세기 후반 청나라 대신大臣으로 조선에 대한 종주권을 주장하고 내정에 간섭했으며, 조선을 두고 일본과 청일전쟁清日戰爭을 벌였던 인물이다.

19세기 후반 청나라의 리훙장은 대조선 정책을 주도했다. 처음에는 소극적인 불간섭정책을 펴나가던 그는 임오군란 수습 과정부터 실질적인 간섭정책으로 전환했다. 이후 리훙장은 위안스카이袁世凱를 파견하여 조선 정부의 내정 및 외교에 적극적으로 간섭했다. 심지어 고종이 주미전권공사駐美全權公使로 파견한 박정양朴定陽이 영약삼단另約三端[1]을 준수하지 않자, 리훙장은 조선 정부에 압력을 넣어 그를 귀국시켰으며, 이후 위안스카이를 앞세워 그 일을 계속 문제 삼았다.

리훙장의 역할은 조선에만 국한되지 않았다. 그는 19세기 중국 근대사에서 40여 년이나 실권을 장악하는 동안 태평천국太平天國과 염군을 진압했고, 그 실력을 인정받아 정치적으로 대학사, 북양대신, 총리아문 대신 등을 역임했으며, 기울어가는 청나라를 대표해 굴욕적인 조약 체결 현장에 참석하는 등 외교가로서 19세기 중국 근대사의 중요한 장면에 어김없이 등장한 인물이다.

---

1 영약삼단: ① 조선 공사는 임지에 도착하는 대로 그곳 청국 공사를 방문하고, 청국 공사와 함께 주재국의 외무성을 방문해야 하며, ② 의식 및 연회에서는 청국 공사의 뒤를 따르고, ③ 중대한 외교상의 안건은 미리 청국 공사와 의논한다.

1896년 독일을 방문한 리훙장에게 빌헬름 2세는 '동양의 비스마르크'라는 수식어까지 붙여주며 그를 추켜세웠다. 하지만 그의 사후死後 중국에서 그에 대한 평가는 매국노, 한간漢奸, 부정부패자 등 부정적인 면이 강했다.

그러나 최근 개혁·개방을 거쳐 경제 강대국으로 성장한 중국은 양무운동洋務運動을 긍정적으로 평가하면서 리훙장을 태평천국의 난으로부터 나라를 구하고 서양 문물을 받아들여 중국을 강대국으로 만들기 위해 최선을 다한 애국자이자 민족주의 정치가, 이이제이以夷制夷로 열강을 견제하려 했던 외교가로 재평가하고 있다.

과연 리훙장은 서양 열강에 나라를 판 매국노인가, '동양의 비스마르크'인가? 역사적 사건이나 역사 속 인물에 대한 해석은 시대에 따라 달라지게 마련이라지만, 그에 대한 평가는 너무 극단적이다. 격동의 19세기 중국 근대사를 바로 이해하고 그 당시 실권자인 리훙장에 대해 올바른 평가를 내리기 위해서는 우선 그가 어떤 인물인지 제대로 알아야 할 필요가 있다.

그런 의미에서 이 책은 좋은 길잡이가 될 것이다. 리훙장과 같은 시대를 살았던 중국 근대 대사상가 량치차오(양계초梁啓超)가 이 책에서 자신의 정적政敵이었던 리훙장을 비교적 객관적인 눈으로 평가하고 있다. 이제 리훙장에 대한 판단은 독자의 몫이다. 이 책을 통해 낡은 생각은 버리고 새로운 눈으로 리훙장과 다시 마주하길 바란다.

박희성

지은이 소개

량치차오는 누구인가?

량치차오梁啓超(1873~1929)는 중국 청나라 말의 대표적인 계몽 사상가이다. 1873년 광둥성廣東省에서 태어난 량치차오는 12세에 수재秀才 시험에 합격하고, 17세이던 1889년에 거인擧人이 되었다. 이듬해 장흥학사長興學舍를 열고 학생들을 가르치던 대학자 캉유웨이康有爲(1858~1927)의 문하로 들어가 제자가 되었다. 량치차오는 캉유웨이의 입헌제 주장 및 대동설大同說에 공감하여 적극적인 협조자가 되었다.

1894년 시작된 청일전쟁에서 일본에 일방적으로 패한 청은 1895년 마관조약(시모노세키조약)을 체결하게 된다. 이에 회시를 보기 위해 베이징에 모였던 거인들은 조약의 폐기를 호소했으며, 캉유웨이와 량치차오는 광서제光緖帝에게 만언서萬言書를 올렸다. 이 사건 이후 캉유웨이는《만국공보萬國公報》를 창간하여 변법의 중요성을 홍보하기 시작했고, 량치차오도 변법운동의 중심에서 활동했다. 1895년부터 변법을 추진하는 거인들의 모임인 강학회强學會의 서기가 되어 활동했으며, 1896년에는《시무보時務報》의 주필을 담당하면서 변법을 설명하고 선전하는 글인「변법통의變法通議」를 연재했다.

결국 1898년 6월 광서제는 '명정국시明定國是'라는 조칙을 내리게 되는데, 이 개혁이 무술변법운동戊戌變法運動이었다. 그들이 제안한 개혁안 중에는 현대식 학교의 설립, 과거제도의 갱신, 국가제도의 개편을 주장하는 내용 등이 포함되어 있었다. 그러나 광서제의 의지로 탄생한 변법정부는 서태후를 중심으로 한 보수파의 반격인 무술정변戊戌政變으로 100일 만에 무너졌다. 광서제는 잉타이瀛臺에 유폐되고 변법자강파에 대한 체포명령이 내려졌다. 캉유웨이와 량치차오는 일본으로 망명했고, 탄쓰퉁譚嗣同(1865~1898)을 비롯한 무술6군자戊戌六君子는 죽임을 당했다.

 량치차오는 일본에서 《청의보淸議報》, 《신민총보新民叢報》, 문학지인 《신소설新小說》을 간행했으며, 입헌군주제를 세우자는 신민설新民說을 주장했다. 그는 일련의 언론 활동을 전개하면서 자신만의 독특한 문체인 보장체報障體 또는 신문체新文體를 만들어냈다. 이 시기는 중국인에 대한 량치차오의 영향력이 가장 극대화된 시기였다. 헌법, 정당, 화폐제도, 학교제도, 인재선발제도 등의 근대적 정치제도를 비롯해 데카르트, 루소, 칸트 등의 근대 철학자의 사상까지, 이른바 모든 신사상이 중국에 전해졌다.

 1905년 쑨원孫文을 중심으로 한 '중국동맹회'가 결성되어 혁명의 기운이 일어났다. 정치적으로 입헌군주제를 주장하던 량치차오는 쑨원과 전면적인 논전을 펼쳤다. 당시 쑨원의 혁명파는 만주족인 청조를 뒤엎고 한족 중심의 새 나라를 건설하자는 '멸만흥한滅滿興漢'을 내세웠다. 이에 량치차오는 한漢·만滿·몽蒙·장藏·회回 등 소수민족을 하나로 묶는 대민족주의大民族主義를 주장했다.

1911년 혁명파의 무장봉기가 시작되어 1912년 중화민국이 수립되었다. 그해 11월 14년간의 망명생활을 끝낸 량치차오는 귀국하여 정치활동을 펼쳤다. 1913년 진보당進步黨을 조직하여 위안스카이袁世凱를 지지하고, 사법총장으로 취임했다. 그러나 1915년 위안스카이가 스스로 황제가 되려고 하자, 호국군護國軍을 지원하여 위안스카이를 몰아내는 데 앞장섰다. 1917년 장쉰張勳과 캉유웨이가 복벽운동을 벌이자, 량치차오는 돤치루이段棋瑞와 함께 그들을 토벌했다. 이후 쑨원과의 경쟁에서 밀린 돤치루이가 사직하자, 그도 1917년 정계에서 완전히 은퇴했다. 그 직후 1년 동안 유럽여행을 했고, 1923년『청대학술개론清代學術概論』및 1923년『선진정치사상사先秦政治思想史』를 출간하는 등 학술사업에 몰두하다가 1929년 사망했다.

량치차오는 한국(대한제국기와 일제시대)에도 많은 영향을 주었다. 당시 한국이 처한 상황에 관심이 많았던 그는 한국에 관련된 여러 글을 썼다. 그가 쓴 「조선망국사략」, 「조선 망국」, 「조선 멸망의 원인」, 「일본병탄 조선기」등의 논설들은 한국에 소개되어 당시 지식인들에게 많은 자극을 주었다. '음빙실 주인飮氷室主人'이라는 호로 널리 알려진 그의 저서들도 한국에 소개되었다.『음빙실 자유서飮氷室自由書』는 정항기,『월남 망국사越南亡國史』는 현채,『이태리 건국 삼걸전伊太利建國三傑傳』은 신채호,『중국혼中國魂』은 장지연,『학교총론學校總論』은 박은식이 국한문 혼용체로 옮겼다. 이렇게 옮겨진 량치차오의 책과 논설들은 중고등학교 교육용으로도 활용되었으나, 결국 일제에 의해서 금서禁書로 지정되었다.

"있는 그대로의 모습을 그려라"

1. 이 책은 서양식 전기傳記 문체에 따라 리훙장李鴻章의 일생을 기록하고 서술했다. 그리고 거기에 평론을 덧붙여 리훙장이라는 인물에 대한 독자들의 이해를 도왔다.

2. 중국의 기존 문체는 한 사람의 자취를 기록할 때 어떤 경우에는 전傳을, 어떤 경우에는 보譜를, 어떤 경우에는 행장行狀을 사용했다.[1] 단, 논평은 글의 맨 마지막이 아니라, 완결된 문장 말미에 덧붙였다. 이렇게 서술하는 중간 중간 논평하는 방식은 사마천司馬遷이 처음 만든 것으로, 『사기史記』의 「백이열전伯夷列傳」, 「굴원열전屈原列傳」, 「화식열전貨殖列傳」의 문장 모두가 이와 같은 방식으로 씌어졌다. 후세 사람들은 역사 지식이 부족하여 감히 그를 따라 할 수가 없다. 나 또한 우둔하여 중간 중간 논평하는 방식을 그대로 모방했다.

3. 최근 40년 동안 중국의 중대 사건 중 리훙장과 관련되지 않은 것은 거의 없다. 따라서 리훙장 평전을 쓰는 데 근대적인 문체와 리훙장에 대한 일반적인 시각을 버리고 쓸 수는 없다. 시국에 대한 나의 견해를 숨기지 않은 것은 이 책이 옛 사람들을 위한 것이 아니라 후손들을 위한 것이기 때문이다. 시간이 충분하지 않고, 주위에 참고할 만한 책이 한 권도 없다는 것이 안타까울 따름이다. 따라서 오류가 있을 수 있다. 훗날 다시 수정할 기회가 있기를 바란다.

---

1 중국의 옛 글은 한 사람의 자취를 기록할 때, 그 사람의 일생을 적는 전기(傳) 형식, 그 사람의 일생을 연월 순으로 간략하게 적는 연보(年譜) 형식, 그 사람의 행적을 적는 행장(行狀) 형식, 이 세 가지 형식을 사용했다.

4. 장난江南 지역 평정 전투들과 상군湘軍 관련 내용이 상당히 많은데, 핵심에서 벗어난 듯하다. 하지만 회군淮軍과 상군 간의 관계는 상당히 복잡하여 이렇게 쓰지 않으면 당시의 정세를 제대로 이해할 수가 없다. 독자들의 양해를 바란다.

5. '중러밀약中俄密約', '중러만주조약中俄滿洲條約', '신축조약辛丑條約'은 전문을 실었다. 리훙장 생애 동안 있었던 수많은 일들의 원인과 결과가 이러한 공문들과 매우 깊은 관계가 있기 때문이다. 이로 인해 구성이 치밀하지 못하더라도 최선을 다해 골라 수록했음을 밝혀둔다.

6. 중국에는 리훙장에 대한 부정적인 평가가 상당히 많다. 나와는 정적政敵이고, 사적인 친분 또한 깊지 않기 때문에 그를 변호해주고픈 마음이 있을 리 없다.

하지만 이 책 속에는 그를 변호하거나 그를 위해 해명하는 말이 많다. 심지어 일반적인 견해와 일치하지 않는 부분도 많다.

이렇게 쓴 까닭은 역사를 쓰는 사람은 반드시 공정한 마음을 가지고 써야 한다고 생각하기 때문이다. 그렇지 않으면 내가 쓰는 인물에 대해 책임을 지지 않는 것이고 많은 비난을 받게 될 것이다.

저명한 영국 수상 윌리엄 글래드스턴William Ewart Gladstone은 자신의 초상화를 그린 화가에게 화를 내면서 "있는 그대로의 내 모습을 그리라.Paint me as I am"고 말했다. 내가 쓴 이 책은 분명히 글래드스턴에게는 꾸지람을 듣지 않을 것이라고 자신한다. 리훙장이 이 책을 알게 된다면 지하에서 미소를 지으며 이렇게 말할 것이다.

"이 녀석, 나를 이해하는구나."

광서光緒 27년(1901년) 음력 11월 16일

저자 씀

차례

일러두기

1. 이 책은 1936년에 출간된 『論李鴻章』(臺灣中華書局印行)을 옮긴 것이다.

2. 저자 량치차오는 원서에 '중러밀약中俄密約', '중러만주조약中俄滿洲條約', '신축조약辛丑條約' 등의 전문을 다 실었다. 하지만 옮기는 과정에서 선별하여 일부는 전문을 다 옮기고, 일부는 요약해 게 재했으며, 일부는 싣지 않았다. 또한 '마관조약馬關條約(시모노세키조약)'은 『조약으로 본 한국 근대 사』(최덕수 지음, 2010)에 옮겨진 내용을 기본으로 했다.

3. 중국 인명과 지명은 중국어 발음대로 표기하는 것을 원칙으로 했다(李鴻章=리훙장, 曾國藩=쩡궈 판). 단, 청나라 이전의 인명과 지명은 독자의 이해를 돕기 위해 한자음 그대로 표기했고(諸葛亮= 제갈량), 함선 이름 등 일부 필요하다고 판단되는 것 역시 한자음 그대로 표기했다.

4. 각 장의 제목은 원서 그대로 살리고, 각 장 제목 아래 부제와 본문의 소제목은 독자의 이해를 돕기 위해 편집 과정에서 추가한 것임을 밝힌다.

5. 각주는 전부 옮긴이주이다. 원서에 있는 저자의 주석은 본문에 괄호 처리하여 반영했다.

6. 본문에 나오는 사건이나 인물에 대한 설명(박스글)은 원서에는 없으나, 독자의 이해를 돕기 위해 옮긴이나 편집자가 첨가한 것이다.

7. 이 책의 사진 역시 원서에는 없으나, 독자의 이해를 돕기 위해 편집 과정에서 첨가한 것임을 밝힌다.
　(출처: Wikimedia Commons)

제1장 서론

과연 리훙장에게 모든 책임을 물을 수 있는가?

나는 리훙장 같은 사람을 영웅이 아니라고 말할 수 없다. 하지만 그는 시대가 만든 영웅일 뿐, 시대를 만든 영웅은 아니다. 역사가들이 곽광에 대해 말할 때, 그가 "배운 것도 없고 재주도 없다.不學無術"는 것에 항상 감탄했다. 내가 볼 때 리훙장이 뛰어난 영웅이 될 수 없었던 것 또한 불학무술不學無術 때문이다. 리훙장은 국민의 본질을 잘 알지 못했고, 세계의 대세를 통찰하지 못했으며, 정치의 근본을 이해하지 못했다.

하지만 어찌 리훙장에게만 모든 책임을 물을 수 있겠는가? 그 전 시대 사람이든 동시대 사람이든 그가 시대를 만들 수 있도록 그를 이끌고 도와준 영웅은 단 한 명도 없었다. 같은 시대 같은 환경에서 배출된 인물들이 모두 다 그러했는데, 이 모든 것을 리훙장의 책임으로 돌릴 수는 없는 것이다. 게다가 리훙장의 처지마저도 그가 뜻한 바를 실행할 수 없게 만들지 않았는가? 그래서 "리훙장의 재주를 존경하고, 리훙장의 지식이 부족한 것을 안타까워하며, 리훙장의 처지를 불쌍히 여긴다."라고 말한 것이다.

간웅인지 호걸인지 논하기 전에
그가 처한 위치와 상황을 먼저 이해하라

세상에 평범한 사람만 있다면, 욕먹는 사람도, 칭찬받는 사람도 없을 것이다. 만약 온 세상 사람들이 한 사람을 욕한다면, 그는 예사롭지 않은 간웅奸雄이라고 말할 수 있을 것이다. 또 만약 온 세상 사람들이 한 사람을 칭송한다면, 그는 뛰어난 호걸豪傑이라고 말할 수 있을 것이다. 이렇게 말하는 사람들 대부분이 견문과 능력이 없는 평범한 사람이라면, 이런 평범한 사람이 비범한 사람을 평가하는 것을 어떻게 믿을 수 있겠는가? 온 세상이 칭송하는 사람이라고 해서 반드시 '세상 사람들의 인기를 끌기 위해 겉으로만 선량한 척하는 위선자'가 아니라고는 할 수 없다. 또 온 세상이 비난하는 사람이라고 해서 반드시 '위인'이 아니라고도 할 수 없다. 옛말에 "사람의 가치는 관 뚜껑을 덮고 나서야 알 수 있다.蓋棺論定"라는 말이 있다. 하지만 내가 보기에 어떤 사람들은 죽은 지 수십 년,

수백 년이 지나서도 여전히 올바르게 평가받지 못하고 있다. 좋게 말했던 것은 여전히 좋게 말하고, 나쁘게 말했던 것은 여전히 나쁘게 말한다.

그럼 후세에 인물을 평가하는 사람들은 이들을 어떻게 살펴야 하는가? 예를 들면, 어떤 사람은 수많은 사람들에게 칭송을 받으나, 반대로 비난을 받는 경우도 많다. 칭찬하는 사람들은 그를 지나치게 치켜세우고, 욕하는 사람들은 그를 지나치게 비하한다. 그가 오늘 받는 비난은 예전에 받았던 칭찬을 소용없게 만들고, 그가 오늘 받는 칭찬은 예전에 받았던 비난을 보상해준다. 그럼 이와 같은 사람은 어떤 사람인가? 답은 비범한 사람이다. 그가 예사롭지 않은 간웅인지, 아니면 뛰어난 호걸인지 먼저 이야기하기 전에 그가 처한 위치와 상황은 보통 사람의 관점에서 이해할 수 있는 것이 아니며, 보통 사람이 되는 대로 함부로 지껄일 만한 것이 아님을 알아야 한다. 내 말뜻을 이해하는 사람만이 내가 쓴 이 책을 읽을 자격이 있다.

비스마르크와의 만남

나는 리훙장의 재능을 존경하고, 그의 견문이 부족한 것을 안타까워하며, 그의 처지를 불쌍히 여긴다. 리훙장은 유럽 순방 중 독일에서 전前 수상 비스마르크Otto Eduard Leopold von Bismarck를 만난 자리에서 다음과 같이 물었다.

"대신大臣이라는 자가 국가를 위해 최선을 다해 일하고자 하는데, 조정의 모든 신료臣僚들이 그의 의견에 반대하고, 힘을 합쳐 그가 하고자 하는

■ 1896년 6월 유럽 순방 중 독일 프리드리히스루Friedrichsruh에서 만난 리훙장과 비스마르크의 모습을 담은 목판화. 청나라의 운명이 풍전등화에 놓였던 시기에 리훙장은 비스마르크를 방문하고 조언을 구했다. 이 단 한 차례 만남에서 이들은 대화를 나누면서 서로에 대한 존경을 표하고 우국충정과 개인적 고뇌를 허심탄회하게 털어놓았다.

일을 방해만 합니다. 이러한 상황에서 대신이 자신의 뜻대로 일을 하려면 어떤 방법이 있겠습니까?"

비스마르크가 대답했다.

"가장 중요한 것은 군주의 지지를 얻는 것입니다. 그렇게만 된다면 권력을 독차지할 수 있는데, 못할 일이 무엇이겠습니까?"

리훙장이 다시 물었다.

"그럼 현재 대신이 한 명 있는데, 군주는 누구의 말이든 상관하지 않고 모두 다 듣는 사람이라 요직에 있거나 가까이에서 시중드는 자들이 늘 군주의 권위를 빌려 큰일을 못하게 협박한다면, 대신은 어떻게 해야만 합니까?"

비스마르크는 한참 생각한 뒤 대답했다.

"만약 대신이 진실로 나라를 걱정했다면 군주의 마음을 바로잡지 못했을 리가 없답니다. 단, 군주가 여성이라면 어떠할지 장담하기 어렵습니다만."

(이것은 서양 신문을 번역하여 중국 신문 《성초일기星軺日記》에 실은 것인데, 다소 금기시하는 부분이 있어 전문을 번역하지는 않았다.) 리훙장은 입을 다문 채 아무 말도 못했다. 아! 나는 이 대화를 읽을 때마다 리훙장 가슴 속의 분노와 우려, 근심과 번뇌를 느낄 수 있다. 이는 평범한 방관자가 이해할 수 있는 것이 아니다. 내가 리훙장을 나무라는 것도 이 이유 때문이고, 내가 리훙장을 관대히 봐주는 것도 이 이유 때문이다.

중국 근대사와 뗄 수 없는 중요한 인물

리훙장이 전 세계에 그 이름을 떨치자, 세계 여러 나라의 거의 모든 인사들이 리훙장의 존재를 알게 되었다. 하지만 중국이라는 나라에 대해서는 자세히 알지 못했다. 한 마디로 말해서 리훙장은 이미 중국을 대표하는 유일무이한 인사였던 것이다. 하지만 겨우 리훙장만 알고 있는 외국인들이 중국 전체에 대해 평가하는 것은 매우 어리석은 일이 아닐 수 없다. 중국을 모르는 상태에서는 중국의 진상眞相을 정확히 알 수 없기 때문이다. 그렇다 하더라도 리훙장은 최근 40년 동안 중국에서 가장 중요한 인물이었다. 중국 근대사를 읽어본 사람이라면 모두 자연스럽게 리홍장의 이름을 접하게 되고, 리홍장의 전기를 읽어본 사람이라면 중국 근대사를 반드시 참고한다. 식견이 있는 사람들은 리홍장과 중국 근대사는 뗄 수 없는 관계라는 것을 이미 알고 있다. 이렇게 말하고 나니 이 책을 "동광제 이후의 대사건에 대한 기록同光以来大事記"으로 바꾸어 불러도 괜찮을 것 같다는 생각이 든다.

그뿐만이 아니다. 한 나라의 당시 사회 현상은 반드시 그 나라의 이전 역사와 관련이 있다. 따라서 이전 역사는 현재 상태의 원인이며, 현재 상태는 이전 역사의 결과이다. 따라서 오늘날의 중국은 리홍장과 상당히 관계가 깊으니, 리홍장이라는 인물을 반드시 정확한 안목으로 평가해야 한다. 수천 년간 중국의 정권 교체 추세 변화와 민족의 멸망과 흥성 규칙, 그리고 현 시대의 중국 외교 교섭의 속사정들을 관찰해야만 비로소 중국에서 그의 위치를 제대로 평가할 수 있다. 맹자孟子는 "인물을 평가하려면 그가 처한 시대적 배경을 연구해야 한다.知人論世"고 말했다. 세상의 모든 일이 본래 쉽게 이해할 수 있는 것이 아닌데, 하물며 사람은 어떻겠는가?

오늘날 중국의 시사평론가들은 태평천국太平天國과 염군捻軍 평정을 리홍장의 공으로 여기고, 수차례의 강화회담을 리홍장의 탓으로 돌린다. 그러나 내가 볼 때 이러한 공과 죄는 둘 다 합당하지 않다. 비스마르크는 리홍장에게 "유럽인들은 외적의 침략을 막아낸 것을 공으로 여깁니다. 하지만 어느 한 가문[1]을 위해 동포를 학살한 것은 자랑스러워하지 않습니다."라고 말했다. 그러나 리홍장이 태평천국과 염군을 평정한 업적은 '형

---

1 청나라 황실을 말함.

제끼리 싸운 뒤 형이 동생의 수급首級[2]을 소금에 절인 것'에 비유할 수 있다. 만약 이것도 공이라고 할 수 있다면, 세상의 형제들은 모두 두려움에 떨어야 할 것이다. 만약 중국 사람들이 나라의 치욕 때문에 분노가 쌓이고 강화회담 때문에 한이 맺힐 만큼 원통하여 모든 원망과 미움을 리훙장 한 명에게만 돌린다면, 입장을 바꾸어 생각해볼 필요가 있다. 비록 사건의 발생에는 그 원인이 있겠지만, 어쨌거나 1895년 3월~4월[3]과 1901년 8월~9월[4]의 일을 질책하는 사람들은 만약 자신이 리훙장의 입장이었다면 과연 리훙장보다 더 잘 일을 처리했을까? 사람들이 리훙장을 함부로 비난하는 것은 그들 스스로가 무책임하게 함부로 떠들어대고 사람을 비웃으며 모욕하는 방관자이기 때문이다. 리훙장의 공과 죄에 대한 나의 평가는 이들의 견해와는 크게 다르다.

리훙장은 이미 죽었다. 외국 평론가들은 모두 리훙장이 중국의 일인자라고 여긴다. 또한 "리훙장의 죽음이 앞으로 중국의 시국에 반드시 큰 변화를 불러올 것이다."라고 말한다. 리훙장이 과연 중국의 일인자로 불릴 만한 자격이 있는지에 대해서는 나는 잘 모른다. 그러나 현재 50세가 넘는 3품, 4품 이상의 관리들 중에 리훙장의 능력에 버금갈 만한 인물이 단한 명도 없다는 것은 단언할 수 있다. 또한 리훙장의 죽음이 중국의 전체국면과 관계가 있을지 없을지는 감히 알 수 없다. 그러나 현재 정부는 리훙장 한 명을 잃었을 뿐인데 마치 호랑이가 창귀倀鬼를 잃고 맹인이 점치는 솜씨를 잃은 것과 같아서, 앞날은 불안하고 골칫거리는 더욱더 많아질

---

2 전쟁에서 베어 얻은 적군의 머리.

3 청일전쟁 후 일본과 마관조약 체결.(1895년 4월 17일)

4 의화단운동 진압 이후 열강들과 신축조약 체결. (1901년 9월 7일)

거라고 단언할 수 있다. 오히려 나는 진심으로 외국인들의 평가가 진실이 아니기만을 바란다. 만약 정말 이 말대로라면 이렇게 큰 중국이 오직 리훙장 한 사람에게 의지했다는 것인데, 그래서야 과연 중국의 낡은 관습을 고칠 수 있겠는가?

시대가 만든 영웅인가, 시대를 만든 영웅인가?

서양 철학 명언에 "시대는 영웅을 만들고, 영웅은 시대를 만든다."라는 말이 있다. 나는 리훙장 같은 사람을 영웅이 아니라고 말할 수 없다. 하지만 그는 시대가 만든 영웅일 뿐, 시대를 만든 영웅은 아니다. 시대가 만든 영웅은 모두 평범한 영웅이다. 천하는 광대하며 역사는 이리도 유구한데, 어찌 한 나라에 영웅이 없었겠는가? 그래서 24사二十四史[5]를 뒤적여봤는데, 리훙장 같은 영웅은 그야말로 수도 없이 많았다. 하지만 시대를 만든 영웅은 1000년 동안 단 한 명도 찾을 수 없었다. 우리 중국 역사에서 우리가 옛것을 그대로 답습하기만 하고 새로운 것에 대한 깨달음이 부족했기 때문에 세계를 뒤흔들 만한 대사건을 만들어내지 못했던 것이다. 이 책을 쓰는 내내 이러한 생각이 떠나질 않았다.

역사가들이 곽광霍光에 대해 말할 때, 그가 "배운 것도 없고 재주도 없

---

5 24사: 중국에서 정사正史로 인정받는 역사서 24종의 통칭이다. 『사기史記』, 『한서漢書』, 『후한서後漢書』, 『삼국지三國志』, 『진서晉書』, 『송서宋書』, 『남제서南齊書』, 『양서梁書』, 『진서陳書』, 『위서魏書』, 『북제서北齊書』, 『주서周書』, 『수서隋書』, 『남사南史』, 『북사北史』, 『구당서舊唐書』, 『신당서新唐書』, 『구오대사舊五代史』, 『신오대사新五代史』, 『송사宋史』, 『요사遼史』, 『금사金史』, 『원사元史』, 『명사明史』가 이에 해당한다.

다.(불학무술不學無術)[6]"는 것에 항상 감탄했다. 내가 볼 때 리훙장이 뛰어난 영웅이 될 수 없었던 것 또한 불학무술 때문이다. 리훙장은 국민의 본질을 잘 알지 못했고, 세계의 대세를 통찰하지 못했으며, 정치의 근본을 이해하지 못했다. 경쟁이 격화되던 19세기 중국은 일부만 바꾸는 개혁으로 일시적인 안일만 탐했으며, 국민의 실력을 키워 위엄과 덕망을 완성한 국가로 만들려는 노력은 하지 않고 단지 서양의 겉모습만 보고 배우는 데 만족하여 문제의 근원을 찾는 것은 잊은 채 현재 상황에 안주했다. 얕은 지식과 잔재주에만 의지하여 세계 유명한 대정치가들과 맞섰으며, 결국 큰 이익을 내준 채 눈앞의 작은 이익만을 놓고 다투었다. 만약 그가 나라를 위해 온 힘을 다하지 않았다면 어떻게 일을 도맡아 처리할 수 있었겠는가?

맹자는 "밥을 마구 퍼먹고 국을 소리 내어 마시면서 마른 고기를 이빨로 뜯어 먹지 말라고 문제 삼는 것은 서둘러 먼저 해야 할 일을 모르는 것이다.放飯流歠 而問無齒決 是之謂不知務"[7]라고 했다. 이 말은 정말 일리가 있다. 리훙장이 노년에 겪은 실패는 모두 다 이 이유 때문이었다.

하지만 어찌 리훙장에게만 모든 책임을 물을 수 있겠는가? 리훙장은 결국 시대를 만들 수 있는 인물이 아니었다. 한 사회에 태어난 평범한 사람은 반드시 수천 년 동안 형성된 이 사회의 사상과 관습, 도리에 속박되어 스스로 벗어날 수 없다. 리훙장은 유럽이 아니라 중국에서 태어났다. 또한 지금이 아니라 수십 년 전에 태어났다. 그 전 시대 사람이든 동시대 사람이든 그가 시대를 만들 수 있도록 그를 이끌고 도와준 영웅은 단 한 명

---

6 『한서漢書』「곽광전霍光傳」에 나옴.

7 『맹자孟子』「진심장구상편盡心章句上篇」에 나옴.

도 없었다. 같은 시대 같은 환경에서 배출된 인물들이 모두 다 그러했는데, 이 모든 것을 리훙장의 책임으로 돌릴 수는 없는 것이다. 게다가 리훙장의 처지마저도 그가 뜻한 바를 실행할 수 없게 만들지 않았는가? 그래서 "리훙장의 재주를 존경하고, 리훙장의 지식이 부족한 것을 안타까워하며, 리훙장의 처지를 불쌍히 여긴다."라고 말한 것이다. 하지만 훗날 리훙장이 간 길을 따라 대사를 이룰 만한 사람이 과연 있을까? 시대는 이미 변했고 그가 영웅이 된 이유 역시 변했다. 내가 리훙장을 대신해 해명했다고 해서 책임 있는 사람들이 자기 자신의 책임을 회피하고 스스로를 너그러이 용서해서는 절대 안 된다.

제2장 리홍장의 위치

리홍장을 위한 변호

리훙장은 만주족 관원 일색인 청나라 조정에서 몇 안 되는 한족 중신이었다. 이들 모두가 한마음으로 함께 노력하고, 생각과 견해가 같았던 것은 아니었다. 게다가 리훙장은 오로지 황제에게 순종할 줄만 아는 군기대신들 사이에 섞여 있었다. 이것이 내가 리훙장에게 비애를 느끼는 이유이다.

만약 중국의 정책 실패를 모두 리훙장 한 사람의 탓으로 돌린다면, 정권을 잡고 나라를 망친 당시 중신들의 죄를 리훙장에게 덮어씌우는 꼴이 될 것이다. 나는 리훙장의 이러한 처지를 알고 있기 때문에 부득이하게 그를 위한 변호를 하려고 한다.

근대 중국의 권신

리훙장이란 인물에 대해서 평가하려면 그가 살던 나라와 시대에 대한 깊은 이해가 필요하다.

첫째, 중국은 수천 년 동안 군권전제국가君權專制國家였다. 리훙장이 살던 청나라는 최고로 체계화된 정치체제가 운영되던 시대였다.

둘째, 리훙장이 살던 청나라는 만주족이 중원中原으로 들어와 세운 나라이다. 만주족과 한족이 함께 부대끼며 생활한 지 이미 오래였고, 한인의 권리가 점차 회복되기 시작하던 시대였다.

평론가들은 걸핏하면 "리훙장은 근대 중국의 권신權臣이었다."라고 말한다. 나는 평론가들이 말하는 '권신'이 도대체 무엇인지 모르겠다. 하지만 만약 리훙장을 전한前漢의 곽광霍光[1]과 조조曹操[2], 명明의 장거정張居正[3]과 비교하거나, 아니면 근대의 유럽과 미국, 일본 같은 입헌군주국의 대신大臣들과 비교해본다면 그의 권력은 분명 그들과는 달랐다. 리훙장을 권신으로 치고 중국 고대의 권신들을 살펴보면, 그들은 대권을 제멋대로 휘둘러 황제를 협박했고, 천하는 그들을 두려워했으며, 그들로 인해 국가는 위태로웠다. 그러나 리훙장은 항상 신중했고, 맡은 일을 조심스럽게 처리했으며, 야심 또한 없었기 때문에 순수한 대신이라고 말할 수 있다. 리훙장을 권신으로 치고 근대 각국의 권신들을 살펴보면, 그들은 일처리가 단호하고 신속했으며, 정치를 개혁해 마음대로 국정을 조종했고, 백성들의 원망과 증오는 신경 쓰지 않았다. 그러나 리훙장은 힘이 없고 고루한 인습에 젖어 일을 지나치게 소심하게 처리하여 제대로 성취한 것이 하나도 없었다. 그러므로 그는 평범한 대신이라 말할 수 있다. 하지만 리훙장이 살던 시대와 환경은 여러 다른 권신들이 살던 시대와 환경과는 달랐을 것이므로, 모든 것들을 하나하나 분석해 읽는 이들의 이해를 돕고자 한다.

---

1 곽광: ?~기원전 68. 무제武帝가 죽고 어린 나이에 즉위한 소제昭帝를 보필하여 모든 정치를 도맡았다. 소제의 형인 연왕燕王 단旦의 반란을 기회로 정적을 타도하고 실권을 장악했다. 소제가 죽은 뒤 창읍왕昌邑王을 즉위시켰으나 27일 만에 제위를 박탈하고, 선제宣帝를 세웠다. 자신의 딸을 황후로 만들어 권세를 강화했다. 그러나 선제는 곽광이 죽은 후 그의 일족을 반역죄로 모두 죽였다.

2 조조: 155~220. 한말에 황건黃巾의 난을 평정한 공으로 고위직에 올랐다. 동탁董卓이 죽은 뒤 헌제獻帝를 제위에 올리고, 수도를 뤄양洛陽에서 쉬창許昌으로 옮겼다. 이후 북방의 맹주 원소袁紹를 격파한 뒤, 세력을 남쪽으로 넓히려고 했으나 손권孫權과 유비劉備의 연합군에게 저지당했다. 208년 승상丞相, 216년 위왕魏王의 자리에 올랐으나, 스스로 제위에는 오르지 않았다. 그가 죽은 후 아들 조비曹丕가 헌제에게 양위를 받아 위魏(220~265)를 세웠다.

3 장거정: 1525~1582. 만력제萬曆帝의 신임을 얻어, 재위 첫 10년 동안 권세를 휘둘렀다. 수보首輔의 자리에 앉아 국정을 독단적으로 처리했다. 대외적으로는 몽고의 침입을 막고 동북지방 건주위建州衛를 토벌하게 했으며 서남지방을 평정했다, 대내적으로는 대규모 행정 정비를 단행했다. 일반적으로 역사가들은 그의 자비로운 통치와 강력한 대외정책 및 경제정책 덕분에 이 기간에 명나라가 전성기를 맞았다고 평가한다. 하지만 그 과정에서 지나치게 가혹한 면이 없지 않아 반감을 품은 사람들도 많았다.

권신의 네 가지 유형

중국이 전제정치체제 국가였음은 모두가 다 아는 사실이다. 하지만 중국의 전제정치체제 역시 사회의 변화에 따라 점차 발달하여 지금은 가장 완벽한 상태가 되었다. 그래서 지금은 권신의 권력이라는 것이 있을 수 없게 되었다. 춘추전국시대로 거슬러 올라가면 노魯나라의 삼환三桓[4], 진晉나라의 육경六卿[5], 제齊나라의 진전陳田[6]은 모두 권신 중의 권신이었다. 당시 중국은 완전한 귀족정치체제로 대신의 나라였고, 대신들은 국가에서 "만에서 천을 취하고 천에서 백을 취하고 있었다.萬取千焉 千取百焉[7]" 이러한 상황은 "나뭇가지가 너무 굵어지면 반드시 나무줄기를 상하게 한다."라는 말과 같은 상황으로, 이런 상황에서는 국가가 어려워지는 것을 피할 수 없었다. 한나라에 이르러서야 천하가 통일되어 중앙집권정치체제가 등장했지만, 그 근본은 견고하지 않았다. 이로 인해 외

---

4 삼환: 계손季孫, 숙손叔孫, 맹손孟孫 세 집안을 가리키는 말이다. 모두 노 환공魯桓公의 후손들이다. 춘추 중·말기에 노나라의 권세를 쥐어, 왕의 자리도 좌지우지할 정도로 그 세력이 막강했다. 노 목공魯穆公의 개혁으로 권력을 잃었다.

5 육경: 당시 권세를 잡았던 6족 출신의 재상을 말한다. 지씨知氏, 조씨趙氏, 한씨韓氏, 위씨魏氏, 중행씨中行氏, 범씨范氏이다.

6 진전: 제나라는 원래 주周 문왕文王이 재상 강태공姜太公에게 내린 강성姜姓 여씨呂氏의 나라이다. 기원전 386년 전화田和가 제 강공康公을 몰아내고 제후가 되어, 국성國姓이 규성嬀姓 전씨田氏로 바뀌었다. 국호는 여전히 제齊이지만 앞의 제를 강제姜齊, 뒤의 제를 전제田齊라고 부르기도 한다. 전씨의 선조 완完은 기원전 672년 진陳에서 망명해왔다. 그래서 전씨를 진전陳田이라고 혼용하여 썼다.

7 『맹자孟子』「양혜왕편梁惠王篇」에 나오는 글귀이다. 맹자를 만난 양혜왕이 "내 나라를 이롭게 할 수 있습니까?"라고 물으니 맹자가 왕에게 "만이 천을 취하고 천이 백을 취하는 것도 적지 않은데, 만일 인과 의를 뒤로하고 이익을 먼저 취하면 빼앗지 않고는 만족하지 못할 것입니다."라고 말했다.

척이 권력을 장악하는 폐단이 매우 심했다. 곽광, 두헌竇憲[8], 등즐鄧騭[9], 양기梁冀[10] 같은 이들이 잇따라 나타나 대단한 권세를 휘둘렀다. 왕망王莽[11]은 그 틈을 타 한나라의 제위帝位를 찬탈하여 자신이 황제가 되었다. 이는 귀족정치가 여전했기 때문이다. 만약 권문세가權門勢家 출신이 아니었다면 어떻게 감히 대권大權을 잡겠다는 허튼 생각을 할 수 있었겠는가? 범엽范曄의『후한서後漢書』에 기록된 장환張奐[12]과 황보규皇甫規[13] 같은 인물들은 국가를 위해 큰 공을 세웠고, 백성들 사이에서 그들의 명성은 하늘을 찔렀다. 뭇사람들의 존경과 선망을 한 몸에 받은 그들이라면 황제도 될 만했다. 그러나 그들은 오히려 유가사상에 뿌리를 두고 있었기 때문에 황제 앞에 엎드려 절하여 복종했고, 설사 자신이 피해를 본다

---

8 두헌: ?~92. 후한後漢 3대 황제 장제章帝(재위 78~88)의 황후인 두태후竇太后의 오빠이다. 4대 황제인 화제和帝(재위 88~105)가 9세의 나이로 즉위하자, 여동생 두태후와 함께 정권을 휘둘렀다.

9 등즐: ?~121. 후한 6대 황제인 안제安帝(재위 106~125)가 13세의 어린 나이로 즉위하자, 모후인 태후太后가 수렴청정을 하고 태후의 오빠인 등즐이 대장군이 되어 병권을 장악했다.

10 양기: ?~159. 여동생이 후한 순제順帝(재위 126~144)의 황후가 되자, 외척으로서 권세를 휘둘렀다. 순제가 죽자 충제沖帝, 질제質帝, 환제桓帝에 이르기까지 제위帝位를 마음대로 폐립廢立했다. 결국 양황후梁皇后가 죽자, 환관들의 힘을 빌린 환제桓帝에 의해 처형당한다.

11 왕망: 기원전 45~23. 전한前漢 말의 정치가이며 '신新' 왕조(8~24)의 초대 황제. 갖가지 권모술수를 써서 최초로 선양혁명禪讓革命에 의해 전한의 황제 권력을 찬탈했다. 18년 '적미赤眉의 난'이 일어났고, 각지의 농민과 호족이 잇달아 반란을 일으켰다. 결국 경시제更始帝가 창안長安으로 입성하고, 왕망은 두오杜吳라는 사람에게 살해당한다.

12 장환: 104~181. 후한 말의 명장. 환제 때 속국도위屬國都尉로 동강東羌을 침범한 남흉노를 물리쳤다. 동강의 수령은 장환에게 은혜의 표시로 말 20필을, 선령先零의 추장은 금을 보내왔는데, 모두 돌려주었다고 한다.

13 황보규: 104~174. 후한 때 대신. 환관들에게 아부하지 않아 모함을 받고 감옥에 갇혔다가 공경대부와 태학생 300명이 억울하다고 호소해서 풀려났다. 뒤에 환관들이 관료들을 당인黨人으로 몰아 해를 가한 당고黨錮의 화가 일어났을 때 연루되지 않자 부끄러워하여 자기도 당인이니 처벌해달라고 했으나, 조정에서는 죄를 묻지 않았다고 한다.

하더라도 조금도 자신의 행동을 후회하지 않았다. 하지만 이때에도 귀족의 권력이 여전했기 때문에 귀족 출신이 아닌 사람은 감히 자신의 분수에 맞지 않는 생각을 품을 수가 없었다. 이것이 권신의 제1유형이다.

동탁董卓[14]이 출현한 후 천하호걸들이 봉기하자, 조조는 이 기회를 틈타 제위를 빼앗았다. 공을 세운 무인武人이 권신이 되기 시작한 것이다. 그 후 사마의司馬懿[15], 환온桓溫[16], 유유劉裕[17], 소연蕭衍[18], 진패선陳霸先[19],

---

14 동탁: ?~192. 후한 말 권력의 찬탈과 폭정으로 후한을 분열시키고 멸망케 한 인물. 190년에 뤄양洛陽에 입성해 헌제獻帝를 옹립하고 정권을 잡았다. 그의 폭정에 대한 반대가 전국적으로 일어나자, 창안으로 천도했다. 결국 그 때문에 왕윤王允의 모략으로 여포呂布를 비롯한 자신의 측근들에게 살해되었다.

15 사마의: 179~251. 위魏나라의 정치가이자 군략가로, 서진西晉 건국의 기초를 세웠다. 208년 조조에 의해 발탁된 그는 220년 조비가 왕위에 오르자 중용되었다. 239년 명제明帝 사후부터 조상曹爽과 함께 애제哀帝를 보필했으나. 249년 자신을 제거하려던 조상을 살해하고 승상이 되어 정치 실권을 완전히 장악했다. 251년 병으로 죽었다.

16 환온: 312~373. 진晉나라 장군으로 명제明帝의 사위이다. 촉蜀을 평정하고 전진前秦을 공격하고 요양姚襄을 격파했다. 후에 연燕을 정벌하고 돌아와서 황제를 폐하고 간문제簡文帝를 세우고자 했으나 이루지 못하고 병으로 죽었다.

17 유유: 363~422. 남조南朝 송宋의 초대 황제인 무제武帝(재위 420~422). 동진東晉 말기 강남에서 손은孫恩이 난을 일으키고 환현桓玄이 제위를 빼앗자, 유유는 병사를 일으켜 황제 안제安帝를 복귀시켰다. 후연後燕의 침공을 격퇴하고, 북벌을 감행해 후진後秦을 멸망시켰다. 그 명성과 북부군의 병권을 배경으로 공제恭帝의 선위禪位로 제위에 올랐다.

18 소연: 464~549. 남조 양梁의 초대 황제인 무제武帝(재위 502~549). 제齊나라의 문인으로 경릉팔우竟陵八友라 일컬어졌다. 후에 제나라 황제 자리를 물려받아 황제가 되었다. 남조 최고의 명군으로 칭송받고 있으며, 48년의 치세 동안 내정을 정비하고 불교를 장려해 문화를 번영시켰다. 대외관계도 비교적 평온하여 태평성대를 유지했다.

19 진패선: 503~559. 남조 진陳의 초대 황제인 무제武帝(재위 557~559). 548년 후경侯景의 난이 발생하자 이를 진압했다. 양 원제元帝가 강릉江陵에서 서위西魏의 습격으로 죽자 경제敬帝를 세웠으며, 이윽고 경제에게 선양을 받는 형식으로 즉위해 왕조를 열었다.

고환高歡[20], 우문태宇文泰[21] 같은 이들이 조조와 같은 방법을 따랐다. 이것이 권신의 제2유형이다.

또 진秦의 상앙商鞅[22], 한의 곽광과 제갈량諸葛亮[23], 송宋의 왕안석王安石[24], 명의 장거정張居正 같은 이들은 모두 일반 백성 출신으로 기댈 곳이 없었다. 그들은 오로지 자신의 학문과 재능만으로 황제에게 신임을 얻어 중요한 직위에 올라 정사政事를 맡아 자신의 뜻을 펼쳐야 했다. 나라 전체가 그들의 명령에 따랐고, 그러한 권세로 한 시대를 압도했다. 이것은 근대입헌국가의 수상과 비슷한 위치로 볼 수 있으며, 바로 권신의 제3유형

---

20 고환: 496~547. 북조의 북제北齊의 기초를 쌓은 인물. 북위北魏 말에 육진六鎭의 난에 가담했으나, 항복해 북위의 무장이 되었다. 532년 효무제孝武帝를 세워 스스로 재상이 되어 북위의 실권을 잡았다. 고환의 지나친 권력 장악에 불안을 느낀 효무제가 고환을 제거하려 하자, 고환은 북위 종실의 한 사람인 효정제孝靜帝를 옹립해 도읍을 뤄양에서 업鄴으로 옮겨 동위東魏라 했다. 그의 둘째 아들 고양高洋이 549년에 동위의 황제로 등극해 국호를 북제北齊라고 했다.

21 우문태: 507~556. 북위北魏 말에 육진六鎭의 난 과정에서 실력을 길러 관중지방에서 세력을 다졌다. 534년 고환을 제거하려는 효무제가 실패해 창안으로 도망 와 우문태의 보호를 받았다. 이후 문제를 옹립해 서위西魏가 되었다. 24군제를 창시해 군사적으로 동위를 압도했다. 스스로 제위에 오를 꿈을 꾸었으나, 이루지 못하고 죽었다. 사후 아들 우문각宇文覺이 556년 황제로부터 선양을 받아 북주北周를 건국했다.

22 상앙: ?~기원전 338. 전국시대戰國時代 진秦나라의 정치가. 진효공秦孝公에게 채용되어 법가法家 사상을 바탕으로 한 변법을 추진하여 진을 전국시대 6국에 필적한 나라를 만드는 데 성공한다. 10년간 진나라의 재상을 지내며 엄격한 법치주의 정치를 폈다. 하지만 혜문왕惠文王이 즉위한 뒤 반대파에 의해 탄핵되었고, 거열형車裂形으로 처형되었다.

23 제갈량: 181~234. 삼국시대 촉한蜀漢의 정치가 겸 전략가이다. 자는 공명孔明이고, 명성이 높아 와룡선생臥龍先生이라 불렸다. 유비劉備를 도와 오吳나라의 손권孫權과 연합해 남하하는 조조曹操의 대군을 적벽赤壁의 싸움에서 대파하고, 형주荊州와 익주益州를 점령했다. 221년 한나라의 멸망을 계기로 유비가 제위에 오르자 승상이 되었다.

24 왕안석: 1021~1086. 북송北宋 때의 문필가이자 정치인이다. 1069년~1076년에 신법新法의 개혁 정책을 실시했다. 하지만 당쟁이 격화되고 정치가 혼란에 빠지면서 큰 성과를 거두지는 못했다. 그의 개혁 정치는 보수파에 매도되었지만, 문장력은 모두에게 인정을 받았고, 당송팔대가唐宋八大家 중 한 명으로 꼽힌다.

이다.

나머지 권신들은 단지 그럴듯한 말과 알랑거리는 태도로 황제에게 아첨하여, 결국 대권을 훔치고 백성들에게 해를 끼친 자들이었다. 그런 자로는 진秦의 조고趙高[25], 한漢의 십상시十常侍[26], 당唐의 노기盧杞[27]와 이임보李林甫[28], 송宋의 채경蔡京[29]과 진회秦檜[30], 한차주韓侂胄[31], 명明의 유근劉瑾[32]과 위충현魏忠賢[33] 같은 도둑놈에다가 좀생원들까지 셀 수 없을 정도

---

25 조고: ?~기원전 207. 중국 역사상 최악의 환관이라 평가된다. 시황제始皇帝를 따라 여행하던 중 시황제가 병사하자, 승상 이사李斯와 짜고 조서詔書를 조작했고, 조작한 유서를 근거로 영호해嬴胡亥가 제위에 올랐다. 황태자 부소扶蘇를 자결하게 만들었으며, 이사와 몽염蒙恬을 반역죄로 처형했다. 그러나 역심을 품고 있던 조고는 기원전 207년 영호해를 죽였고, 부소의 장남 영자영嬴子嬰을 황제로 옹립하려 했으나, 영자영은 자객을 보내 조고의 가문을 몰살시켰다.

26 십상시: 후한 말 영제靈帝(재위 168~189) 때에 정권을 잡아 조정을 농락한 10여 명의 중상시中常侍, 즉 환관들을 말한다. 『후한서』에는 십상시들이 많은 봉토를 거느리고 그들의 부모형제는 모두 높은 관직에 올라, 그 위세가 가히 대단했다고 씌어 있다.

27 노기: 당唐나라 덕종德宗(재위 779~805) 때 재상으로 전횡專橫을 일삼아 정사를 문란하게 했다.

28 이임보: ?~752. 당나라 현종玄宗(재위 712~756) 때의 재상으로 아첨을 일삼고 유능한 관리들을 배척하여 당을 쇠퇴의 길로 이끈 인물로 여겨지고 있다.

29 채경: 1047~1126. 북송北宋 말기의 재상 및 서예가. 16년간 재상 자리에 있으면서 숙적 요遼를 멸망시켰으나, 휘종徽宗에게 사치를 권하고 나라 재정을 궁핍에 몰아넣었다. 금군金軍이 침입하고 흠종蔡京 즉위 후, 국난을 초래한 6적賊의 우두머리로 몰려 실각했다. 문인으로서 뛰어나 북송 문화의 흥륭에 크게 기여했다.

30 진회: 1090~1155. 남송 초기의 정치가. 남침을 거듭하는 금군에 대처해, 금과 중국을 남북으로 나누어 영유하기로 합의했으며, 금나라에 신하의 예를 취하고, 세폐歲幣를 바쳤다. 주전파인 악비岳飛 같은 군벌을 탄압하고, 자신의 권력을 유지하기 위해 공포정치를 했기 때문에 후세에 매국노로 지탄받았다.

31 한차주: 1152~1207. 남송의 정치가. 1206년 무모하게 금에 대한 북벌을 감행했다가 대패했다.

32 유근: ?~1510. 환관으로 정덕제正德帝의 총애를 받아 매관매직을 일삼았다. 황위를 찬탈하려 시도했다가 결국 실패하고 능지형凌遲刑을 당했다.

33 위충현: 1568~1627. 명明 말기의 환관으로 희종熹宗의 총애를 받아 비밀경찰인 동창東廠의 수장이 되었고, 동림파東林派 관료를 탄압하며 정치를 농단하여 명의 멸망을 촉진했다. 숭정제崇禎帝가 즉위하면서 탄핵을 당해 좌천되어 자살했다.

로 많다. 이것이 권신의 제4유형이다.

중국의 수천 년 역사 동안 권신이라고 말할 수 있는 인물들은 모두 이 네 가지 유형에 포함된다.

중국에서 전제정치가 발달한 중요한 두 가지 원인

간단히 말하면, 고대일수록 권신은 더 많았고 근대일수록 권신은 더 적었다. 왜 그럴까? 권신의 증감은 대체로 전제정치체제의 발전 정도와 반비례하기 때문이다. 중국에서 전제정치가 발달한 중요한 원인은 두 가지이다. 첫 번째는 전통사상의 영향이고, 두 번째는 뛰어난 군주의 노력이다.

주周나라 말년 공자는 귀족의 극심한 폐단을 살펴보고 나서, 강력한 제왕이 나타나 천하를 안정시키기를 바랐다. 권신에 대한 백성들의 증오 또한 극에 달했다. 아울러 공자는 이론 체계를 세우고 가르침을 베풀어 유가사상을 여러 번 강조했다. 한나라 건립 이후 숙손통叔孫通[34]과 공손홍公孫弘[35] 등은 유가사상의 명분을 내세워 황제의 권위를 세웠다. 한 무제武帝(재위 기원전 141~기원전 87)는 육예六藝[36]를 높이 받들고 백가百家를 배

---

34 숙손통: 전한前漢의 유생儒生. 한나라의 고조高祖를 섬겨 조의朝儀를 제정했다. 혜제惠帝 때는 봉상경奉常卿으로서 종묘宗廟 등의 의법의법儀法을 정했다.

35 공손홍: 기원전 200~기원전 121. 전한前漢 때의 재상. 내사, 어사대부를 역임하고, 원삭元朔 때 승상이 되고 평진후平津侯에 봉해졌다. 최초의 승상봉후丞相封侯였다.

36 육예: 서주西周 시대 학교 교육의 여섯 과목으로 예禮, 악樂, 사射, 어御, 서書, 수數를 가리킨다.

척했다. 오로지 유가사상에 의지해 천하를 다스렸기 때문에 황제와 신하 사이의 지위는 더욱 뚜렷해졌다. 이때서야 세상 사람들은 비로소 권신을 비난해야 한다는 것을 알게 되었다. 이후 2000년 동안은 유가사상을 핵심으로 여기며 백성들을 교육했다. 송나라의 현명한 학자들은 이러한 관점을 발전시켜 더욱더 기초를 안정시켰다. 남들이야 어떻든 자신의 안전만을 생각하던 상위층은 모두가 전전긍긍했다. 유가사상은 이미 사람들의 마음 깊이 정착되어 백성의 영웅호걸 같은 기개를 없애버렸다. 백성들은 더 이상 자신들의 이념에서 벗어나는 행동을 하지 않았다. 한의 제갈량, 당의 곽자의郭子儀[37], 그리고 근대의 쩡궈판曾國藩과 쭤쭝탕左宗棠, 그리고 리훙장에 이르기까지 모두 이 사상의 영향을 많이 받았다. 그 밖에 역대 군주들은 흥망의 원인을 교훈 삼아 위기를 만회하는 방법을 연구했고, 날이 갈수록 그 방법은 치밀해졌다. 이로 인해 귀족이 권력을 쥐는 경우는 한나라 말에 이르러 사라졌다. 후한 광무제光武帝(재위 25~57)와 송 태조太祖(재위 960~976)는 공신功臣을 대할 때 후한 녹봉祿俸으로 우대하여 그들의 병권兵權 문제를 해결했다. 반면, 한 고조高祖(유방, 재위 기원전 206~기원전 195)와 명 태조太祖(주원장, 재위 1368~1398)는 공신의 죄상을 조사해 조금이라도 의심되는 점이 있다면 가족을 모조리 죽였다. 공신을 너그럽게 대하든 잔인하게 대하든 방법의 차이는 있었지만, 이는 모두 신하의 권력을 제거하고 군권을 강화하기 위한 것이었다.

---

37 곽자의: 697~781. 중국 당나라의 무장武將. 안녹산安祿山의 난이 일어나자, 중원의 반란군을 토벌했고 위구르의 원군을 얻어 창안과 뤄양을 수복했다. 분양왕汾陽王에 봉해졌으며, 당나라 최대의 공신으로서 영광을 누렸다.

근대에 이르러 천자天子**38**가 군현제도郡縣制度를 채택하자, 봉건영주들에게 하사된 봉토封土인 채지采地는 세습할 수 없게 되었고, 중앙 정부와 지방이 서로를 견제하게 되었다. 그 결과, 천자는 지방의 세력가들을 마음대로 할 수 있게 되었다. 10년 동안 고위 관직인 시중侍中의 직책을 맡았든, 아니면 1,000리의 영토를 하사받았든 간에 황제의 조서 한 통이면 곧바로 관직에서 파면되어 사법부 하관에게 압송되었다. 이들의 처지는 일반 백성과 다를 것이 없었다. 이로 인해 자신의 지위를 끝까지 유지하는 이가 얼마 되지 않았고, 자신의 지위를 겨우 유지해야만 자신의 목숨과 명성을 보존할 수 있었다. 어떻게 이런 사람들의 성품이 옛사람의 성품보다 낫다고 할 수 있겠는가? 이것 역시 시대가 그렇게 만든 것이다.

바로 이 두 가지 이유 때문에 야심을 품은 인재가 두려워서 감히 하고 싶은 대로 하지 못하게 되자, 천하는 훨씬 태평해졌다. 그리하여 자신 한 몸만 챙기던 사람들은 항상 살얼음을 밟는 것 같은 위협을 느꼈고, 의심을 받을 만한 자리에는 가려고도 하지 않았다. 설령 국가의 중대사가 걸린 일일지라도 자신의 이익을 확실히 따져보고 나서야 임무를 맡았으며, 이러한 이유 때문에 여러 사람의 의견을 배척하거나 황제의 명령을 감히 거역하지 못했다. 속담에 "하루 중이 되면 하루만 종을 친다.做一日和尙撞一日鐘"**39**는 말이 있다. 만주족 조정의 인사들은 모두 이러한 태도를 보였다. 이것은 하루아침에 만들어진 것이 아니라, 이전부터 점차적으로 형성되어온 것이다.

---

38 천자: 천제天帝의 아들, 즉 하늘의 뜻을 받아 하늘을 대신하여 천하를 다스리는 사람이라는 뜻으로, 군주국가의 최고 통치자를 이르는 말.

39 소극적으로 일을 하다. 하루하루 그럭저럭 지낸다는 뜻.

만주족 관원 일색인 청조의 몇 안 되는 한족 중신

청조清朝에 이르러 또 하나의 중요한 원인이 나타났다. 청조는 동북지역의 일개 부락에서 세력을 일으켜 중원에까지 들어왔다. 겨우 수십만의 외래 민족인 만주족은 1억에 달하는 한족 주민들을 지배했다. 서로가 다르다는 생각이 사라지지 않는 것은 당연했다. 당시 윈난雲南, 푸젠福建, 광둥廣東의 삼번三藩에는 청나라에 투항하여 공을 세운 한족 장수가 번왕藩王이 되었는데, 이후 그들의 세력이 커지자 난을 일으키게 되었다. 결국 관군이 전력을 다해 이 '삼번의 난'을 평정한 후에야 비로소 천하의 권위를 황제 한 명이 가지게 되었다. 이로 인해 200년 동안은 만주인 관료만이 권신이 될 수 있었고, 한인 중에는 관원이 된 자가 없었다. 오보이鰲拜[40], 허선和珅[41], 쑤순肅順, 돤화端華 같은 인물들이 모두 만주인인 것은 모두 이러한 이유 때문이다.

청나라는 왕조를 건립할 때 말고도 여러 차례 군사를 일으켰다. 삼번의 난 평정, 준가르 평정, 칭하이青海 평정, 위구르 평정, 카자흐·포로특·오한·파르탄·아이오한 평정, 시짱西藏 구르카 평정, 대소금천大小金川 평정, 묘족 평정, 백련교·천리교 평정, 카스가얼 평정 등으로 출병한 것

---

40 구왈기야 오보이瓜爾佳 鰲拜: ?~1669. 청나라 초기 군인, 대신이자 정치인이며 강희제康熙帝 초기의 섭정이었다. 누르하치努爾哈赤를 도와 청나라의 정벌 전쟁에 출정했고, 누르하치, 홍타이지皇太極, 순치제順治帝 3조朝의 원훈이었으며, 별칭은 만주제일용사滿洲第一勇士였다.

41 허선: ?~1799. 건륭제乾隆帝의 총애를 받아 숭문문崇文門 세무감독 등의 지위를 이용하여 뇌물을 모으는 등 횡포가 극에 달했다. 건륭제가 퇴위한 후 가경제嘉慶帝는 그를 체포했고, 대죄 20조를 들어 스스로 목숨을 끊게 했다.

삼번의 난

1673년~1681년 오삼계吳三桂, 상가희尚可喜, 경중명耿仲明이 청나라에 대항해 일으킨 반란이다. 만주인의 왕조인 청나라가 중국 본토를 지배할 당시, 항복한 많은 한인이 투입되었다. 특히 오삼계, 상가희, 경중명은 자신의 군단軍團을 이끌고 나가 큰 공을 세웠다.

이렇게 중국을 평정한 청나라는 청군에 협력한 이들의 공적을 인정해 청나라 내부의 독립국가나 다름없는 각각의 번藩을 인정해주고 오삼계를 윈난雲南의 평서왕平西王, 상가희를 광둥廣東의 평남왕平南王, 경중명의 아들 경계무耿繼茂를 푸젠福建의 정남왕靖南王으로 봉했다. 번 내의 징병, 징세, 관리 임용권 등을 가지고 있던 이 번왕들의 세력은 너무 강대해서 청조에 커다란 위협이 되었다.

청나라 제4대 황제인 강희제康熙帝가 중앙집권체제를 확립하기 위해서 번을 폐지하려 하자, 1673년 오삼계가 반란을 일으켰고, 이어서 1674년 경계무의 아들 경정충耿精忠이, 1676년에는 상가희의 아들 상지신尚之信이 반란에 호응했다.

각지에서 반청 운동자들이 이 반란에 동조하여 남중국을 중심으로 8년에 걸쳐 난이 전개되었다. 삼번의 난은 멸청흥한滅清興漢을 구호로 삼아 대규모로 전개되었으나, 오삼계의 죽음과 윈난 성의 함락 등으로 연합 전선에 차질이 생겼다. 반면, 청나라는 강희제의 확고한 방침 아래 획일적인 방어 공세를 취해 결국 반란을 평정하고 중국 지배권을 확립했다.

■ 오삼계吳三桂(1612~1678)는 명나라 말기와 청나라 초기의 장수이다. 명나라 말 청에 투항하여, 청나라 군대의 길잡이가 된 공으로 번왕에 봉해진다. 강희제가 번을 폐하려는 움직임을 보이자, 반란을 일으켰다가 실패했다.

이 수십 번이었다. 이때 출진한 병력은 모두 팔기군八旗軍[42]으로, 친왕親王이나 패륵貝勒[43] 혹은 만주인 대신大臣이 지휘관으로 임명되었다. 평상시 조정의 관원이든 변방 국경을 지키는 장수든 간에 한인은 모두 보조 관원일 뿐, 국가의 중요한 정책에 끼어들 수가 없었다. 순치順治ㆍ강희康熙 대의 홍청처우洪承疇와 옹정雍正ㆍ건륭乾隆 대의 장팅위張廷玉는 존경받는

---

42 팔기군: 중국 청나라의 독특한 군사제도이다. 청나라를 건국한 누르하치가 기존의 만주족 팔기八旗에 몽골족을 포함시켰으며, 나중에는 한족의 일부 부대도 팔기에 포함되었다. 군기軍旗의 빛깔에 따라 여덟 부대로 나누어 편제했기 때문에 팔기라 했다. 여덟 부대는 정황기正黃旗, 정백기正白旗, 정홍기正紅旗, 정람기正藍旗, 양황기鑲黃旗, 양백기鑲白旗, 양홍기鑲紅旗, 양람기鑲藍旗이다. 이들은 군사적으로 정예병이었을 뿐만 아니라, 청나라가 중국을 지배하는 동안 전국 각지를 통치하는 수단이 되었다.

43 패륵: 청나라 때 만주인 종실宗室과 몽고蒙古의 외번外藩들에게 봉해진 작위爵位를 이르는 용어이다. 청나라에서는 만주인 종실과 몽고의 외번들에게 여섯 가지 작위를 나누어 봉했는데, 그 여섯 가지는 친왕親王, 군왕郡王, 패륵貝勒, 패자貝子, 진국공鎭國公, 보국공輔國公이다.

지위에서 두터운 신망을 받았지만, 실제로는 농신佃臣⁴⁴에 불과했다. 나머지 문무백관들은 언급할 가치도 없는 하찮은 인물들이었다. 이로 인해 함풍제咸豊帝 이전까지 한인은 중요한 문무 관직을 맡은 적이 없었다.(장수 중 한두 명 정도는 한군기인漢軍旗人이었다.)

이후에 홍슈취안洪秀全과 양슈칭楊秀清이 태평천국太平天國의 난을 일으키자, 싸이상아賽尙阿와 치산琦善이 대학사大學士의 신분으로 흠차대신欽差大臣 직책을 맡아 정예부대인 팔기군을 이끌고 원정에 나섰다. 하지만 계속해서 태평군太平軍을 평정할 기회를 놓쳤고, 그 결과 태평천국의 난은 더욱 거세지게 되었다. 이 일로 비로소 조정은 팔기군이 쓸모없다는 것을 깨닫고 이때부터 한인에게 실권을 줄 수 있는 기회를 주기 시작했다. 태평천국의 봉기를 일컫는 금전기의金田起義는 실제로 만주인과 한인의 권력 크기가 바뀌는 최초의 전환점이 되었던 것이다.

태평천국의 난

1851~1864. 청조 말 광둥의 홍슈취안(1813~1864)과 양슈칭(1821~1856) 등이 중심이 되어 일으켰다. 자신이 예수의 동생이라 주장하던 홍슈취안은 1847년 광둥 성 금전촌金田村에서 기독교적인 조직인 배상제회拜上帝會를 만들었다. 세력이 확장된 배상제회가 1850년 단영團營이라는 군사 조직을 결성하면서 혁명은 시작되었다. 그들은 사상, 종교, 정치, 사회 전반의 개혁을 요구하며, 1851년 국호를 '태평천국'이라 정했고, '멸만흥한滅滿興漢'의 기치와 함께 토지균분, 조세경감, 남녀평등 등을 구호로 내걸었다. 이러한 주장에 대해 빈농을 비롯해 아편전쟁 후의 실업자, 해산병 등 민중은 큰 지지를 보내고 협력했으며, 이들을 포함한 수십만의 태평군은 1853년 난징南京을 점령하고, 이곳을 천경天京이라 개명하여 수도로 정하면서 신국가 건설 창설에 힘쓰게 된다.

그러나 천경을 도읍으로 정한 뒤부터 쩡궈판의 상군湘軍과 리훙장의 회군淮軍의 정부 토벌군, 그리고 영국인 고든Gordon이 이끄는 상승군常勝軍의 집요한 공격을 받게 된다. 또한 태평천국은 점차 주요 인물 사이의 내분과 부정부패가 발생하기 시작했다. 결국 정부군의 공격과 내부의 분열로 인해 1864년 난징이 점령당하고, 홍슈취안이 자살함으로써 14년간 이어진 태평천국은 멸망했다. 태평천국 혁명을 일으킨 농민의 광범한 투쟁은 근대 중국에 있어 농민 전쟁의 출발점이 되었으며, 또 그 한漢민족주의는 쑨원孫文 등 동맹회의 혁명운동으로 이어졌다. 또 태평천국이 수많은 약점에도 불구하고 특히 그 말기에 보여준 대외저항은 영국 등 열강에 강한 인상을 주어, 중국의 완전 식민지화를 저지하는 요인이 되었다.

청나라 황제의 계보

구분	황제皇帝	연호年號	묘호廟號	재위 기간
1代	누르하치	천명天命	태조太祖	1616~1626
2代	홍타이지	천총天聰	태종太宗	1626~1643
3代	순치제	순치順治	세조世祖	1643~1661
4代	강희제	강희康熙	성조聖祖	1661~1722
5代	옹정제	옹정雍正	세종世宗	1722~1735
6代	건륭제	건륭乾隆	고종高宗	1735~1795
7代	가경제	가경嘉慶	인종仁宗	1795~1820
8代	도광제	도광道光	선종宣宗	1820~1850
9代	함풍제	함풍咸豊	문종文宗	1850~1861
10代	동치제	동치同治	목종穆宗	1861~1874
11代	광서제	광서光緒	덕종德宗	1874~1908
12代	선통제	선통宣統	공종恭宗	1908~1912

※ 유년칭원踰年稱元법을 사용해 황제의 즉위년에는 그대로 이전 황제의 연호를 쓰고, 즉
위한 다음해를 원년으로 했다. 예를 들어 1850년 도광제가 죽고 함풍제가 황위에 올랐으
면, 1850년까지는 그대로 도광 30년이 되며, 다음해인 1851년이 함풍 원년이 된다.

그러나 한족인 쩡궈판과 후린이胡林翼가 후난湖南과 후베이湖北에서 병
력을 일으켜 장난을 평정하고 중견 인물이 되었을 때도 여전히 만주족 관
원인 대학사를 흠차대신으로 명했다. 비록 당시 청나라 조정이 부득이하
게 한인에게 의지하고는 있었지만, 어떻게 한인을 온전히 신뢰할 수 있
었겠는가? 쩡궈판과 후린이는 전력을 다해 만주족 관원들과 좋은 관계를

맺으려고 노력했다. 군사적 논의사항을 황제에게 아뢸 때도 매번 만주족 관원의 이름을 맨 앞에 써서 올렸고, 전공戰功을 세웠을 때도 승전 보고서의 제일 앞에 만주족 관원을 기록하여 그 공로를 그들에게 돌렸다. 한편으로 보면 이러한 겸손한 태도는 존경받을 만하지만, 다른 한편으로 보면 이렇게 마음 쓰는 것 자체가 애처롭다. 『증문정공전집曾文正公全集』에서 볼 수 있듯이, 난징을 함락한 이후 쩡궈판은 마치 등에 가시가 찔린 것처럼 매일 전전긍긍했고, 좌불안석이었다. 쩡궈판같이 학문과 수양이 깊은 사람도 만주족과 한족과의 관계를 항상 걱정했는데, 하물며 자신감이 쩡궈판에 미치지 못하는 리훙장은 어떠했겠는가? 이를 통해 나는 다음과 같은 결론을 내렸다. 리훙장의 지위가 전한前漢의 곽광과 후한後漢의 조조, 명의 장거정, 그리고 근대 유럽과 일본 같은 입헌군주국의 대신과 현저히 다른 것은 시대 상황이 그러했기 때문이다.

리훙장의 지위를 설명하려면 먼저 중국의 관료제도에 대해 알아야 한다. 리훙장은 대학사大學士, 북양대신北洋大臣, 총리위문대신總理衛門大臣, 상무대신商務大臣, 쟝쑤 순무江蘇巡撫, 후광 총독湖廣總督, 량쟝 총독兩江總督, 량광 총독兩廣總督, 즈리 총독直隷總督 등을 역임했다. 이것만 보면, 대신 중에서 단연코 관직이 가장 높은 사람이었다고 말할 수도 있다.

청의 옹정雍正 이후 정부의 실제 권력은 군기처軍機處의 군기대신軍機大臣이 장악했다. (동치同治 이후에는 총독과 순무의 권력이 점점 커졌다. 물론 인물에 따라 달랐기 때문에 총독과 순무의 권력이 강해했다고 일률적으로 말할 수는 없다.) 따라서 국가 정치의 바른 조치와 실책에 대한 대부분을 군기대신이 책임져야만 했다. 한족 중신이었던 리훙장이 총독과 순무를 맡을 당시에는 이전의 총독과 순무와는 달리 권한이 강해진 것이 사실이지만, 40여 년

간의 청나라의 실정失政을 모조리 리홍장 한 사람의 탓으로 돌리고 있다. 그러나 어떤 일들은 리홍장의 책임이 분명 아니었다. 동치중흥同治中興 이후 군기대신으로 실제 권력을 쥐었던 인물들은 다음과 같다.

연도	군기대신
동치 원년(1862)	원샹文祥, 선구이펀沈桂芬
동치 말년(1874)~광서 원년(1875)	리훙짜오李鴻藻, 웡퉁허翁同龢
광서 10년(1884)~광서 21년(1895)	쑨위원孫毓汶, 쉬융이徐用儀
광서 21년(1895)에서 광서 24년(1898)	리훙짜오李鴻藻, 웡퉁허翁同龢
광서 24년(1898) 이후	강이剛毅, 룽루榮祿

이 표를 보면, 만주인과 한인의 권력 증감의 일부분을 볼 수 있다. 태평천국과 염군이 반란을 일으키기 전에는 직접적으로 권력을 잡은 인물 중에 한인은 없었다. 원샹文祥과 선구이펀沈桂芬, 이 두 사람은 한인으로서 최초로 실제 정권을 장악한 인물이었다. 그 후로 리훙짜오李鴻藻, 웡퉁허翁同龢도 군기대신을 병부상서兵部尚書인 쑨위원孫毓汶과 쉬융이徐用儀에게 물려주었다. 이들의 현명함까지는 왈가왈부하지 않겠지만, 동치 이후 국경지역을 관할하던 봉강대리封疆大吏는 대부분 한인이 차지했고, 조정의 중추기관까지도 한인 세력이 증가했다. 그러나 1898년 이후 상황에 변화가 생겨 다시 만주족이 군기대신을 맡았다. 이 기간의 내용은 말하자면 길다. 이 책과는 관계가 없으니 여기에서는 자세하게 말하지 않겠다.

지금까지 살펴본 것을 통해, 리홍장이 수십 년 동안 함께 일한 사람들에 대해 알 수 있었다. 다만 이들의 재간과 인품에 대해서는 세세하게 말하지는 않겠다. 하지만 이들 모두가 한마음으로 함께 노력하고, 생각과 견해가 같았던 것은 아니었다.

앞에서 언급한 리훙장이 비스마르크에게 한 말은 상당히 근거 있고 의미가 깊다. 게다가 리훙장은 오로지 황제에게 순종할 줄만 아는 군기대신들 사이에 섞여 있었다. 이것이 내가 리훙장에게 비애를 느끼는 이유이다. 내가 비애를 느끼는 것이 리훙장을 두둔하거나 옹호한다는 뜻은 전혀 아니다. 설령 리훙장이 실권을 쥐고 자신의 이상理想을 실천해 옮겼다 하더라도, 그 성과는 지금과 크게 다르지 않았을 것이라고 나는 단언할 수 있다. 왜 그럴까? 리훙장은 본래 학식이 없는 사람이기 때문이다. 만약 리훙장이 진정한 호걸이었다면 어째서 자신의 지위를 활용하지 않았으며, 또한 어째서 더 높은 자리에 올라 세력을 넓혀 자신의 정책을 천하에 실행하지 않았겠는가? 글래드스턴과 비스마르크 같은 인물들은 이와 같은 시련이 없었겠는가? 그렇기 때문에 리훙장을 변호하는 것은 무척 어렵다. 만약 중국의 정책 실패를 모두 리훙장 한 사람의 탓으로 돌린다면, 물론 리훙장 개인으로서는 그 어떠한 억울함도 없을 테지만, 정권을 잡고 나라를 망친 당시 중신들의 죄를 리훙장에게 덮어씌우는 꼴이 될 것이다. 그렇게 된다면 4억에 달하는 중국 국민 중 한 사람으로서 국민 된 책임을 회피한 사람들은 자신의 죄과를 확실하게 알 길이 없게 될 것이다. 나는 리훙장의 이러한 처지를 알고 있기 때문에 부득이하게 그를 위한 변호를 하려고 한다. 리훙장의 공과 죄, 그리고 그가 어떤 인물인지에 대해서는 뒷부분에서 상세히 이야기하도록 하겠다.

제3장 리훙장 등장 이전의 중국의 상황

난세는 영웅을 만든다

수천 년의 중국 역사는 한 편의 피의 역사라 할 수 있다. 역사 속 인재들은 모두 살인의 귀재였다. 역사적 관점에서 예부터 지금까지 살펴보면, 오직 난세에만 영웅이 있었고 태평성대에는 영웅이 없었다. 그렇기 때문에 도광 말년(1850년경)에 이르러 이른바 영웅이라는 자들은 모두 동향을 주시하며 왕조가 바뀌어 새로운 왕조가 들어서기만을 기다렸다.

도광함풍道光咸豊 이후의 관리들은 모두 변변찮고 두려워할 필요가 없는 인물들이라는 것을 이미 모든 사람들이 알고 있었다. 게다가 정책의 실책이 많아지고 계속해서 외국에 치욕을 당했다. 열정을 품은 사람들은 구세계가 사라지고 신세계가 세워지길 바랐다. 이러한 이유로 훙슈취안, 양슈칭, 리슈청 같은 일세의 영웅들이 나타났고, 쩡궈판, 쭤쭝탕, 리훙장 같은 영웅들도 이같은 이유로 등장했다.

밀려드는 열강, 혼란한 정국

리훙장의 자字는 점보漸甫, 호號는 소전少荃이다. 1823년(도광 3년) 1월 5
일, 안후이 성安徽省 루저우 부盧州府 허페이 현合肥縣에서 태어났다. 아
버지는 리진문李進文이고, 어머니는 천沈씨였으며, 4형제 중 둘째였다.
장남 리한장李翰章은 량광 총독兩廣總督을 지냈으며, 셋째 리웅장李雄章과
넷째 리자오칭李昭慶은 군에서 복무하여 공을 세웠다. 어린 시절 리훙장
은 남들과 다를 바 없이 평범하게 서당에서 공부하며 과거시험인 첩괄帖
括[1]을 준비했다. 스물다섯에 진사進士에 합격하여, 1847년에 한림원翰林
院에 들어갔다.

리훙장이 태어날 무렵 유럽은 이미 프랑스 대혁명이라는 시대 흐름이
잠잠해진 상태였고, 프랑스의 절세영웅이었던 나폴레옹Napoléon Bonaparte

---

1 첩괄: 경서에 있는 몇 글자를 인용하여 출제한 문제에 대해 그 경서의 글을 총괄하여 답안을 작
성하는 시험 방법이다.

■ 청조의 제8대 황제(재위 1820~1850)인 도광제. 1839년 아편 수입으로 인한 피해와 은의 유출을 막기 위해 아편무역 금지령을 내리고 린제수林則徐를 광동에 파견해 영국 상인의 아편을 불태워버리고 밀수업자를 처형했다. 영국은 이를 구실로 해군을 파견해 아편전쟁을 일으켰다. 아편전쟁에서 패배한 청나라는 1842년 불평등조약인 난징조약을 맺게 됨으로써 홍콩이 영국에 넘어감은 물론 상하이 등 5개 항구가 개항되어 서구 열강이 대대적으로 밀려오게 되었다.

은 이국의 외딴 섬²에 유배되어 생을 마감했다. 유럽 대륙은 이제 평온을 되찾았고, 열강들은 더 이상 서로 침략하지 않았다. 그러나 내부에서는 동양을 침략하기 위해 힘을 기르며 계획을 세우고 있었다. 그 결과, 수천 년간 통일을 유지해온 중국은 더욱 많은 골칫거리가 생겨났다. 북쪽 이리 伊犁 지역에서는 러시아와 국경 문제가 발생했고, 남쪽에서는 영국에 의해 아편전쟁이 발발했다.

이로 인해 정국政局이 혼란에 빠지자, 청나라는 무엇보다도 인재가 필요했다. 제임스 와트James Watt가 개량한 증기기관의 영향으로 대형 증기 군함이 큰 파도를 헤치며 항해할 수 있게 되었다. 이로 인해 세계의 거리가 마치 이웃처럼 가까워졌고, 수에즈 운하Suez Canal가 개통되어 동서양의 거리는 더욱 가까워지게 되었다. 이를 통해 서양 세력들이 점차 동양으로 침입했다. 그 기세가 마치 바다폭풍과 성난 파도가 해안과 절벽에 부딪치는 것처럼 거셌기 때문에, 동양은 이 기세를 저지할 수도 이에 대항할 수도 없었다. 한 마디로 정리하면, 리훙장이 태어난 시기는 사실상 중국이 세계와 관계를 맺기 시작한 시기이자, 대외교섭에서 가장 힘든 시기였다.

---

2 세인트헬레나Saint Helena 섬.

아편전쟁

1840년~1842년에 영국과 청나라 사이에 아편 문제를 둘러싸고 전쟁이 일어났는데, 이를 제1차 아편전쟁이라 한다. 아편 수입으로 인한 피해와 은의 유출을 막기 위해 청나라 도광제道光帝는 아편무역 금지령을 내리고, 린제수林則徐를 광둥에 파견하여 영국 상인의 아편을 불태워버리고 밀수업자를 처형했다. 이에 영국은 무역 보호를 구실로 해군을 파견해 전쟁이 발발했다. 청나라가 패하자 1842년 난징에서 아편전쟁의 종결을 위해 청나라와 영국 간에 불평등조약인 난징조약이 체결되었고, 홍콩이 영국에 할양되었다.

이후 1856년~1860년에는 제1차 아편전쟁 이후 청나라의 개방이 기대에 못 미치자, 상선商船 애로Arrow 호에서의 충돌을 빌미로 영국과 프랑스의 연합군이 톈진天津과 베이징北京을 점령하고 중국을 공격했는데, 이를 제2차 아편전쟁이라 한다. 영국은 프랑스와 구성한 연합군으로 광저우를 침략하고 방화와 살인을 저질렀고, 이와 동시에 러시아군도 청나라 영토로 진격했다. 연합군이 톈진을 점령하자, 청나라는 불평등조약인 톈진조약을 맺을 수밖에 없게 되었다. 톈진조약은 청나라가 영국과 프랑스에 배상금을 지급하고 개항 항구를 확대하며 아편 무역을 합법화하는 등의 내용을 담고 있다. 청나라는 이때 기독교 공인도 약속해야 했다.

영국군과 프랑스군은 톈진조약 체결 후에도 청나라의 후속 조치가 미진하자 진격을 계속해 1859년에 수도 베이징 근처까지 이르렀고, 1860년에는 황제의 별궁인 원명원圓明園을 약탈했다. 결국 베이징 함락 후 청나라가 영국, 프랑스, 러시아와 베이징조약을 맺으면서 전쟁은 종결되었다.

■ 제2차 아편전쟁 당시 영국은 프랑스와 구성한 연합군으로 광저우를 침략하고 방화와 살인을 저질렀다.

끝없이 이어지는 반란

국내 상황을 살펴보면, 건륭建隆 [3] 이후 나라는 점점 쇠약해지고 백성들의 빈곤 또한 점점 더 심각해지고 있었다. 관리들은 제멋대로 횡포를 부렸고, 국내의 골칫거리 또한 점점 증가하고 있었다. 1795년(건륭 60년)에 후난湖南과 구이저우貴州 일대에서 홍먀오紅苗 반란이 일어났다. 1796년(가경 원년)에는 백련교白蓮教가 반란을 일으켜 5개 성에 영향을 미쳤다.

---

3 건륭: 청나라 제6대 황제 고종 건륭제乾隆帝의 연호로 1736년부터 1795년까지 60년간 쓰였다.

그 뒤 9년 동안 군사비로 총 2억2,000은白銀을 지출하고서야 이들을 겨우 평정할 수 있었다.

그와 동시에 안난安南을 근거지로 한 해적 차이첸蔡牽은 광시, 광둥, 푸젠, 저장浙江 등 여러 지역을 끊임없이 침략해 무고한 사람들을 유린하다가, 1810년에 이르러서야 비로소 진압되었다. 이어서 천리교天理教의 리원청李文成과 린칭林淸이 난을 일으켜 산둥과 즈리直隸 일대를 위협했고, 산시陝西에서도 반란의 조짐이 보였다. 도광 연간道光年刊(1821~1850) 후 이장回疆에서도 장거얼張格爾의 반란이 일어나 변경이 불안정했고, 관군은 대규모 정벌군을 동원해 꼬박 7년을 싸우고서야 가까스로 반란을 평정할 수 있었다. 이처럼 가경도광嘉慶道光(1796~1850) 동안 국력은 소모되었고, 민심의 불안은 극에 달했다. 그러나 조정의 관료들은 모두 한평생을 아무 의미 없이 지내는 자들로, 이런 상황 속에서도 여전히 오로지 황제에게 순종하며 평화롭게 가무를 즐길 뿐이었다. 가뭄과 홍수 같은 자연재해로 백성들 사이에서 폭동이 일어났지만, 이 사실을 몰래 감추고 황제에게 아뢰지 않았다. 이에 식견이 있는 사람들은 이러한 상황을 우려하기 시작했다.

수천 년의 중국 역사는 한 편의 피의 역사라 할 수 있다. 역사 속 인재들은 모두 살인의 귀재였다. 역사적 관점에서 예부터 지금까지 살펴보면, 오직 난세에만 영웅이 있었고 태평성대에는 영웅이 없었다. 그렇기 때문에 도광 말년⁴에 이르러 이른바 영웅이라는 자들은 모두 동향을 주시하며 왕조가 바뀌어 새로운 왕조가 들어서기만을 기다렸다.

---

4 1850년경.

중국의 역사가 시작된 이래로 일반 백성들이 정치에 참여한 예는 없었다. 백성들은 그저 관리에게 억압당하고 가혹한 정치 앞에 병들고 수척해질 뿐, 억울함을 호소할 수도 없었다. 백성들이 선택할 수 있는 저항 방법라고는 단 두 가지뿐이었다. 작게는 노동을 거부하는 것이었고, 크게는 반란을 일으키는 것이었다. 이것 또한 현실 앞에서는 어쩔 수 없는 것이었다. 그래서 사람들은 타성他姓에 의한 왕조의 교체를 예사롭게 생각했다. 이러한 역성혁명易姓革命은 실패하면 도적으로 몰렸으나, 성공하면 황제가 되었다. 한 고조高祖와 명 태조太祖는 모두 비천한 도적 출신이었으나, 나중에는 성공하여 신성한 황제가 되었다. 오직 강한 자만이 존경받았고, 그 외에는 모두 중요하지 않았다. 이러한 풍습과 생각 때문에 역사 대대로 민간에서 나라에 반기를 들고 일어나는 일이 끊이지 않았다. 물론 그사이 백수십 년간 태평한 시절도 있기는 했다. 하지만 이것은 단지 백성들이 재난과 살육에 지친 데다가 인구가 감소해 살기가 비교적 수월해졌거나, 혹은 군주와 재상이 사람을 잘 부려서 작은 선심으로 백성들의 지지를 얻어 일시적으로 안정을 찾았을 뿐이다. 그러나 실제로는 전국을 혼란케 만드는 씨앗은 사라지지 않고 틈만 나면 즉시 다시 생겨나곤 했다. 따라서 중국의 수천 년 역사는 모두 진한 피로 씌어진 것이다. 이것은 꺼리거나 숨길 일이 아니다.

청나라는 산하이관山海關[5] 바깥에서 일어났으나, 나중에 중원으로 들어와 중국의 주인이 되었다. 우리 한족은 자존감이 강하고, 거만하며, 다른 민족을 멸시하는 경향이 있기 때문에 청나라의 등장에 당연히 불만을

---

5 산하이관: 중국 허베이 성河北省 동북쪽 끝, 보하이 만渤海灣 연안에 있는 친환다오 시秦皇島市에 속한 구. 만리장성萬里長城의 동쪽 끝에 있는 관문으로, 예부터 군사 요충지이다.

가졌다. 이런 이유 때문에 명나라가 멸망한 이후에도 유민들은 한인 왕조를 회복하기 위한 비밀단체를 결성하여 200년 동안 유지해오고 있다. 이들 세력은 18개 성에 퍼져 도처에 존재하고 있었다. 비록 전에도 여러 차례 반역을 선동하는 자가 있었지만, 영명한 황제들이 계속 이어졌기 때문에 목적을 달성하지 못했다. 하지만 오랜 시간 불만이 쌓이고 쌓이면 반드시 터질 수밖에 없다. 도광함풍道光咸豊 이후의 관리들은 모두 변변찮고 두려워할 필요가 없는 인물들이라는 것을 이미 모든 사람들이 알고 있었다. 게다가 정책의 실책이 많아지고 계속해서 외국에 치욕을 당했다. 열정을 품은 사람들은 구세계가 사라지고 신세계가 세워지길 바랐다. 야심 있고 교활한 자들은 이 기회를 틈타 분수에 넘치는 이익을 얻고자 했다. 이것을 이른바 "形勢使然, 事出有因(정세가 이렇게 된 데는 반드시 원인이 있다.)"라고 한다. 이러한 이유로 홍슈취안, 양슈칭, 리슈청李秀成 같은 일세의 영웅들이 나타났고, 쩡궈판, 줘쭝탕, 리훙장 같은 영웅들도 이같은 이유로 등장했다.

태평천국의 난 진압, 군사가로서의 명성 시작

우공優貢[6]으로 선발된 리훙장은 베이징으로 옮겨와 거주했다. 리훙장은 쩡궈판에게 문학적 재능을 인정받아 그의 제자가 되었고, 아침저녁으로

---

6 우공: 청나라의 과거제도의 하나. 청 국자감에 국가고시로 합격한 자를 원생員生, 향시로 국자감에 입학한 자를 부공副貢, 매 3년마다 각 생원 중 우수한 자를 뽑아 우공이라 불렀다. 또 늠생廩生 중에서 감에 들어온 자를 세공歲貢이라 불렀다.

■ 청나라 말기의 정치가이자 학자인 쩡궈판은 리훙장의 문학적 재능을 인정하고 제자로 삼았다. 이 시기에 쩡궈판 밑에서 보고 배운 모든 것들은 이후 리훙장에게 큰 도움이 되었다.

쩡궈판과 함께하면서 유가의 의리義理와 경세제민經世濟民의 학문을 공부했다. 이 시기에 닦은 학문적 기초는 리훙장의 학문적 성취에 큰 도움을 주었다.

그가 한림원에 들어간 뒤 3년이 되지 않아 태평천국운동의 금전기의가 일어났다. 홍슈취안은 일개 필부匹夫로 광시廣西에서 반란을 일으켰고, 거의 2년여 동안 중국의 반을 유린했다. 중국 동남부의 주요 도시들이 계속해서 함락되는 등 중국의 형세는 매우 아슬아슬하고 급박했다. 당시 리훙장은 마침 고향인 안후이 성에 머물면서 안후이 순무 푸지福濟와 공부 시랑工部侍郎 리셴지呂賢基의 군사업무를 돕고 있었다. 루저우는 이미 함락되었고, 주변 도시들도 적군이 점령해 앞뒤에서 압박하는 상황이었다. 푸지는 루저우를 되찾고 싶었으나, 방법이 없었다. 이런 상황에서 리훙장은 먼저 한산 현含山縣과 차오 현巢縣을 빼앗아 적군의 병력지원을 차단할 것을 건의했다. 리훙장은 푸지의 부대를 직접 지휘해 이 두 현을 점령하는 데 성공했다. 이때부터 리훙장이 전투에 능하다는 명성이 세상에 퍼지기 시작했다. 1855년 1월의 일이었다.

■홍슈취안은 1851년에 평화롭고 평등한 지상천국을 수립할 것을 목적으로 군사를 일으켜 태평천국을 세우고 자신을 천왕이라 칭했다. 1853년에 난징을 점령하고 신국가 건설에 착수했으나, 관군이 난징을 함락하기 전에 병사했다.

　　홍슈취안이 우창武昌을 함락할 당시, 집에서 상을 치르고 있던 임시 예부시랑 쩡궈판은 황제의 뜻을 받들어 단련團練[7]을 창설했고, 정예부대를 훈련시키고 태평천국의 난을 평정하는 일을 당연히 자신의 책임으로 여겼다. 그리하여 이때부터 상군湘軍이 발전하기 시작했다. 상군은 회군淮軍[8]의 모체이다. 당시 팔기군과 지방군인 녹영綠營 같은 구식 군대들은

---

7 단련: 중국의 옛 민병조직. 18세기 중엽 이후 백련교도의 반란에 대항하려고 정부에서도 관병官兵을 대신해 향병鄕兵을 이용하고자 단련을 제도화하기에 이르렀다. 그리하여 유력한 지주나 지방관의 통솔하에 장정을 징집·훈련하고 양식을 자담自擔하면서 지방의 방비에 임하도록 했으며, 19세기 중엽 이후 태평천국의 난을 진압할 때 대대적으로 활용했다.

8 회군: 청나라 말기 태평천국의 난을 진압하기 위해 쩡궈판의 지시로 그의 제자였던 리훙장이 화이허淮河 유역의 안후이 성安徽省에서 조직한 의용부대이다.

모두 나태하고 의욕이 없고 겁 많고 나약하여 쓸모가 없었다. 군대 지휘관들도 모두 변변치 못해 무능하고 어리석어 자신의 책임을 다하지 못했다. 전체적인 상황을 자세히 조사한 뒤, 쩡궈판은 문제점을 드러내놓고 없애지 않으면 어떻게 해도 효과가 없으리라는 것을 알게 되었다. 그는 인재를 모으고 전면적인 계획을 다시 세웠다. 어떠한 고난도 꿋꿋하게 참아내며 수많은 좌절에도 굴하지 않았다. 이때부터 나라가 안정을 되찾아가는 모습이 보이기 시작했다.

홍슈취안은 난징을 점령한 이후 점점 거만해지고 우쭐대기 시작했다. 그의 조직 내부에서는 분란이 일어나 자기편끼리 서로 죽이기도 하고, 부정부패 또한 극에 달했다. 만약 당시 관군이 인재를 모으고 전력을 다해 공격했다면, 태평천국의 난을 쉽게 평정할 수 있었을 것이다. 하지만 관군의 교만과 부정부패 역시 속수무책이었는데, 오히려 적보다 더 심했다. 1856년 흠차대신 샹룽向榮이 지휘하는 금릉대영金陵大營이 처음으로 패배했다. 1860년 흠차대신 허춘和春과 장난 제독江南提督 장궈량張國梁이 지휘하는 금릉대영은 또다시 패배했다. 그 결과, 장쑤와 저장이 차례로 적군에게 함락당했다. 적군의 위세는 함풍 초년(1851년)에 비해 더욱더 강해졌다. 게다가 함풍 7년(1857년) 청나라와 영국 사이에 전쟁이 일어났다(제2차 아편전쟁). 장궈량과 허춘이 전사한 날은 마침 영국과 프랑스 연합군이 베이징에 진입하여 청나라 황실 정원인 원명원圓明園을 불태운 날이었다. 천재天災와 인재人災가 연거푸 일어났고, 이때 이르러서는 거의 10대代를 이어온 청의 제위帝位가 곧 끊어지려는 실과 같이 위태로운 상황이 되었다.

쩡궈판이 10년 동안이나 군대를 지휘했지만, 그가 평정한 구역은 겨우

■ 함풍제(1831~1861)는 중국 청 왕조의 제9대 황제(재위 1850~1861)이다. 치세 기간 동안 훙슈취안이 태평천국의 난을 일으켜 난징을 점령했는데 불구하고 당파싸움에만 몰두하는 만주인 관료를 물리치고 젊은 한인 관료를 기용하는 등 치정에 애썼다. 애로 호 사건을 계기로 체결된 톈진조약의 비준 문제로 분쟁이 일어나 영국 · 프랑스군이 베이징에 침입하자 러허熱河의 이궁으로 피난하여 그곳에서 병사했다.

양쯔 강 상류 일대에 한정되었다. 이것은 주도면밀하고 신중한 쩡궈판이 서두르지 않고 천천히 전진해 나아가는 전략을 추구했기 때문이기도 했지만, 조정이 쩡궈판을 총책임자로 임명하지 않아 모든 실권을 가지지 못한 상황에서 그가 마음대로 제 뜻을 펼치지 못했기 때문이었다. 이로 인해 상군이 후난, 후베이, 장쑤, 안후이 등의 성을 옮겨 다니며 전투를 하는 동안 지방 관원이 걸림돌이 되어 싸워야 할 시기를 놓치는 경우가 많았고, 그 결과 상군은 오랫동안 공을 세울 수 없었다.

1860년 5월 쩡궈판은 임시로 량장 총독兩江總督을 대행한 뒤, 얼마 지나지 않아 바로 총독에 임명되었다. 아울러 흠차대신으로 임명되어 장난 지역의 군사 업무를 관리하게 되었다. 이로써 쩡궈판은 비로소 군량 및 군비에 대한 권한을 가지게 되었고, 쭤쭝탕, 리훙장 등 여러 인재들과 힘을 합쳐 쑤저우蘇州, 안후이, 저장 일대의 문제를 해결할 수 있게 되었다. 그러자 전반적인 정세가 드디어 변하기 시작했다.

리훙장이 안후이 순무 푸지 수하에서 참모로 있을 때, 푸지는 리훙장을 도원道員[9]으로 추천하는 상서를 올렸다. 하지만 딩화이사鄭魁士가 저지하는 바람에 그 직책을 맡지 못했다. 당시 리훙장에 대한 뜬소문이 도처에 무성했고, 가는 곳마다 그를 욕하지 않는 이가 없었다. 리훙장은 고향에 거의 발붙이고 살 수 없게 되었다. 그 후 푸젠 연소건유延邵建遺라는 도원 직책에 임명되었지만, 이것은 실제 책임과 권한이 없는 이름뿐인 직책이었다.

---

9 도원: 각 성省 내 특정 지역의 행정사무를 관할하는 관명.

쩡궈판의 참모가 되다

1858년에 쩡궈판이 군대를 이끌고 젠창建昌으로 이동하자, 리훙장은 쩡궈판을 찾아가 알현하고 그의 참모가 되었다. 1859년 6월, 쩡궈판은 푸저우撫州에 기존 상군 4개 부대를 파견했다. 또 다섯 번째 부대를 새로 모집했고, 자신의 동생 쩡궈취안曾國荃으로 하여금 부대를 이끌고 장시성江西省 징더전景德鎮으로 이동한 뒤 그곳에 있던 기존 부대와 협력해 적과 싸우라고 명령했다. 쩡궈판은 리훙장에게는 참모로서 쩡궈취안과 동행해 그를 도우라고 명령했다.

장시 성의 적을 소탕한 이후, 리훙장은 쩡궈판의 지휘부에서 2년여간 있었다. 1860년 쩡궈판은 량장 총독이 되었고, 화이양淮陽 수군을 창설할 준비를 하고 있었다. 쩡궈판은 상부에 리훙장을 장베이사도江北司道로 임명하도록 요청했으나, 승인받지 못했다. 그는 다시 리훙장을 양회운사兩淮運使로 임명하도록 추천했으나, 상소문이 베이징에 전달되었을 때 마침 함풍제咸豊帝가 북쪽 지금의 청더承德인 러허熱河로 도망가는 바람에 뜻을 이루지 못했다.

당시 38세였던 리훙장은 재능과 학식은 있었지만 기회를 잡지 못해 하루하루 허송세월을 보내는 것을 안타까워했고, 자신이 운이 없어 관직에 오를 수 없다고 생각하고 있었다. 아, 이것은 하늘이 리훙장에게 내린 시련인가, 아니면 하늘이 리훙장에게 내린 선물인가? 그가 곤궁에 빠진 채 좌절하며 보낸 세월이 10여 년이었다.

하지만 그는 이 기간 동안 도량을 넓히고 능력을 향상시킨 덕분에 훗날 큰 임무를 맡을 수 있었다. 또한 쩡궈판의 군대에서 수년간 참모로 있었던 경험은 그의 능력을 키울 수 있는 좋은 경험이었고, 훗날 큰 도움이 되었다.

제4장 군사가 리훙장 상上

시대의 총아, 태평천국을 평정하다

쩡궈취안이 난징을 함락하자, 여러 장수들이 그의 공로를 시기하기 시작했고, 갑자기 그를 비방하는 말이 많아졌다. 쭤쭝탕과 같은 어진 인물도 쩡궈취안을 비방하는 데 동참했다. 오로지 리홍장만이 이런 말을 전혀 하지 않았고, 오히려 있는 힘을 다해 여러 면에서 쩡궈취안을 변호했다. 이것은 리홍장이 문충文忠이라는 칭호를 얻게 된 이유라 할 수 있다. 난징 공략에 참가하라는 조정의 명령에도 그는 다른 사람의 공을 나누어 가지려고 하지 않았다. 일이 끝난 뒤 자신을 추천해준 사람을 시기하는 것도 옳지 않다고 생각했다. 이처럼 어질고 너그러운 그의 마음씨는 보통 사람의 마음씨를 초월했다. 그가 명성을 얻은 것은 사람들이 거짓으로 꾸며낸 것이 아니라 다 그럴 만한 이유가 있었던 것이다.

태평천국의 위세가 절정에 달하다

진秦나라 말기에는 세상이 매우 어지럽고 끊임없이 소란스러웠다. 그틈을 타 온 호걸들이 구름같이 일어나 군대를 일으켰다. 이 시기에 한신韓信[1]은 항우項羽[2]가 패업霸業을 다진 후에야 세상에 나타났다. 동한東漢 말기에도 세상이 매우 어지럽고 끊임없이 소란스러웠으며, 온 호걸들이 구름같이 일어나 군대를 일으켰다. 이 시기에 제갈량은 조조가 패업

---

1 한신: ?~기원전 196. 한漢나라의 장수. 유방劉邦의 부하로 수많은 싸움에서 승리해 유방의 패권을 결정지었다. 장량, 소하와 함께 유방 부하의 삼걸 중의 한 명이다. 처음에는 항우의 휘하에 들어갔으나 능력을 인정받지 못하다가, 장량의 권유로 유방에게 귀순한 뒤 대장군으로서 큰 공적을 세웠다. 그러나 한나라의 권력이 확립되자 점차 견제를 당하게 되었고, 결국 모함을 받아 처형되었다. 유명한 고사성어인 토사구팽兎死狗烹이라는 말을 남겼다.

2 항우: 기원전 232~기원전 202. 진秦나라 말기에 유방과 천하를 놓고 다툰 무장. 진나라가 진승·오광의 난으로 혼란에 빠지자, 봉기하여 진군을 도처에서 무찌르고 관중關中으로 들어갔다. 진을 멸망시킨 뒤 서초西楚 패왕霸王이라 칭했으나, 각지에 봉한 제후를 제대로 통솔하지 못했다. 결국 유방에게 포위되어 자살했다.

을 다진 후에야 세상에 나타났다. 예부터 큰 위인들은 관직을 맡거나 관직에서 물러나는 일 혹은 지위가 승격되거나 강등되는 문제는 모두 하늘의 뜻에 달려 있다고 믿었기 때문에, 반드시 기회가 무르익기를 기다렸다. 이것은 활을 쏠 때 활시위를 힘껏 당긴 후에 쏘는 것과 같은 이치이다. 위인들에게 이렇게 하도록 지배하는 힘은 없지만, 이렇게 행동하도록 통제하는 힘은 있는 것 같다. 사령운謝靈運은 "당신들이 나보다 생천生天[3]은 일찍 하더라도, 성불成佛은 반드시 나보나 늦을 것이다."[4]라고 말한 적이 있다. 동광중흥同光中興[5] 시기의 모든 대신들 중에서 리훙장이 가장 늦게 명성을 얻었으나 가장 명성이 높았고, 정권 또한 가장 오랫동안 유지했다. 세상에는 처리해야 할 일이 태산이었고, 그런 시대가 영웅을 만들었으니, 리훙장은 참으로 시대의 총아寵兒라고 할 수 있다.

1856년(함풍 6년)~1857년에 태평천국은 그 위세가 절정에 달한 반면, 관군은 오히려 더욱더 쇠약해지고 있었다. 국가의 군사정책은 이리저리 흔들린 채 제대로 실시되지 않았고, 각 지방의 세력가들은 모두가 서로를 시기하고 있었다. 게다가 군자금도 부족해서 모든 성은 각자 스스로 자금을 마련해야만 했다. 결국 이리저리 긁어모아 겨우 충당하며 당면한 위기를

---

3 생천: 중생들이 귀하게 여기는 네 가지 부류인 사종천四種天(①세간천世間天: 이 세상의 국왕. ②생천生天: 중생이 이르기를 원하는 삼계三界의 여러 경지. ③정천淨天: 번뇌를 소멸시켜 청정한 경지에 이른 수다원須陀洹, 사다함斯陀含, 아나함阿那舍, 아라한阿羅漢, 벽지불辟支佛 등의 성자聖者. ④의천義天: 모든 현상이 공空이라는 이치를 알고 거기에 안주하는 십주十住의 보살)의 하나.

4 남북조시대南北朝時代의 산수시인山水詩人인 사령운이 회계會稽에 있을 때 불佛을 정간精墾하게 섬기는 태수 맹의孟顗를 가볍게 여겨 그에게 한 말이다. 태수가 그 말을 듣고 깊이 한스럽게 여겼다고 한다. 『송서宋書』「사령운전」 중에서.

5 동광중흥: 황태후 자희慈禧(1835~1908)의 업적을 높이 사서 그녀가 통치하던 동치同治와 광서光緒 두 시기를 동광중흥이라 일컬었다.

모면하고 있었던 것이다. 중국 내에 있던 충신과 걸출한 인재들이 신속하게 태평군을 평정하지 못하자, 부득이하게 생각해낸 방책이 바로 유럽과 미국의 군인들을 활용해 태평천국을 철저히 토벌하자는 것이었다.

먼저 난징을 점령한 홍슈취안과 양슈칭은 사방으로 군대를 보내 공격했다. 18개 성 중에 평온한 곳은 찾아볼 수가 없었다. 조정은 10년간의 노력에도 불구하고 반란을 평정하지 못했다. 베이징 정부의 무능력은 온 세상이 이미 다 알고 있었다. 그 결과, 영국 영사와 상하이에 있던 영국 상인들은 홍슈취안을 반역자로 생각하지 않았고, 홍슈취안을 유럽 각국의 민권을 선도하는 혁명파와 같은 인물로 여겼다. 따라서 서양인들은 매너 좋은 친구처럼 예의를 갖춰 태평천국을 상대했고, 가끔씩 그들에게 총기류와 탄약, 식량 등을 제공하기도 했다.

하지만 그 후 홍슈취안의 교만은 극으로 치달았고, 태평천국 내부에서는 자기편끼리 서로 죽이는 등 날이 갈수록 내정이 문란해졌다. 유럽과 미국의 지식인들은 이러한 사태를 심사숙고하게 되었고, 그 결과 홍슈취안과 그의 추종자들이 주장하는 이른바 태평천국, 사해형제四海兄弟, 평화박애平和博愛, 평등자유平等自由 같은 것들은 모두 거짓 명분에 불과하며, 실제로는 그들이 도적과 조금도 다르지 않다는 것을 깨닫고 태평천국은 대업을 이룰 수 없다고 판단했다. 그래서 영국, 프랑스, 미국은 모두 자신들의 기존 방침을 바꿔, 베이징 정부에 반란을 평정할 병력을 지원하기로 결정했다. 이런 의향을 청 정부에 정식으로 전달한 것이 1856년이었다.

러시아 공사 이그나티예프Nikolai Pavlovich Ignatiev[6]는 공친왕恭親王[7]을 직접 만나, 소규모 병력을 태운 러시아 해군 소함대를 파견해 양쯔 강을 거슬러 올라와 청 정부를 도와주겠다는 의사를 표명했다.

■부연 설명: 그 당시 유럽과 미국 등 세계 각국은 중국과 무역 교류를 시작하는 단계였기 때문에, 중국이 전란에 휩싸이는 것을 결코 바라지 않았다. 그래서 태평천국과 베이징 정부의 양쪽 군대가 몇 년에 걸쳐 싸웠는데도 승패가 나지 않자, 한쪽을 도와 신속하게 형세를 안정시키고자 했던 것이다. 그러나 서양인들이 오랫동안 베이징 정부의 부패에 혐오감을 느꼈기 때문에 혁명군인 태평천국에 희망을 건 것은 어찌 보면 당연했다. 당시에는 유럽과 미국이 둘 중에 어느 쪽을 지원하느냐에 따라 승패가 결정 났다. 그러나 태평천국은 승리의 기회를 눈 깜짝할 사이에 놓치고 말았다. 만약 홍슈취안이 원대한 계략과 선견지명으로 내정을 바로잡고 능숙하게 외교 교섭을 펼쳐 조속히 서양 열강들과 조약을 체결한 후 그들의 힘을 빌려 중원을 평정했더라면, 형세의 변화는 예측할 수 없었을 것이다. 홍슈취안은 이러한 이치를 깨닫지 못하고 내부 부

---

6 이그나티예프: 제정 러시아의 정치가(1832~1908). 1858년에 시베리아 총독의 외교 고문으로서 활약한 뒤, 주청駐淸 공사와 주터키 대사를 지냈다. 극동 외교에서 활약해 청나라와 아이훈조약과 베이징조약을 맺었다. 그사이 국수주의·범슬라브주의운동을 했으며, 1881년에 내상內相으로서 반동정책을 추진했다. 1908년에 사회혁명단원에 의해 암살되었다.

7 공친왕: 1831~1898. 도광제의 여섯째 아들로 함풍제의 아우이다. 1860년 군기대신이 되고 같은 해 영국, 프랑스와 베이징조약을 체결해 열강과의 화친에 힘썼으며, 궁정의 중진이 되었다. 함풍제가 죽은 후, 서태후와 짜고 쿠데타를 일으켜 이친왕怡親王과 정친왕鄭親王의 전단專斷을 막고 동치제同治帝를 옹립, 의정왕議政王이 되고, 베이징 정부를 주재主宰하여 동치중흥의 개혁을 단행해 청조의 연명을 도모했다. 이후 서태후와의 불화로 1884년 군기대신을 사임했다. 그 뒤 청일전쟁 때 잠시 기용되었으나 패전 후 밀려나 실의 속에서 사망했다.

패에 이어 외교 실책으로 새로운 적을 만들었으니 결국 패하는 것은 당연하지 않은가! 리훙장 같은 인물들이 공을 세워 이름을 떨친 것 역시 이러한 토대 위에 이루어진 것이다.

상승군의 창설

영국과 프랑스 연합군이 1860년 베이징을 침공했을 때, 함풍제는 멀리 르허熱河에 있었다. 결국 강제로 베이징조약이 체결되었지만, 서양인에 대한 우려는 더욱 커졌다. 이런 분위기 때문에 공친왕은 서양의 병력을 지원받아 태평천국을 소탕하는 일을 감히 혼자 결정할 수 없었다. 따라서 함풍제에게 주청을 올리는 한편, 장난江南 흠차대신 쩡궈판과 장베이江北 흠차대신 위안자산袁甲三(위안스카이袁世凱의 아버지), 그리고 장쑤 순무 쉐환薛煥, 저장 순무 왕유링王有齡 등에게 자문을 구했다. 장베이 흠차대신 위안자산만이 서양의 병력 지원은 중국에 이로울 것이 하나도 없다며 결사반대했다. 장쑤 순무 쉐환은 영국과 프랑스의 군대를 지원받는 것은 바람직하지 않다며, 대신 인도 병력을 고용해 상하이와 그 주변을 방어해야 한다고 건의했다. 또한 지휘관으로 미국 장교 프레더릭 워드Frederick Townsend Ward[8]와 헨리 버제빈Henry Andres Burgevine[9]을 추천했다.

8　프레더릭 워드: 1831~1862. 중국식 이름은 華爾. 1857년 상하이로 건너갔다가 당시 태평군의 창궐로 위기에 처한 상하이를 지키기 위해, 거상巨商 양팡楊坊을 도와 외국 의용군을 조직했다. 뒤에 이를 해체시키고, 외국인을 간부로 한 중국인 부대를 새로 조직했다. 서양식 무장훈련을 실시하고 영국·프랑스군과도 협력하여, 태평군을 토벌하는 데 크게 활약했다. 1862년 저장 성 츠시慈溪를 공략하던 중 부상을 입어 닝보寧波에서 죽었다.

9　헨리 버제빈: 1836~1865. 중국식 이름은 白齊文. 프레더릭 워드가 죽자, 상승군의 두 번째 지휘관이 되었다.

■미 군사학교를 졸업하고 장교로 근무하면서 경범죄를 저질러 1857년 상하이에 숨어 지내던 프레더릭 워드는 당시 태평천국의 난으로 위기에 처한 상하이를 지키기 위해, 거상 _{巨商} 양팡을 도와 외국의용군을 조직한 뒤 이를 해체시키고 외국인을 간부로 한 중국인 부대를 새로 조직하여 서양식 무장훈련을 실시하고 영국·프랑스군과도 협력해 태평군을 토벌하는 데 큰 활약을 했다. 그가 조직한 군대는 상승군으로 불리었다.

쩡궈판의 의견도 쉐환의 의견과 비슷했다. 그는 이렇게 말했다.

"현재 중국은 극도의 곤경에 처해 있어 외국의 호의를 거절하는 것은 이롭지 않습니다. 그러니 토벌을 돕고자 하는 그들의 정성어린 마음에 좋은 말로 답하되, 출병 일자는 되도록 지연시켜야 합니다. 대신 다른 한편으로 외국 장교를 이용해 반역자를 섬멸하는 데 실질적인 효과를 보도록 해야 합니다."

조정은 이러한 의견에 따라 토벌을 돕겠다는 영국과 프랑스에 정중히 거절의사를 표명하고, 대신 쩡궈판에게 책임지고 신병을 훈련시킬 서양 교관을 초빙하라고 명령했다. 이것이 사실상 '상승군 常勝軍'[10] 의 시작이었다. 또한 리훙장이 명성을 떨치기 시작한 것도 이 일과 아주 밀접한 관련이 있다.

뉴욕 출신의 미국인 프레더릭 워드는 미 군사학교를 졸업하고 장교로

---

10 상승군: 중국 청나라 말기에 태평군을 토벌하기 위해 조직한 용병부대. 미국인 워드가 외인_{外人}과 중국인으로 조직했는데, 태평군의 공격으로부터 상하이를 방어하여 이 이름을 얻게 되었다.

근무하면서 경범죄를 저질러 상하이에 숨어 지내고 있었다. 1860년 홍슈취안의 태평군은 장쑤를 유린하고 쑤저우와 창저우常州를 함락했다. 상하이 후보도候補道[11] 양팡楊坊은 워드가 침착하고 재능 있는 인물이라는 것을 알고 포정사布政使[12] 우쉬吳煦에게 추천했다. 우쉬는 미 영사에게 요청해 워드가 사면받게 해주었다. 그러고는 워드에게 유럽인과 미국인 몇십 명과 중국인 수백 명을 추가로 모병하여 훈련시킨 후 쑤저우와 상하이를 방어하도록 했다. 그 후 이 군대는 여러 차례 반란군과 전투를 치렀는데, 소수 인원으로 대규모 반란군에 대적해 거칠 것 없이 싸웠기 때문에 관군과 적군 모두 이 부대를 "상승군"이라고 불렀다. 상승군은 리훙장이 상하이에 도달하기 전에 창설되었다.

쩡궈판의 상군, 안칭을 수복하다

리훙장이 전쟁에서 세운 공적을 서술하기 전에, 먼저 그가 공을 세운 지역의 개황槪況과 정세에 대해 소개하고자 한다.

장쑤 성과 저장 성은 중국의 조세 수입에 있어서 항상 중요한 성이었다. "이 2개 성이 없다면 국가가 붕괴될 수도 있다."고 말할 정도였다. 병법가兵法家들이 앞다퉈 쟁탈하려는 최고의 전략적 요충지가 후베이 성의

---

11 후보도: 청나라 관직제도. 도원道員이 관함官銜을 미리 받고, 그 자리가 나기를 기다리고 있을 경우 후보도라고 칭했다.

12 포정사: 중국의 명明·청淸 시대 각 성의 행정 사무를 감독하던 장관으로 총독總督, 순무巡撫에 직속한 정3품직正三品職. 특히 청대淸代는 군기처軍機處 밑에 예부禮部와 호부戶部가 교육에 관련되어 있었으나, 지방교육은 포정사가 관장했다.

■ 1861년 8월 쩡궈판의 상군이 안칭을 수복했다. 그러자 안칭을 수복한 상군의 명성은 더욱더 높아졌다. 그 결과, 태평천국을 토벌하는 중대한 임무는 완전히 쩡궈판에게 맡겨졌다.

우한武漢이었다면, 군수품을 확보하기 위해 가장 중요한 지역은 장쑤 성의 쑤저우와 저장 성의 항저우였다. 이는 병법을 조금만 이해해도 알 수있는 사실이었다. 홍슈취안은 최근 여러 곳에서 관군의 사기가 높아진 것을 보고 예전처럼 관군을 무시하지 못하게 되었다. 게다가 1861년 9월쩡궈판의 상군이 안칭安慶을 수복해 난징 주변의 정세가 점점 악화되자, 자신 휘하의 리슈청과 리스셴李世賢 등에게 병력을 나누어 장쑤 성과 저장 성을 침범하도록 했다. 리슈청의 부대는 순조롭게 샤오산蕭山, 사오싱紹興, 닝보寧波, 주지諸暨, 항저우 등의 지역을 연이어 함락했다. 이 와중에저장 순무 왕유링이 전사했다. 또한 장쑤 성의 도시들도 전부 함락되어피난민이 모두 상하이로 몰려들었다.

안칭을 수복한 상군의 명성은 더욱더 높아졌다. 이전에 쩡궈판과 사이가 좋지 않았던 조정의 신료들과 봉강대리는 모두 죽었거나 파면되었다.

■청나라 말기의 정치가 쮀쭝탕(1812~1885)은 후난 성 사람으로 1852년 이후 쩡궈판의 상군을 지휘해 태평천국의 난을 진압했다. 1866년 중국 최초의 관영 조선소를 만들어 양무운동의 선구자가 되었다. 1876년 흠차 대신으로서 신장의 위구르 족의 난을 진압하고, 1884년 청불전쟁 당시에는 평화적인 외교 활동을 벌였다.

그 결과, 태평천국을 토벌하는 중대한 임무는 완전히 쩡궈판에게 맡겨졌다. 황제는 여러 차례 쩡궈판에게 군사작전을 재촉하는 조서를 내렸다. 군대를 이끌고 동쪽으로 진격해 쑤저우, 창저우, 항저우 등 적군의 점령 지역을 닷새 안에 되찾으라는 엄격한 유지였다. 쩡궈판은 이미 쮀쭝탕을 저장의 군사 책임자로 추천했다. 또한 장쑤 성의 신사紳士[13] 첸딩밍錢鼎銘 등은 11월에 기선을 타고 양쯔 강을 거슬러 안칭에 도착하여, 쩡궈판에게 장쑤 성으로 지원 병력을 보내달라고 애걸복걸했다.

첸딩밍은 우쑹吳淞 일대에는 현지 무장조직과 화륜선, 그리고 현지 내통자가 있어 조건이 좋으나, 이 세 가지 좋은 조건을 오래 유지할 수 없다고 주장했다. 또한 겨우 청 정부의 땅으로 남아 있는 전장鎭江, 후저우湖州, 상하이, 이 세 도시도 오래 지킬 수 없는 상황이라고 말했다. 쩡궈판은 이

---

13 신사: 명·청 시대의 새로운 지배 계층이다. 명대에 학교와 과거가 밀착되면서 형성된 신사층은 관직에 진출하는가 하면 지방의 세력가로서 관료 조직과 밀착해서 정치·사회·경제·문화 등 모든 영역에서 큰 영향력을 행사했다. 주현의 입학시험에 합격한 생원生員, 성 단위의 시험에 합격한 거인擧人, 국자감의 학생인 감생監生, 전시에 합격한 진사進士와 전직 관리 등으로 구성되었다. 그들은 민중의 교화, 치안 유지, 주민 복지는 물론 징세 등 여러 면에서 중심적인 역할을 했으며, 형벌과 조세 등의 특혜를 받았다. 송대 사대부와 성격이 유사하지만 사대부보다 그 수가 월등히 많았고, 국가로부터 일정한 특권과 지방 통치에 관한 임무를 부여받아 준準관료적인 성격을 띠고 있었다.

상황을 안타깝게 여겼으나, 당시 상군은 군수품과 병사들이 부족했고, 쬐쭝탕의 초군楚軍은 지원을 위해 군사를 나눌 수 없는 형편이었다. 결국 쩡궈판은 리훙장과 상의한 뒤, 다음해 3월에 장쑤 성을 지원하기로 결정했다.

리훙장, 회군을 조직하다

1861년 12월, 쩡궈판에게 장쑤 성에 파견할 장수를 누구로 할 것인지 묻는 유지가 내려왔다. 그는 리훙장을 추천했고, 아울러 수천 명을 뽑아 신속히 양쯔 강 하류로 파견해 반란군 소탕을 돕겠다는 주청을 조정에 올렸다. 이에 따라 리훙장은 고향 루저우로 돌아가 회군을 모집해 그들을 안칭으로 데려왔다. 그는 쩡궈판의 도움을 받아 군율과 군제를 제정하고, 무기의 사용과 군수품 및 군량의 양에 관한 문제들을 상군의 규정에 따라 처리했다. 그리고 초군楚軍의 군율을 참고해 부대를 훈련시켰다.

이미 안후이 남부는 수차례 태평군과 염군捻軍[14]에게 유린당하여, 현지 백성들의 고초는 극심했다. 다만 허페이 현은 1850년부터 장수성張樹聲 · 장수산張樹珊 형제와 저우청보周盛波 · 저우청촨周盛傳 형제, 그리고 판딩신潘鼎新, 류밍촨劉銘傳 같은 뜻있는 인물들이 민단民團을 훈련시키고 성을 쌓아올려 도적들로부터 고향을 지키고 있었다. 그리하여 안후이 성이 모두 피해를 입는 가운데서도 허페이 현만은 평온을 유지하고 있었다.

---

14 염군: 19세기 중엽에 중국의 허난河南, 안후이安徽, 산둥山東 지역을 중심으로 폭동을 일으킨 농민 반란군. 파산한 농민이나 수공업자와 연합하여 태평천국과 협동 작전을 벌이면서 세력을 확대해나갔는데, 1868년에 리훙장, 쩡궈판 등이 궤멸시켰다.

■ 리훙장은 쩡궈판의 지시로 태평천국의 난을 진압하기 위해 고향 루저우로 돌아가 회군을 모집하여 1862년 3월에 안칭에서 회군 창설을 완료했다. 회군은 상하이 방위에서는 영국 · 프랑스군 등과 협력해 활약했으며, 영국의 원조로 근대 병기를 채용했고, 태평천국의 난 이후에도 염군 반란 진압의 중심이 되어 리훙장의 권력의 기반이 되었다.

리훙장이 회군을 모집하기 시작했을 때, 기존에 있던 이 민단을 조직화해 엄격하게 훈련시켰다. 또한 장수성, 장수산, 저우청보, 저우청좐, 판딩신, 류밍좐 등은 모두 리훙장의 수하로 들어갔다. 안후이 성 사람 청쉐치程學啟는 원래 태평천국 영왕英王 천위청陳玉成 수하의 맹장이었는데, 1860년 부대를 이끌고 안칭에서 상군에 투항했다. 그 후 줄곧 쩡궈취안 밑에서 참모장교로 복무하면서 자신의 뛰어난 지략과 용기를 보여주었다. 쩡궈판은 청쉐치를 특별히 선발해 리훙장 휘하로 보냈다. 그 후 청쉐치는 매우 용감하고 전투능력이 뛰어나다는 명성을 얻었다. 또한 쩡궈판은 회군이 막 조직될 무렵 약간의 상군 병력을 지원했다. 특히 상군의 장수 중에서 우수한 자를 지휘관으로 선발해 리훙장의 휘하에 두었는데, 그가 바로 귀쑹린郭松林이었다. 회군의 장수 중에서 특히 청쉐치, 귀쑹린, 류밍좐, 판딩신, 장수성, 장수산, 저우청보, 저우청좐을 명장으로 꼽는다.

1862년 3월, 총 8,000명의 회군이 조직되었다. 양쯔 강을 따라 내려가 장쑤 성 전장鎮江을 지원할지는 아직 결정되지 않았다. 3월 28일, 상하이

관원과 신사들은 18만200은을 마련하고, 7척의 기선을 동원해 안칭에 도달하여 회군을 맞이했다. 회군은 3개 조로 나뉘어 상하이로 이동하기로 최종 결정되었다. 4월 28일, 리훙장의 전군이 상하이에 도착했다. 리훙장은 장쑤 순무 서리로 임명되었고, 쉐환을 통상대신通商大臣으로 임명해 외교교섭을 전담케 했다.(쉐환은 원래 장쑤 순무였다.)

상하이 방어 성공,
지휘 통솔 능력을 인정받다

이 시기 상승군은 아직 완벽하게 편성되지 못했다. 객장客將 자격의 워드는 500명의 병력으로 쑹장松江 수비를 책임지고 있었다. 1862년 2월, 워드의 군대는 쑹장을 공격한 태평군 1만여 명에게 수십 겹으로 포위당했지만, 필사적으로 싸워서 이들을 물리쳤다. 리훙장이 상하이에 도착한 이후, 워드는 리훙장의 지휘를 받게 되었다. 또한 상승군은 건장하고 용감한 중국인들을 모집하여 훈련을 시켰는데, 이들은 상군이나 회군보다 훨씬 많은 급료를 받았다. 이후 상승군은 마침내 유능한 군대가 되었다.

장쑤 성과 저장 성의 경계 부분에 위치한 쑹장 부府는 제독提督이 통제하는 장쑤 성의 요충지였다. 이 때문에 태평군이 이곳을 포위해 맹렬하게 공격하자, 리훙장은 상승군과 영국 및 프랑스 수비 병력(당시 영국과 프랑스 소규모 수비 부대가 조계지를 보호하기 위해 상하이에 주둔하고 있었다.)을 모아 쑹장 남부의 진산웨이金山衛와 평시엔 현奉賢縣을 공격하고, 이와 동시에 회군의 장수 청쉐치, 류밍촨, 귀쑹린, 판딩신 등으로 하여금 쑹장 동남쪽에 있는 난후이 현南匯縣을 공격하게 했다.

그러나 태평군이 필사적으로 공격해오자, 영국군과 프랑스군은 이들을 막아내지 못하고 퇴각했다. 이로 인해 자딩 현嘉定縣이 태평군에게 함락되었다. 태평군은 승세를 타고 상하이로 진격했지만, 청쉐치의 반격으로 큰 피해를 입었다. 결국 난후이의 태평군 장수 우젠잉吳建瀛과 류위린劉玉林 등은 성문을 열고 항복했다.

(우쑹커우吳淞口 남안에 있는) 촨사 청川沙廳의 태평군 1만여 명이 다시 공격해왔다. 류밍촨은 난후이를 굳게 지켰을 뿐만 아니라 태평군을 상대로 큰 승리를 거두어 촨사 청을 수복했다. 그러나 태평군의 세력은 여전히 강력했다. 일부 부대는 쑹장과 칭푸青浦를 포위했고, 일부 부대는 광푸廣富 탕치아오塘橋에 주둔하면서 쓰방泗浜에 주력을 집중시켜 신치아오新橋를 빼앗을 준비를 했다.

6월, 신치아오에 홀로 주둔하고 있던 청쉐치의 부대는 태평군의 대규모 공격을 받았다. 며칠 동안에 걸친 태평군 포위 공격으로 청쉐치는 상당히 위급한 상황에 몰렸다. 이 상황을 알게 된 리훙장은 직접 부대를 인솔해 지원에 나섰고, 쉬자후이徐家匯에서 맞닥뜨린 태평군을 격렬한 전투 끝에 격파했다. 멀리 떨어진 자신의 병영에서 리훙장의 사령기를 본 청쉐치도 즉시 부대를 이끌고 양면에서 협공한 결과, 마침내 대승을 거두었다. 사살된 태평군이 3,000여 명, 포로로 잡힌 자가 400여 명, 투항한 자가 1,000여 명에 달했다. 쑹장 부 외곽에 주둔하던 태평군이 이 소식을 듣고 깜짝 놀라 급히 북쪽으로 도주했다. 마침내 신치아오 포위는 풀리고, 상하이 방어는 성공했다.

상하이에 처음 도착한 회군의 군복이 초라하고 너덜너덜한 것을 본 서양인들은 뒤에서 그들을 비웃었다. 리훙장은 주변 사람들에게 "군대의 전투력 수준을 어찌 복장으로 알 수 있는가? 실제 전투에서 우리 군의 큰 규모와 기세를 본다면 우리의 전투력 수준을 자연스럽게 알게 될 것이다."라고 말했다. 그 뒤 회군 지휘관들의 용기와 엄격하고 명확한 부대 규율을 본 유럽과 미국 사람들은 모두 태도를 바꾸어 존경하는 마음을 가지게 되었다. 심지어 상승군 예하의 부하들도 리훙장의 지휘 통솔을 자연스럽게 따르기 시작했다.

태평천국의 근거지 난징을 토벌하라

당시 쩡궈판은 태평천국을 토벌하는 막중한 임무를 혼자서 맡았기 때문에 그 책임감이 무거웠다. 다른 사람에게 책임을 전가할 수도, 그렇다고 남이 간섭하게 내버려둘 수도 없었다. 그래서 리훙장에게는 장쑤 성 남부를, 쩡궈취안에게 난징을 토벌하라고 명령했다. 태평천국의 근거지인 난징은 장쑤 성과 저장 성이 서로 지원을 주고받으면서 거대한 세력을 형성하고 있었다. 만약에 장쑤 성의 태평군을 소탕하지 못한다면 난징을 포위하는 것은 불가능했고, 난징을 포위하지 못하면 장쑤 성의 적군을 소탕하는 것도 불가능한 상황이었다.

따라서 회군은 상하이로 향하는 동시에 쩡궈취안, 양짜이푸楊載福(나중에 양웨빈楊岳斌으로 개명), 펑위린彭玉麟 등은 수로와 육로로 동시에 진격하면서 양쯔 강 남북 양안의 태평군 진지를 파괴하기로 계획했다. 4월, 쩡궈취안은 타이핑 부太平府에서 출발해 양쯔 강을 따라 내려가면서, 연이어 진주관金柱關과 동량산東梁山 영채를 점령하고, 모링관秣陵關, 산차허三汊河, 장신저우江心洲, 푸바우저우蒲包洲 등을 함락했다.

5월, 쩡궈취안의 군대는 난징 성 외곽에 있는 위화타이雨花臺에 주둔했다. 그리고 리훙장은 혼자의 힘으로 쑹장 주변을 해방시켰다. 이 공적에 대해 말하자면, 상군이 난징을 함락하고 대규모 적을 소탕할 수 있었던 것은 쩡궈취안 한 사람의 공이 아니라는 것을 알아야만 한다. 실질적으로 리훙장 등이 주변에 있는 적을 소탕해 태평천국의 보급품과 병력의 근원을 차단했기 때문에 난징을 고립시킬 수 있었고, 그 결과 태평천국의 주력은 앉아서 죽음을 기다릴 수밖에 없었던 것이다. 또 회군이 장쑤 성 남부와 저장 성 북부에서 큰 공을 세울 수 있었던 것 역시 리훙장 혼자만의 공로가 아니다. 쩡궈취안의 군대가 적의 근거지를 직접 공격하자 뛰어나고 용맹하던 적의 장수와 병사들은 후방차단 및 습격을 두려워하게 되었고, 곧바로 그들의 전투력은 저하되고 말았다. 소동파蘇東坡는 일찍이 이런 문장을 썼다.

"강산은 그림 같건만 피고 진 영웅호걸들은 얼마였던가!江山如畵, 一時多少豪杰"

이것이 1862년~1863년 중국의 모습이었다.

리훙장의 맞수 리슈청

리훙장의 맞수 리슈청은 적군의 장수 중에서 늦게 등장했지만, 가장 훌륭한 장수였다. 홍슈취안이 반란을 일으켰을 때, 그 무리 중에서 가장

■ 리슈청은 리훙장의 맞수로 적군의 장수 중에서 늦게 등장했지만, 가장 훌륭한 장수였다. 극빈 농가에서 태어나 병졸로서 상제회上帝會에 가입, 점차 두각을 나타내어 1859년 충왕忠王이 되었으며, 영왕英王 천위청陳玉成과 더불어 태평천국의 주역主役이 되었다. 1860년 이후 장저江浙 지방에 진출, 상하이를 둘러싸고 영국 · 프랑스군 및 상승군에 맞서 용감하게 싸웠다.

걸출한 우두머리는 동왕東王 양슈칭, 남왕南王 펑윈산馮云山, 서왕西王 샤오차오구이蕭朝貴, 북왕北王 웨이창후이韋昌輝, 익왕翼王 스다카이石達開였다. 당시 이들은 오왕五王으로 불렸다. 얼마 지나지 않아, 펑윈산과 샤오차오구이는 후난 성에서 전사했고, 양슈칭과 웨이창후이는 난징에서 권력 투쟁을 벌이다가 서로를 죽였다. 큰 뜻을 품고 있던 스다카이는 자신의 위치에 만족하지 못하고 독립적으로 군사를 일으켜 후난 성, 장시 성, 광시 성, 구이저우 성, 쓰촨 성 등 여러 성에서 전투를 벌였다. 예전의 오왕은 이제는 존재하지 않게 되었다.

1864년~1865년은 관군이 가장 부진한 시기였을 뿐만 아니라 장난의

적 세력에게도 가장 침체된 시기였다. 리슈청은 일반 병졸 출신으로 처음에는 지위가 하찮았다. 태평천국이 난징을 수도로 정했을 때, 그는 양슈칭 수하의 일개 호위병에 불과했다. 그러나 그는 총명하고 민첩했으며, 모략에 능하고 담력도 뛰어났다. 그는 이러한 자신의 능력으로 태평천국 말기에는 큰 명성과 위세를 얻었으며, 또한 관군이 지칠 때까지 숨 돌릴 틈 없이 바쁘게 만들었다. 태평천국이 최후 6~7년을 버틸 수 있었던 것은 모두 리슈청과 천위청 두 사람의 능력 덕분이었다. 천위청은 양쯔 강 상류 지역인 허난 성河南省, 안후이 성, 후난 성, 후베이 성湖北省에서 강한 폭풍처럼 종횡무진 맹활약했다. 리슈청은 양쯔 강 하류와 해안 지역에 있는 쑤저우, 창저우, 항저우, 양저우揚州에서 솟구치는 거대한 물결처럼 큰 활약을 했다.

그러나 천위청이 먼저 죽자, 홍슈취안이 의지할 수 있는 사람은 오직 리슈청 한 사람뿐이었다. 리슈청의 지혜와 용기는 남달랐을 뿐만 아니라, 그는 큰 도량과 사랑으로 부하들의 마음을 얻고 있었다. 관군이 비록 안칭을 되찾긴 했지만, 이런 이유 때문에 하류 지역의 정세는 관군에게 낙관적이지 못했다. 쩡궈판과 쩡궈취안이 연합해 위화타이를 포위한 이후에도 여전히 장쑤 성의 여러 지방과 난징 방면에서는 전투가 계속되었다. 리훙장과 쩡궈취안은 전력을 다했지만 큰 대가를 치러야 했고, 오직 리슈청만이 승리를 거두었다. 리슈청을 이해해야만 리훙장이라는 사람을 논할 수 있는 것은 바로 이런 이유 때문이다.

난후이 전투 이후 리훙장은 기반을 좀 더 확고하게 하기 위해, 난징의 관군과 협력해 태평군 병력을 견제하고 적절한 진격 방향이 정해지기를 바랐다. 그해 7월, 리훙장은 청쉐치와 궈쑹린에게 칭푸 현 성城을 기습하

■ 프랑스계 미국인 헨리 버제빈은 상승군 지휘관 워드가 전사하자 그를 이어 잠시 상승군을 지휘하게 되었다. 이후 리슈청과 내통하고 양꽝에게 군자금을 내놓으라고 협박하며 구타하고 4만 은을 빼앗아 달아났다. 결국 직위를 박탈당한 그는 리슈청에게 투항한 뒤, 그의 참모가 되었다

라고 명령했다. 칭푸를 함락한 이후에도 별도의 부대를 선발해 기선을 타고 바다를 건너가 저장 성의 사오싱 부紹興府 위야오 현余姚縣에 파견해 그곳을 함락했다. 9월, 리슈청은 탄사오꽝譚紹洸에게 10여 만 군대를 이끌고 (상하이에서 불과 몇 리 떨어져 있는 장쑤 성의) 베이신징北新涇을 공격하라고 명령했다. 류밍촨이 이동하고 있던 태평군을 공격해 큰 피해를 입히자, 태평군은 결국 후퇴해 쑤저우를 방어했다.

같은 달, 회군과 상승군은 함께 저장 성에 진입해 츠시 현慈溪縣 공격에 성공했다. 이 전투에서 상승군 지휘관 워드가 진두지휘를 하다가 가슴에 총을 맞고 전사했다. 그는 죽기 전에 중국 의관을 입혀 묻어달라는 유언을 남겼다. 미국인 버제빈이 그를 대신해 상승군을 계속 지휘했다.

같은 해 여름에서 가을로 넘어가는 시기에 장난 지역에는 전염병이 유행하여 수많은 관군 병사들이 죽었다. 리슈청은 이 기회를 이용해 난징의 포위를 풀려고 계획했다. 그는 9월 쑤저우와 창저우에서 10여 만명으로 구성된 정예부대를 뽑아 난징으로 이동시켜 쩡궈취안의 부대를 포위했

다. 아울러 서양식 신식 대포 수십 문으로 15일 동안 밤낮 없이 맹렬한 포격을 가했다.

하지만 관군은 필사적으로 싸웠고, 사기 또한 조금도 떨어지지 않았다. 10월, 리슈청은 리스셴에게 저장 성에서 10여 만 명을 이동시켜 난징 포위작전에 동참하라고 명령했다. 공격의 강도는 더욱더 높아만 갔다. 이 소식을 들은 쩡궈판은 크게 걱정하여 급히 다른 곳에 지원을 요청했다. 그러나 당시 저장 성과 양쯔 강 북쪽의 관군들은 모두 맡은 바 임무가 있었기 때문에 지원을 해줄 수가 없었다. 이 전투는 전쟁을 시작한 이래 벌어진 두 군대의 전투 중에서 가장 격렬했다. 당시 태평군은 모두 20만 명이 넘었으나, 포위된 관군은 겨우 3만여 명밖에 되지 않았다. 게다가 부대원 중 많은 수가 전사하거나 병사했으며, 절반이 부상자였다.

그러나 쩡궈취안은 장병들과 어려움을 함께하고 동고동락하면서 그들을 한 가족처럼 소중하게 보살펴주었다. 그래서 병사들은 그를 위해서라면 죽음도 불사했고, 그 덕분에 10배나 많은 태평군에 대항해 승리를 거둘 수 있었다. 관군을 격파할 수 없다는 것을 알게 된 리슈청은 장쑤 성내 관군의 상황이 점차 좋아지는 것을 보자, 장쑤 성을 잃고 난징을 보전할 수 없을까 봐 두려웠다. 12월, 리슈청은 마침내 위화타이의 포위를 풀고 군대를 이끌고 퇴각했다.

■부연 설명: 이 전투로 인해 홍슈취안의 대세는 기울었다. 무릇 적의 견고한 성 아래 군대를 주둔케 하는 것은 병법에서 금기 사항이다. 샹룽과 허춘은 이것을 지키지 않아 두 번이나 대패했다. 이를 깊이 살피고 매우 조심했던 쩡궈판은 쩡궈취안이 위화타이에 주둔하는 것을 보고 여

러 번 경고했다. 이 전투가 발생한 후, 밖으로는 관군보다 10배가 넘는 태평군에게 포위되었고, 안으로는 곤궁에 처해 죽음을 각오한 도적들이 들끓었다. 관군은 매우 심각한 위험에 처하게 되었다.

그러나 태평군은 관군의 병력이 적고 상황이 나쁘다는 것을 알고 있었지만, 감히 생사를 걸고 무작정 돌입할 수는 없었다. 태평군은 승리를 눈앞에 두고도 결국 패배해 황급히 퇴각했고, 진퇴양난의 상황에 처하게 되어 마침내 멸망했다.

이는 무엇 때문인가? 당시 태평군의 장수들은 교만하고 방탕하며 사치스러웠다. 또한 자신들의 목숨을 매우 아꼈기 때문에 이런 결과가 초래된 것이다. 쩡궈판은 "무릇 군대는 무기력함을 가장 두려워해야 한다."라고 말한 적이 있다. 도광과 함풍이 서로 교차되던 시기(1850년에서 1851년으로 넘어가는 시기)에 관군은 아주 무기력했고, 태평군은 패기만만했었다. 1862년 이후 태평군은 무기력해졌고, 대신 관군의 패기는 높아만 갔다. 승패의 관건이 바로 여기에 있음은 두말할 필요가 없다. 이러한 순리는 리슈청같이 어진 인물도 거스를 수가 없는 것인데, 하물며 홍슈취안같이 하찮은 자는 더 언급할 가치도 없다. 6국六國[15]을 멸망시킨 것은 6국 자신이지, 절대로 진秦나라가 아니었다. 진나라를 멸망시킨 것은 진나라 자신이지, 절대로 천하가 아니었다. 본보기로 삼아 경계해야 할 일은 결코 멀리 있는 것이 아니다. 천하에 뜻이 있는 자는 이것을 교훈 삼아 스스로를 경계해야 한다. 시정무뢰市井無賴 홍슈취안은 궐기한 지 몇 년도 되지 않아 청나라 영토의 반을 점거했으나, 좋은 지세를 이용하고도 전국을 장악

---

15 6국: 전국시대戰國時代에 각지에서 할거割據한 제후諸侯 중에서 진秦을 제외한 조趙, 위魏, 한韓, 제齊, 연燕, 초楚, 이 여섯 나라.

하지 못했다. 그는 오직 전쟁을 통해 대업을 이루고자 했고, 난징이라는 작은 영토를 안식처로 삼고 이에 만족했다. 그야말로 진승陳勝[16]만도 못한 인물이었다. 홍슈취안은 융통성 없이 성 하나를 지키며 포위공격을 기다리고만 있었다. 이 사실로 미루어보면, 홍슈취안의 능력이 뛰어나서 샹룽과 허춘을 궤멸시킨 것이 아니라, 홍슈취안이 대적한 샹룽과 허춘이 자신과 비슷했기 때문에 승리를 거둔 것이다. 그래서 그는 목숨을 간신히 부지하며 지탱할 수 있었던 것이다. 아, 쩡궈판과 홍슈취안 사이의 승패를 결정한 것은 하늘인가, 아니면 사람인가? 군자들은 모두 "사람이다." 라고 말한다.

■추가 부연 설명: 이 전투는 샹군 및 회군의 모든 장수가 공을 세우는 데 있어 가장 결정적인 역할을 한 전투였다. 만약에 난징을 포위하지 않았다면, 장쑤 성과 저장 성 일대의 태평군을 견제할 수 없었을 것이고, 그랬다면 리훙장의 신설군도 승리하지 못했을 것이다. 또 만약에 장쑤 성과 저장 성 일대를 공격하지 않았다면, 겹겹이 둘러싸인 난징의 포위망을 뚫을 수 없었을 것이고, 그랬다면 많이 지쳐 있던 쩡궈취안의 부대 또한 안전을 보장받지 못했을 것이다. 독자들은 반드시 이 점을 분명히 알고 있어야 한다.

---

16 진승: ?~기원전 208. 기원전 209년 7월에 진나라에 불만을 품고 농민 900명을 이끌고 오광吳廣과 함께 '진승·오광의 난'을 일으켰다. 진승과 오광은 순식간에 중국 허난 성 일대를 점령하고 갈영葛嬰라는 농민과도 합류했다. 이후 수많은 농민들이 반란에 가담해 불과 1달 만에 1,000기 말과 5만 명의 병사를 거느렸다. 허난 성의 중심지 천저우陳州에 무혈입성해 함락시키고 8월에 스스로 제왕의 자리에 올라 나라 이름을 '장초張楚'라 했다. 이후 부귀영화에 물들고 초심을 잃어버린 그는 암살당했고, '진승·오광의 난'은 6개월 만에 진압되었다. 진승은 한漢이 천하를 통일한 뒤에 은왕隱王이라는 시호諡號를 받았다.

상승군 지휘관 버제빈 파면

난징을 포위할 때, 리슈청은 자신의 부하 탄사오광譚紹洸과 천빙원陳炳文에게 남아서 쑤저우를 지키라고 명령했다. 10월, 탄사오광은 10여 만명을 이끌고 몇 갈래로 나뉘어, 진산과 타이창太倉에서 동쪽으로 전진했다. 회군의 모든 장수들이 싼장커우三江口와 쓰장커우四江口에서 방어전을 벌였고, 승리하기도 하고 패배하기도 했다. 태평군은 운하를 따라 길이 수십 리에 달하는 주둔용 병영을 건설했고, 운하와 지류 상에 부교를 건설해 서로 오고 갈 수 있게 했다. 태평군은 황두黃渡로 진격해 쓰장커우의 관군을 에워싸고 공격했다.

10월 15일, 리훙장은 모든 장수들에게 태평군의 중심부를 공격하도록 명령했다. 하지만 태평군이 용맹하게 잘 싸워서 회군의 공격은 효과가 별로 없었다. 이때 류밍촨, 귀쑹린, 청쉐치 등이 앞장서 진두지휘하자, 사기가 크게 올라간 회군은 결국 태평군을 크게 무찔러 태평군 1만여 명을 사살하거나 생포했고, 쓰장커우의 포위를 풀었다.

상승군 지휘관 워드가 죽은 후 그 직무를 이어받은 버제빈은 인물 됨됨이가 워드와는 완전히 달랐다. 버제빈은 음모를 꾸미는 데 매우 뛰어난 교활한 자였다. 당시 관군의 절박하고 궁핍한 처지를 본 버제빈은 몰래 리슈청과 내통하여 11월에 쑹장 성내에서 만나기로 약속했다. 또 그는 상하이로 가서 도대道臺**17** 양팡에게 거액의 군자금을 내놓으라고 협박했다. 하지만 양팡이 돈을 주지 않자 그를 구타하고 4만 은을 빼앗아 도망

---

17 도대: 각 성내省內 특정 지역의 행정 사무를 관할하는 관명이었다.

■ 영국 군인 찰스 조지 고든은 상승군 지휘관 버제빈이 직위에서 파면되자, 1863년 3월 버제빈의 직무를 이어 받게 되었다. 그는 해체 직전에 있는 상승군을 재건하여 리홍장 휘하의 회군을 도와 태평천국의 난을 진압하는 데 공헌했다. 그 공로로 청조淸朝로부터 제독提督 등의 관직을 받았다.

쳤다.

이 사실을 듣고 크게 화가 난 리홍장은 바로 영국 영사와 교섭했다. 그 후 버제빈은 직위에서 파면되었고 약탈한 돈을 갚아야 했다. 그리고 1863년 3월 영국 군인 고든Charles George Gordon [18]이 버제빈의 직무를 이어받게 되었다. 이로써 상승군은 리홍장의 지휘를 다시 따르기 시작했다. 이것은 처음으로 리홍장이 실질적인 외교 업무를 처리한 사건이었다. 사람들은 리홍장의 단호하고 강경한 외교 방식에 찬성했다.

리홍장은 파면된 버제빈을 죽이고 싶었으나, 미국 영사가 리홍장의 행동을 저지하며 버제빈을 석방시켰다. 버제빈은 리슈청에게 투항한 뒤, 그의 참모가 되었다. 버제빈은 많은 책략들을 내놓았지만, 조잡한 의견들이

18 고든: 1833~1885. 중국식 이름은 戈登. 영국 군인으로 애로 호 사건 때 베이징 공격과 원명원 화공에 참가하고 주청駐淸 영국군 사령관의 추천으로 상하이의 중국인 호상과 관료들의 원조로 창설한 의용군 상승군의 지휘관이 되었다. 해체 직전의 상승군을 재건했으며, 태평천국의 난 진압에 공헌했다.

대부분이었다. 그는 리슈청에게 장쑤 성과 저장 성을 포기하고, 그곳의 뽕나무와 차나무를 잘라버리고 가옥을 불살라버린 뒤, 병력을 집결시켜 북상하여 중원 지역을 탈취한 다음 진秦과 진晉, 제齊나라처럼 중원을 근거지로 삼아 동남방을 견제해야 한다고 주장했다. 그는 이 지역들에 관군 수군의 영향력이 미치지 못하기 때문에 대업을 이룰 수 있다고 말했다. 그러나 리슈청은 그의 말을 듣지 않았다. 버제빈은 태평군을 위해 무기를 구입하고, 기선을 강탈하고, 신식 대포를 손에 넣어 리슈청에게 바쳤다. 이로 인해 쑤저우 전투 중 바오따이차오宝帶橋에서 관군 수백 명이 전사했다. 나중에 리슈청에게서 뜻을 이루지 못한 버제빈은 장저우漳州로 도망쳐 다른 태평군 부대에 의탁했지만, 결국은 귀쑹린에게 붙잡혀 죽었다.

쩡궈판은 생포한 태평군으로부터 홍슈취안이 리슈청에게 보내는 친필 명령서를 가로챘다. 그 명령서에는 "후난과 후베이 두 성과 양쯔 강 북쪽 지역이 현재 텅 비어 있으니, 20만 병력을 차출해 먼저 창서우常熟를 함락한 후, 한편으로는 양저우를 공격하면서 다른 한편으로는 안후이 성과 후베이 성을 살피라."고 되어 있었다. 쩡궈판은 리훙장에게 먼저 출병하여 적을 제압하고, 타이창을 즉각 공격해 창서우를 교란시키고 리슈청의 병력을 견제해 양쯔 강 북쪽으로 진출하지 못하게 하라고 명령했다. 리훙장도 쩡궈판의 생각에 동의했다.

1863년 3월, 리훙장은 창서우 수비 장수에게 끝까지 사수하고 지원을 기다리라고 명령했다. 그런 다음 류밍좐, 판딩신, 장수산에게 군대를 이끌고 기선에 탑승해 푸산福山으로 가라고 명령했다. 그들은 태평군과 치른 수십 차례의 전투에서 모두 승리를 거두었다. 이와 별도로 청쉐치와 리허장李鶴章에게는 타이창과 쿤산 현昆山縣을 공격하여 태평군의 세력을 분산시키라고 명령했다. 또한 고든에게는 상승군을 이끌고 회군과 함께 푸산을 공격하고 명령했다. 그 결과, 그곳을 점령하고 장서우의 포위를 풀었다. 4월, 타이창과 쿤산을 수복했고, 태평군 7,000여 명을 사로잡았다. 청쉐치의 공이 가장 컸다. 고든은 이때부터 청쉐치를 더욱 존경하게 되었다.

5월, 리슈청은 장인江陰을 지원하기 위해 수군 및 육군 수십만 명을 이끌고 우시無錫를 출발해 장서우를 점령했다. 리훙장은 자신의 동생 리허장을 비롯해 류밍좐, 궈쑹린 등을 보내 적군을 저지하도록 했다. 태평군의 선봉부대와 맞닥뜨린 류밍좐과 궈쑹린은 공격을 실시해 승리를 거두었으나, 태평군의 기세가 아주 맹렬해서 전투마다 사상자가 많이 발생했다. 당시 태평군은 운하를 따라 병영을 건설했는데, 북쪽 베이궈北漍부터 남쪽 장칭차오張涇橋까지, 동쪽 천스陳市부터 서쪽 창서우長壽까지, 그 길이가 가로세로 각각 60~70리에 달했다. 운하의 험준한 곳에는 100개가 넘는 요새가 있었다. 태평군은 모든 다리를 무너뜨리고 운하에 포함을 배치했다. 수군과 육군이 서로 협동작전을 준비했고, 돌아가는 정세는 상당히 긴박했다.

류밍좐과 상의한 리허장은 은밀히 목재를 모아 부교를 건설한 다음 한밤중에 재빨리 강을 건너 태평군을 공격했다. 베이궈에 있는 태평군 병영 32채를 파괴하고, 난궈南漍에 있는 태평군 병영 35채를 파괴했다. 궈쑹린도 총공격을 개시하여 난궈의 태평군 병영 35채를 파괴했다. 저우청보의 부대는 마이스차오麥市橋의 태평군 병영 23채를 파괴했다. 태평군은 대패했다. 사상자가 수만 명에 이르러 운하가 흐르지 못할 정도였고, 장수 100여 명이 포로로 잡혔으며, 말 500필과 배 20척, 셀 수 없이 많은 병기와 탄약, 군량을 노획당했다. 이때부터 구산顧山 서쪽에는 태평군의 활동이 사라졌고, 회군의 사기는 크게 고취되었다. 7월에는 우장吳江의 태평군 수장 왕펑望風이 항복했다.

쑤저우 성 수복

청쉐치는 류밍촨과 함께 1만여 명의 수군과 육군을 이끌고 쑤저우를 수복하기로 계획했다. 이들은 화징 항花涇港을 공격해 수비군 장수의 항복을 받아내고 웨이팅潍亭에 주둔했다. 8월, 리훙장이 직접 부대를 통솔하여 타이후 청太湖廳을 수복한 뒤, 군대를 이끌고 쑤저우로 전진하면서 류밍촨에게 먼저 장인을 공격하라고 명령했다. 태평군의 맹장 천쿤수陳坤書는 후난 성, 후베이 성, 산둥 성에서 10여 만 명에 달하는 4개 대부대를 모집해 지원에 나섰다. 리훙장과 류밍촨은 직접 태평군의 상황을 정찰했다. 그들은 서쪽 장빈江濱부터 동쪽 산커우山口까지 마치 크고 작은 바둑돌처럼 배열된 병영과 요새를 확인했다. 그런 다음 곧바로 계획을 수립해 맹렬한 공격을 퍼부었다. 태평군의 필사적인 저항으로 격전은 끝없이 계속되었다. 하지만 성내에서 이미 내분을 일으킨 자들이 성문을 열고 투항해옴으로써 장인은 그렇게 수복되었다.

당시 청쉐치는 따로 쑤저우 부근에 주둔하고 있었다. 매일 격렬한 전투가 벌어졌고, 수십 번 승리했다. 바오따이차오, 우룽차오五龍橋, 리커우蠡口, 황다이黃埭, 후관滸關, 왕과징오王瓜涇, 스리팅十里亭, 추치우處丘, 관음먀오觀音苗 등에 있는 태평군 요새 10여 곳을 함락했다. 이와 동시에 귀쑹린의 부대도 신탕차오新塘橋에서 승리를 거두었다. 2명의 태평군 왕을 참수했고, 1만여 명을 사살했다. 또한 태평군 수군의 선박 수백 척을 노획하여 그들에게 심각한 손실을 입혔다. 이 패배로 인해 리슈청은 통탄의 눈물을 흘렸고, 억제할 수 없을 만큼 상심이 컸다. 이때부터 회군은 천하에 명성과 위엄을 떨쳤다.

큰 좌절을 맞본 태평군의 리슈청은 대규모 반격을 실시했다. 그는 부하 장수들에게 우시, 리양溧陽, 이싱宜興 등에서 모은 8만여 명과 1,000여 척의 함선과 함께 운하 입구에서 출발하라고 했고, 자신도 직접 정예병 수천 명을 이끌고 진구이金匱를 점령하고 쑤저우를 지원했다. 부대들 간 협동작전을 펼쳐 관군과의 교전에서 승리하기도 하고 패배하기도 했다.

1863년 10월 19일, 리훙장은 직접 부대를 이끌고 청쉐치와 고든을 선봉으로 하여 쑤저우 성을 공격했다. 힘들고 격렬한 전투를 치르고서야 성 외곽 방어선을 무너뜨릴 수 있었다. 성내로 퇴각한 리슈청과 탄사오광 등은 끝까지 성을 사수하고 투항하지 않았다. 뒤이어 관군이 수로와 육로로 동시에 진격하여 삼면을 포위했다. 성안의 양식이 다 떨어지자, 민심은 동요하기 시작했다. 리슈청의 비장裨將 가오원관郜雲官 등은 딴마음을 품고 청쉐치와 내통해 투항하려고 했다. 청쉐치와 고든이 직접 작은 배를 타고 쑤저우 성 북쪽의 양징호陽澄湖로 가서, 가오원관에게서 투항 약조를 받아냈다. 또한 만약 리슈청과 탄사오광을 죽이면 그에게 2품 관직을 주겠다고 약조했다. 청쉐치의 약조는 함께 간 고든이 보장했기 때문에, 가오원관은 전혀 의심하지 않았다. 그러나 가오원관은 차마 리슈청은 죽일 수 없다며 탄사오광만 처리하겠다고 말했다.

리슈청은 이 음모의 낌새를 알아챘다. 그러나 벌써 일이 이 지경에 이

■쑤저우 성 수복. 1863년 10월 19일, 리훙장은 직접 부대를 이끌고 청쉐치와 고든을 선봉으로 하여 쑤저우 성을 공격했다. 쑤저우 성 수복은 장난을 평정하는 데 있어서 가장 중요했다. 쑤저우에서 승리한 후, 리훙장은 모든 통제권을 자신에게 줄 것을 건의했고, 승세를 몰아 저장 성으로 진격하여 쩡궈취안과 쭤쭝탕의 두 부대와 협력해 대규모 군사작전을 펼쳤다. 이것은 관군이 최후에 승리할 수 있는 첫 번째 발판이 되었다.

르러 달리 방법이 없다는 것을 깨닫고, 10월 23일 야음을 틈타 쑤저우 성에서 도망쳤다. 24일, 탄사오광은 일 때문에 가오원관을 장막으로 불렀다. 그러나 두려움을 느낀 가오원관과 맹장 왕유웨이汪有爲는 탄사오광을 보자마자 칼로 찔러 죽였다. 그리고 이들은 탄사오광의 친군 1,000여 명을 살육한 뒤, 성문을 열고 항복했다. 10월 25일, 가오원관 등은 탄사오광의 목을 바쳤고, 청쉐치에게 성안으로 들어와 확인하기를 청했다. 투항한 이들은 다음과 같다.

1. 납왕納王 가오원관
2. 비왕比王 우구이원伍貴文
3. 강왕康王 왕안원汪安均
4. 영왕寧王 저우원자周文佳

5. 천장군天將軍 판치파范起發

6. 천장군 장다저우張大洲

7. 천장군 왕환우汪環武

8. 천장군 왕유웨이

　당시 성내에 있던 이들 8명의 휘하 병력은 거의 10만 명으로 기세가 등등했다. 가오원관 등은 청쉐치에게 총병부장總兵副將 등의 직위를 주겠다고 한 약속을 이행할 것을 요구했다. 청쉐치는 이 8명을 세심히 관찰한 결과 모두들 탐욕스러운 야심을 가진 소인배로, 통제하지 못하면 훗날 화근이 될 것 같아 두려웠다. 그는 리훙장과 몰래 음모를 꾸며 어느 날 잔치를 크게 마련하고 지휘함으로 그들을 초대했다. 잔치 도중 신호탄이 울리자, 매복해 있던 병사들이 나와 그들을 모두 죽였다. 강하게 저항한 그들의 수하 1,000여 명을 죽이고, 남은 부하들에게 모두 투항하도록 강요했다. 쑤저우를 평정한 후, 리훙장은 공을 인정받아 태자소보太子少保로 임명되었다.

　이전에 8명의 장수들이 투항할 때 보증인이었던 고든은 리훙장이 약속을 어겼다는 소식을 듣고 매우 화가 났다. 리훙장을 죽여 그 죗값을 치르게 하겠다고 결심한 고든은 직접 총을 들고 도처로 리훙장을 찾아다녔다. 리훙장은 고든을 피해 다니느라 자신의 병영으로 돌아오지 못했다. 며칠 후, 고든은 화가 조금 누그러지자 리훙장을 죽이겠다는 말을 다시 하지 않았다.

■부연 설명: 리훙장은 부끄러운 행동을 했다. 무릇 항복한 자를 죽이는

것은 군자君子가 해서는 안 되는 일인데, 하물며 이미 약조까지 하고 보증인까지 있는 상황에서 투항한 자를 죽여서야 되겠는가? 따라서 리홍장은 세 가지 과실을 범했다. 첫째, 군자의 도리를 버리고 투항한 자를 죽였다. 둘째, 조약을 파기하고 약조를 어겼다. 셋째, 고든을 속이고 친구의 의리를 배반했다. 고든이 이를 갈 정도로 분노하여 총을 들고 다니며 리홍장을 죽이겠다고 한 것도 이 때문이 아닌가? 리홍장은 이전 먀오페이린苗沛霖[19]과 리스중李世忠[20]의 사례를 거울삼아 투항 후에도 배반할 수 있다는 것을 잘 알고 있었다. 평생 동안 권모술수에 능했던 리홍장의 면모를 이 사건에서도 엿볼 수 있다.

장쑤 성 남부의 태평군 평정

쑤저우 수복은 장난을 평정하는 데 있어 가장 중요했다. 먼저 쩡궈취안, 쭤쭝탕, 리홍장은 각각 따로 군대를 이끌고 동쪽으로 내려가 적진 깊숙이 들어갔다. 하지만 서로 연계된 협동작전을 펼칠 수 없었기 때문에 지

---

19 먀오페이린: ?~1863. 안후이 성 펑타이鳳臺 출신이다. 1856년 고향에서 단련을 조직하여 염군과 전투를 벌였다. 다음해 청나라 군에 들어와 위안자산袁甲三 등과 염군을 공격했고, 관직이 도원까지 올랐다. 1861년 청에 항거하는 봉기를 일으켰고, 태평천국에 의해 진왕秦王에 봉해졌다. 1863년 성게린친에게 패한 후 부하에게 피살되었다.

20 리스중: ?~1881. 본명 李昭壽. 태평천국운동 사상 가장 위세가 등등한 인물이다. 그러나 이것은 태평천국에 있을 때 얘기이고, 청 조정에서는 악명이 자자했다. 1853년 쉬즈위안薛之元과 함께 고향인 허난 성 천린쯔陳林子에서 봉기했다. 1855년 부대를 이끌고 청에 투항하여 태평천국과 전투를 벌였다. 1856년 다시 태평천국에 투항하여 리슈청 수하로 들어갔다. 1859년 4만여 명의 부하를 이끌고 다시 청에 투항하여 태평천국의 3개 성城을 바쳤다. 이때 청 조정은 리스중李世忠이라는 이름을 하사했고, 장난 제독江南提督까지 올랐다. 1881년 청 조정의 밀령을 받은 안후이 순무에게 잡혀 죽었다.

원을 받지 못해 각 부대가 고립된 채 매우 위험한 상황에 처했다. 쑤저우에서 승리한 후, 리훙장은 모든 통제권을 자신에게 줄 것을 건의했고, 그는 승세를 몰아 저장 성으로 진격하여 찡궈취안과 쥐쭝탕의 두 부대와 협력해 대규모 군사작전을 펼쳤다. 이것은 관군이 최후에 승리할 수 있는 첫 번째 발판이 되었다.

11월, 류밍촨, 궈쑹린, 리훙장은 우시를 함락하고 태평군 장수 황쯔룽黃子漋 부자를 참수했다. 그런 다음 회군을 3개 부대로 나누었다. 제1부대는 리훙장 자신이 지휘하고, 제2부대는 청쉐치가 지휘했다. 저장 성 진입 후 연이어 핑후平湖, 자푸乍浦, 간푸澉浦, 하이옌海鹽, 자산嘉善을 점령하고, 자싱 부嘉興府에 접근했다. 쥐쭝탕의 저장 성 군대 역시 이들과 함께 싸웠다. 이들은 항저우의 경계에 진입한 후, 위항 현余杭縣을 공격해 태평군을 여러 차례 물리쳤다. 류밍촨과 궈쑹린이 지휘한 제3부대는 상승군과 함께 창저우를 공략해 대승을 거두었다. 이들은 이싱을 수복하고 태평군 장수 황징중黃靖忠을 사로잡았다. 궈쑹린은 리훙장의 명령에 따라 다시 리양을 공격해 항복을 받아냈다.

당시 태평군의 장수 천쿤수에게는 10여 만의 병력이 있었는데, 이들은 창저우 부를 근거지로 하여 세력을 넓히고 관군의 배후를 교란시켰다. 리훙장과 류밍촨이 천쿤수에 대한 공격을 전담했지만, 태평군의 높은 기세에 밀려 관군은 크게 패했다. 천쿤수는 장쑤 성 수복 지역에 병력을 몰래 잠입시켰다. 장인, 창서우, 푸산 등지에 태평군이 출몰하자, 장인과 우시에는 계엄령이 내려졌고 장쑤 성 서쪽 지역은 큰 혼란에 빠지게 되었다. 이러한 상황 속에서 리훙장은 류밍촨에게 혼자서 창저우를 방어하라고 명령했고, 궈쑹린에게는 진탄金垇을 포기하고 밤낮을 가리지 말고 서둘러 복귀하여 쑤저우를 지원하라고 명령했다. 또한 리허장에게는 빨리 우시로 돌아가 방어하라고 명령했고, 양딩쉰陽鼎勛과 장수성에게는 또 다른 부대를 이끌고 장인의 칭양靑陽과 자오양焦陽을 지키며 적군의 복귀로를 철저히 차단하라고 명령했다. 태평군의 창저우 포위가 점점 강화되는 가운데, 여러 날을 계속 고전하면서 가까스로 버텨야 했다. 태평군이 동시에 우시를 포위하기 시작하면서 리홍장 역시 버티기 힘든 상황에 직면했다. 며칠 후, 귀쑹린의 지원군이 도착한 후 대규모 전투를 거쳐 태평군을 무너뜨렸고, 그제야 적군의 포위에서 풀려날 수 있었다. 귀쑹린은 이 공으로 푸산 진福山鎮 총병總兵이 되었다.

1864년 1월, 먼저 청쉐치가 재빨리 자싱을 포위했다. 성안의 수비군과 팽팽히 맞섰고, 양쪽 모두 많은 사상자가 발생했다. 2월 19일, 청쉐치는 단숨에 자싱을 함락하고자 전 병력을 동원해 직접 점령한 진으로 돌격했다. 병력들은 부교를 넘어 공성용 사다리를 타고 성벽을 올라갔다. 태평군은 성벽 위에서 필사적으로 수비했고, 사방에 총알이 빗발쳤다. 이때 갑자기 날아온 총알이 청쉐치의 왼쪽 머리에 명중했고, 그는 성벽 아래로 떨어졌다. 이를 지켜본 부장 류스지劉士奇가 곧바로 청쉐치를 대신해 군대를 독려하며 선두에 서서 성내로 진입했다. 병사들은 슬픔과 분노가 교차했지만, 더욱더 용기를 냈다. 또한 이때 판딩신과 류빙장劉秉璋 등이 군대를 인솔하여 수로와 육로로 함께 진입해, 단번에 자싱을 함락했다.

부상을 입은 청쉐치는 병상에 누워 20여 일이나 치료를 받았지만, 다시는 일어나지 못하고 결국 3월 10일 세상을 떠났다. 조정은 그에게 충렬忠烈이라는 시호諡號를 내렸다. 리홍장은 통탄의 눈물을 흘렸다.

2월 19일, 자싱 부가 함락되자 항저우의 태평군 기세는 크게 꺾였다. 2

월 23일, 태평군 주력 부대가 야음을 틈타 북문으로 탈출했다. 3월 2일, 쭤쭝탕의 부대가 항저우 성에 입성했다. 이로써 리훙장의 장쑤 성 군과 쭤쭝탕의 저장 성 군은 한곳에 모여 군사력을 결집할 수 있게 되었다.

청쉐치가 죽은 후, 리훙장은 부장 왕융성王永勝과 류스지에게 부대를 나누어 각각 지휘하도록 했다. 이들은 푸산 진의 궈쑹린과 합류한 후 함께 사산沙山을 공격했고, 여러 번의 전투 끝에 사산을 함락했다. 또한 산허커우三河口에 도착해서는 태평군 2만 명을 몰살했다. 리훙장은 다시 모든 부대에게 창저우를 포위할 것을 명령했다. 류밍촨은 창저우 서북 지역을 공격해 점령했다. 궈쑹린은 천차오陳橋를 건너 태평군의 지휘부를 파괴했다. 장수성, 저우청보, 정궈쿠이鄭國魁 등은 강가의 태평군 병영 20여 채를 공격해 모두 파괴했다. 패배해 퇴각하던 태평군은 창저우 성으로 들어가려고 했지만, 천쿤수에게 거절당하고 말았다. 이 때문에 성 아래에서 죽은 자가 헤아릴 수 없을 정도로 많았다.

3월 22일, 리훙장의 부대는 창저우 성에 접근했다. 대포와 폭약으로 성을 포격한 결과, 성벽 수십 장丈이 무너졌다. 수백 명의 결사대가 선발되어 사다리를 타고 성벽을 올랐다. 하지만 천쿤수는 용맹스럽게 잘 싸웠다. 그는 직접 정예부대를 이끌고 나가 성을 수비하면서 동시에 성벽의 무너진 곳을 보수했다. 수백 명에 이르는 관군이 전사했다는 소식을 듣고 리훙장은 격분했다. 그는 더 많은 공성무기를 준비하고 성 외곽에 둑을 쌓아 계속해서 맹공을 퍼부었다. 양쪽 군대 모두 사상자가 상당히 많이 발생했다. 10여 일이 지나자, 리훙장은 직접 전선에 나가 전투를 지휘했다. 류밍촨, 궈쑹린, 류스지, 왕융성 등이 모두 앞장서서 싸우며 성에 오르자, 태평군은 드디어 흔들리기 시작했다. 그러나 천쿤수는 여전히 굴복하지 않고 페이텐장費天張과 함께 정예부대를 이끌고 격렬한 시가전을 벌였다. 결국 천쿤수는 귀쑹린에게, 비천장은 저우청보周盛波에게 생포되었다. 류밍좐이 큰 소리로 무기를 버리고 투항하면 모두 사면해주겠다고 외치자, 곧바로 1만여 명이 투항했다. 이 전투에서 관군 역시 수천 명이 전사했다. 4월 6일, 창저우가 수복되었다. 이로써 리훙장의 장쑤 성 군이 쩡궈취안의 부대와 연계할 수 있게 되었고, 장쑤 성 전체에서 난징 부南京府를 제외한 모든 지역에서 태평군은 자취를 감췄다.

리훙장은 1862년 2월에 8,000명을 인솔해 상하이에 도착했고, 정식으로 회군과 상승군을 지휘했다. 그동안 각지를 돌아다니며 싸웠고, 수십 차례 크고 작은 전투를 겪었다. 쑹장 방어전을 시작으로 자싱과 창저우 공방전에 이르기까지, 거의 2년을 전쟁터에서 보낸 그는, 1864년 4월 결국 장쑤 성 남부의 태평군 평정이라는 업적을 이루었다.

■부연 설명: 리훙장이 장쑤 성 남부를 평정할 수 있었던 것은 회군의 부하 장수들이 용맹스럽고 인내심이 강했기 때문이다. 다른 한편으로 워드와 고든의 뛰어난 실력 또한 큰 도움이 되었다. 상승군은 몇 차례 전투에서 승리해 성을 함락했다. 당시 리슈청의 지혜와 용기는 탁월했고, 대부분의 부대가 서양 대포를 갖추고 있었다. 청쉐치, 류밍좐, 귀쑹린, 저우청보, 장수성, 판딩신 등과 같은 장수들은 비록 싸움에서는 강했지만, 타고난 용기와 모략에만 의지했고 신식 전투 방식의 효과에 대해 잘 알지 못했다. 따라서 그들은 회군 창설 초기에 태평군과의 전투에서 쓴맛을 볼 수밖에 없었다. 리훙장은 이를 본보기 삼아 모든 장수들에게 상승군의 새로운 전술과 신식 무기 및 장비의 사용법을 배우도록 했

다. 쭤쭝탕이 태평군을 평정한 공적 역시 프랑스 군관들의 도움이 적지 않았다. 청나라가 멸망하기 직전에 기사회생할 수 있었던 것은 영국인과 프랑스인의 공이 적지 않다. 물론 그들의 의도는 동아시아에 평화와 안정을 영원히 보장함으로써 이곳에 자신들의 상업 활동을 위한 낙원을 건설하는 것이다. 그런데 지금까지 이것을 깨닫지 못하고 스스로가 먼저 분발하여 일어날 생각을 하지 않고 있는가? 아마도 장래에 대혁명이 일어나는 것을 피하기는 어려울 것 같다.

난징 수복, 태평천국을 평정하다

쩡궈취안의 수군과 육군은 서로 협력해 꼬박 2년 동안 난징을 포위했고, 1864년 1월에 험준한 중산鐘山의 돌로 쌓은 태평군의 요새를 점령했다. 이로써 난징 주변을 포위한 병력이 마침내 견고하게 하나로 연결되었다. 태평군은 안과 밖이 서로 통하지 못하게 되었고, 수송로가 봉쇄되어 성안의 식량이 바닥이 났다. 홍슈취안이 이 사실을 알게 되었을 때는 이미 어찌할 방법이 없었기 때문에, 결국 그는 4월 27일 약을 먹고 자살했다.

모든 장수들이 홍슈취안의 아들 홍톈구이푸洪天貴福를 옹립함으로써 그가 왕위를 계승했다. 당시 관군은 이런 사실을 알지 못했다. 조정은 여러 차례 리훙장에게 장쑤 성에서 승리한 군대를 이동시켜 난징 공격을 도우라는 명령을 내렸다. 하지만 쩡궈취안은 성안의 태평군이 이미 견디지 못할 정도로 지쳤고, 양식과 탄약도 이미 바닥이 났다고 판단했다. 그는 승리가 눈앞에 보이는 상황에서 리훙장이 끼어드는 것을 원하지 않았다.

그리고 리훙장 역시 쩡궈취안의 공을 나눠 갖는 것을 원하지 않았기 때문에 명령을 따르고 싶은 마음이 없었다. 리훙장은 조정에 여름에는 화기를 사용하기에 적절하지 않다고 핑계를 대면서 진군을 피하려고 했다.

그러나 조정은 리훙장의 건의를 받아들이지 않고 계속 진군을 재촉했다. 이 소식을 들은 쩡궈취안은 분노와 조바심이 생겼다. 그는 5월 18일부터 룽보쯔龍膊子 산기슭의 견고한 요새인 디바오청地堡城을 총공격하여 밤낮으로 병력들을 직접 독려한 결과 디바오청 함락에 성공했다. 또 5월 30일부터 6월 15일까지 깊은 갱도 10여 개를 파는 데 성공했다. 쩡궈취안은 성 밖의 부대들에게 전투 준비를 철저히 하라고 명령했다. 이와 별도로 셴중상縣重賞은 성벽이 무너지면 제일 먼저 돌격할 결사대를 모집했다.

당시 리슈청은 난징에 있었고, 훙슈취안이 죽은 후 모든 명령은 그가 내리고 있었다. 리슈청은 사람의 능력을 잘 파악해 적재적소에 잘 활용할 줄 알았고, 인자함과 엄격함을 두루 갖춘 그를 사람들은 아버지를 대하듯 진심으로 따랐다.

5월 15일, 리슈청은 수백 명의 결사대를 이끌고 태평문太平門의 빈틈을 통해 성 밖으로 나왔다. 또 별도로 관군 복장을 한 수백 명의 결사대가 조양문朝陽門을 통해 성 밖으로 나왔다. 태평군의 결사대는 쩡궈취안의 병영으로 돌격해 불을 지르고 크게 소리를 질렀다. 당시 관군은 수일 동안 피로가 쌓여 많이 지쳐 있었고, 전투력은 거의 바닥이 난 상태였다. 관군은 부지불식간에 이러한 상황에 부딪치자 혼란에 빠졌고, 하마터면 완전히 무너져 뿔뿔이 흩어질 뻔했지만, 다행히도 펑이쥐彭毓橘를 비롯한 장수들이 새로운 병력을 이끌고 지원을 와서 안정을 되찾을 수 있었다.

6월 16일 정오, 지하 갱도에 묻은 화약이 폭발해 가로세로 길이 각각 20여 장尺[21]의 성벽이 무너졌다. 천둥 치듯 큰 폭발 소리가 들리고 대지가 흔들리는 것을 느낄 수 있을 정도로 폭발의 위력은 대단했다. 쩡궈취안 군의 장수들은 적진을 향해 돌격하라고 큰 소리로 외쳤다. 태평군 병사들도 필사적으로 저항했다. 탄알이 빗발치는 가운데 성 밖에서만 400여 명의 병사가 전사했다.

하지만 관군의 사기는 더욱 높아만 갔다. 그들은 죽은 동료의 시체를 밟으면서도 돌격을 멈추지 않았고, 마침내 성 진입에 성공했다. 리슈청은 일찌감치 죽음을 각오했다. 그는 먼저 어린 군주인 훙톈구이푸를 구하기 위해 자신이 아끼던 준마에 태워 성을 탈출시켰다. 그리고 자신은 직접 군사를 이끌고 성내에서 시가전을 벌였다. 3일 밤낮을 계속 싸웠으나, 기력이 소진되어 결국 생포되었다. 전사하거나 타 죽은 태평군의 장수와 병력은 3,000여 명에 달했다. 성곽과 궁전은 큰 화염에 휩싸여 3일이나 꺼지지 않았다. 성안에서 오랫동안 훙슈취안을 따랐던 병사와 백성이 10여 만 명이었으나, 단 1명도 항복하지 않았다. 관군은 1853년 훙슈취안이 난징을 수도로 정한 후 12년 만에 겨우 태평천국을 평정하는 데 성공했다.

---

21 장: 고대 중국에서 시작되어 전해져 내려온 도량형度量衡 단위계인 척관법尺貫法의 길이 단위. 1장은 10자尺이며 미터법으로 3.03미터에 해당한다.

■난징 수복 장면. 관군은 1853년 홍슈취안이 난징을 수도로 정한 후 12년 만에 겨우 태평천국을 평정하는 데 성공했다. 상군이 난징을 수복하고 대규모 적을 소탕할 수 있었던 것은 실질적으로 리훙장 등이 주변에 있는 적을 소탕해 태평천국의 보급품과 병력의 근원을 차단했기 때문이다.

■부연 설명: 리슈청은 진정한 호걸이다. 생사 존망生死存亡이 걸린 위급한 순간에도 수천, 수백의 군사를 이끌고 포위망을 뚫어 결전을 치렀으며, 관군의 병력을 거의 전멸시킬 뻔했다. 5월 15일 결전에서 쩡궈취안의 부대가 전멸하지 않았던 것은 하늘이 도왔기 때문이다. 그는 자신의 성이 파괴되자, 자신의 준마로 어린 군주의 생명을 구했다. 자신의 죽음은 신경 쓰지 않았고, 국가와 운명을 같이할 의지가 있었다. 옛 시대의 대신大臣과 유장儒將이었을지라도 과연 그렇게 할 수 있었을까? 항우項羽와 문천상文天祥[22]의 노력이 결국 수포로 돌아가게 만든 것은 하늘인가, 사람인가? 내가 듣기로는 리슈청이 쑤저우를 떠나기 전에 쑤저우의 백성들은 남녀노소를 막론하고 눈물을 흘리지 않는 자가 없었다고 한다. 그는 전사한 왕유링을 위해 예를 갖추어 장례를 치러주었으며, 패배한 장수를 대우하고 투항한 병사를 돌봐주었다. 이는 마치 문명국가에

---

22 문천상: 1236~1282. 남송南宋 말기의 재상. 1255년 진사에 수석으로 급제했다. 당시 중대하고 있던 원元나라 몽골족의 압력에 대해 시종 강경책을 주장하고 천도를 반대한 이유로 면직되었으나, 그 후 복직되었다. 1275년 의용군을 조직해 원의 군대에 대항했다. 원과의 강화를 위해 원의 진중陣中에 파견되었을 때 포로가 되었으나 탈출해 각지를 전전했다. 남송이 멸망한 후 원나라에서 벼슬하는 것을 거절했다. 도종度宗의 장자 익왕益王을 도와 남송 회복에 노력했지만 실패하고, 다시 체포되어 대도大都(지금의 베이징)로 유폐되었다가 3년 후 처형되었다.

서 지키고 있는 전시법戰時法의 내용과 비슷하다. 난징 성안의 10여 만명 중에 항복한 사람은 단 1명도 없었다. 마치 제齊나라의 전횡오백사田橫五百士[23]와 같았다. 그들은 의지와 목표도 같았고, 전횡오백사보다 100배 강한 패기를 가지고 있었다. 이것은 역사 이래 전쟁이 끝나는 상황에서 전혀 찾아볼 수 없는 현상이었다. 만약에 리슈청이 홍슈취안의 자리에 앉아 있었더라면 오늘의 중국이 누구의 천하일지는 아무도 모른다. 붙잡힌 리슈청은 6월 17일부터 19일까지 3일 동안 형구形具인 참농站籠 안에서도 기개를 유지한 채, 수만 글자에 달하는 사실을 기록했다. 비록 관군이 일부 삭제해 모든 내용을 전부 알 수는 없지만, 그것을 읽어보면 지금도 여전히 위풍당당한 기개가 그대로 남아 있다. 아! 유방劉邦은 천자天子가 되었고, 항우는 세상 사람들의 비난을 받았다. 성공과 실패로 사람을 평가한 것이다. 오늘날 누가 리슈청의 업적을 긍정적으로 말하려 하겠는가? 100년이 지난 후에는 올바른 평가가 분명히 이루어질 것이다. 후대에 쓴 좋은 역사서에 어떻게 사적인 관점이 들어갈 수 있겠는가? 그러나 생존경쟁 속에서 적응하는 자만이 살아남는다는 적자생존適者生存의 법칙에 비춰보면 쩡궈판, 쭤쭝탕, 리훙장 또한 매우 뛰어난 인재들임에 틀림없다.

---

23 전횡오백사: 진秦 말기인 기원전 209년 진승과 오광이 반란을 일으켜 장초張楚를 세우자, 제齊나라의 종실인 전씨田氏 일족 '전담田儋, 전영田榮, 전횡田橫' 삼형제가 진나라에 반기를 들고 전담을 왕으로 하여 제나라를 다시 일으킨다. 하지만 한고조 유방이 천하를 통일하자 전횡은 갈 곳이 없어져서, 결국 수하 500여 명만을 이끌고 외딴 섬으로 은신하는데, 유방의 회유와 강압에 못 이겨 끝내 자결하고, 그를 따르는 500여 명의 수하도 뒤따라 자결했다고 한다. 이들을 "전횡오백사田橫五百士"라 하여 후대에 그 의기義氣를 높이 숭앙崇仰했다.

난징을 수복한 후 조정이 공훈의 정도에 따라 상을 주었는데, 량장 총독 쩡궈판은 태자태보함太子太保銜에 더해 세습일등후世襲一等侯에 봉해졌다. 저장 순무 쩡궈취안과 장쑤 순무 리훙장도 모두 세습일등백世襲一等伯에 봉해졌다. 나머지 장수들도 공훈의 정도에 따라 적절한 상을 받았다. 쩡궈취안이 난징을 함락하자, 여러 장수들이 그의 공로를 시기하기 시작했고, 갑자기 그를 비방하는 말이 많아졌다. 쭤쭝탕과 같은 어진 인물도 쩡궈취안을 비방하는 데 동참했다. 오로지 리훙장만이 이런 말을 전혀 하지 않았고, 오히려 있는 힘과 능력을 다해 여러 면에서 쩡궈취안을 변호했다.

■부연 설명: 이것 역시 리훙장이 문충文忠이라는 칭호를 얻게 된 이유라 할 수 있다. 난징 공략에 참가하라는 조정의 명령에도 그는 다른 사람의 공을 나누어 가지려고 하지 않았다. 일이 끝난 뒤 자신을 추천해준 사람을 시기하는 것도 옳지 않다고 생각했다. 이처럼 어질고 너그러운 그의 마음씨는 보통 사람의 마음씨를 초월했다. 그가 명성을 얻은 것은 사람들이 거짓으로 꾸며낸 것이 아니라 다 그럴 만한 이유가 있었던 것이다.

제5장 군사가 리훙장 하下

치밀한 군사전략으로 염군의 난을 평정하다

리홍장은 먼저 치밀하게 계획을 세운 뒤 행동으로 옮겼기 때문에 적에 대한 이해와 판단이 매우 정확했다. 이런 지휘 방식 덕분에 그는 15년간 군대에 몸담으면서 전투에서 실패한 적이 한 번도 없었던 것이다. 운이 좋기도 했지만, 자신의 노력이 있었기에 가능한 것이 아니겠는가? 10여 년 동안 여러 장수들이 염군에게 속수무책으로 당했지만, 그는 제멋대로 날뛰는 적에 맞서 1년 만에 소탕을 끝냈다.

그는 부하들을 대할 때도 항상 벗을 대하듯 했고, 혈육처럼 아끼며 사랑했다. 그래서 부하들은 그를 위해서라면 기꺼이 목숨을 바칠 각오가 되어 있었다. 그는 장수들을 잘 다스리는 진정한 인재였다.

염군의 난

난징이 수복되자, 중국에서 전쟁은 반으로 줄어들었다. 하지만 아직까지 염군의 난이 남아 있어 완전한 평화는 오지 않았다. 염군의 난은 산둥 성의 유민으로부터 시작되었다. 1853년, 홍슈취안이 안칭과 난징을 공격해 점령하자, 안후이 성 전체는 충격에 휩싸였다. 이 기회를 틈타 염당捻黨이 쑤저우宿州, 보저우亳州, 서우저우壽州, 멍셴蒙縣 등지에서 반란을 일으켰다. 안후이 성, 산둥 성, 허난 성 일대가 약탈당했지만, 관군은 막지 못했다. 또한 염군을 섬멸하라는 명령을 받은 관군은 오히려 염군의 역공에 패배했고, 그로 인해 염군의 기세는 날로 높아만 갔다. 1857년 겨울, 염군의 기병이 즈리 성 다밍 부大名府 일대까지 침략하자, 베이징도 계엄령이 내려졌다.

염군이 반란을 일으킨 이후부터 리훙장이 군대를 통솔하기 전까지 조정에서 파견한 장수는 다음과 같다.

인물	관직	임관 연도	주둔지
산루善祿	허난河南 제독	1853년	융청 현永城縣
저우톈줴周天爵	흠차대신	1853년	쑤저우宿州
뤼셴지呂賢基	공부좌시랑	1853년	안후이安徽
류잉구陸應谷	허난 순무	1853년	카이펑 부開封府
위안자산袁甲三	흠차대신	1853년	쑤저우 -저우톈줴周天爵 사후 그를 대신함
수싱아舒興阿	산간陝甘 총독	1853년	천저우陳州
잉구이英桂	허난 순무	1854년	카이펑 부開封府
우룽어武隆額	안후이安徽 제독	1885년	보저우亳州
성바오勝保	흠차대신	1887년	두장 북군督江北軍
스룽춘史榮春	제독	1888년	차오저우 옌저우 曹州 兗州
톈짜이톈田在田	총병	1888년	차오저우 옌저우
추롄언邱聯恩	총병	1888년	루이鹿邑
주롄타이朱連泰	총병	1888년	보저우
좐전방傳振邦	총병	1889년	쑤저우
이싱어伊興額	도총都總	1889년	쑤저우
관바오關保	협령協領	1889년	두허 남군督河南軍
더렁이德楞額	협령	1889년	차오저우曹州
성바오勝保	도총都總 흠차대신	1860년	두허 남군 -관바오가 협조
무텅아穆騰阿	부도총	1860년	안후이 -위안자산이 협조
마오창자오毛昶照	단련대신團練大臣	1860년	허난
성게린친僧格林沁	몽고친왕蒙古親王	1860년	
쩡궈판曾國藩	흠차대신	1864년	

제2차 아편전쟁 기간 동안 함풍제는 베이징을 떠나 르허熱河로 피난을 가 있었다. 염당은 이 기회를 틈타 산둥 성을 침입해 지닝濟寧을 대대적으로 약탈했다. 더렁어德楞額가 전투를 벌였으나 대패했다. 몽고의 커얼친 왕科尔沁王 성게린친僧格林沁은 조정의 지시로 군대를 이끌고 여러 지방의 염군을 쫓아가 공격했다. 그 결과, 그는 용맹스럽고 싸움을 잘한다는 명성을 얻게 되었다.

1863년, 태평군의 장수인 천더차이陳德才, 란청장藍成長, 라이원광賴汶洸의 부대가 염군에 합류했다. 염군의 우두머리 장쭝위張宗禹, 런주任柱, 뉴라오장牛落江, 천다시陳大喜는 각각 몇 만 명을 이끌고 허난 성, 산둥 성, 안후이 성, 후베이 성의 여러 지역에 출몰했다. 그들은 마치 세찬 비바람처럼 나타났다가 눈 깜짝할 사이에 사라져버렸고, 그 행방을 추측조차 못하는 관군은 그저 바삐 돌아다닐 뿐이었다.

1864년 9월, 염당의 일부가 후베이 성으로 들어와 샹양襄陽, 쑤이저우隨州, 징산京山, 더안德安, 잉산應山, 황저우黃州, 진저우靳州 등지에서 마구잡이로 약탈했다. 수바오舒保가 전사했고, 성게린친의 부대도 여러 번 패했다. 성게린친은 용감하고 강하며 여유가 있었으나, 학식이 부족하고 별다른 재주가 없었다. 또한 군기가 확립되지 않은 그의 부대는 주둔하는 곳에서 항상 강간과 방화를 저질렀다. 후베이 성 사람들은 태평군이나 염군과 별 차이 없는 이런 행동을 일삼는 그들에게 크게 실망했다.

난징을 함락당하자, 태평군 잔당 수만 명은 염군에 합류해 허난 성과 산둥 성으로 들어가 도시를 약탈했다. 1865년 봄, 성게린친은 결연한 의지로 경기병을 이끌고 매일 밤낮으로 300리를 달려 염군의 우두머리를 추격했다. 하지만 차오저우曹州에 도착했을 때, 대다수의 부하들이 그를 원망하며 배반했다. 4월 25일, 성게린친은 염군 두목의 계략에 걸려들어 크게 패했다.

성게린친은 필사적으로 싸웠지만, 결국 말에서 떨어져 전사했다. 성게린친의 전사에 크게 놀란 조정은 신속히 쩡궈판을 흠차대신으로 임명하여 즈리 성, 산둥 성, 허난 성의 군사 업무를 감독하도록 했다. 또한 리훙장을 량장 총독 서리로 임명하여 쩡궈판의 보급 지원을 책임지게 했다.

■ 성게린친. 난징을 함락당하자 태평군 잔당 수만 명은 염군에 합류해 허난 성과 산둥 성으로 들어가 도시를 약탈했다. 1865년 봄, 성게린친은 결연한 의지로 경기병을 이끌고 매일 밤낮으로 300리를 달려 염군의 우두머리를 추격했다. 그는 필사적으로 싸웠지만, 결국 말에서 떨어져 전사했다.

동염군을 섬멸하다

그동안 관군의 염군에 대한 전략은 단지 뒤를 추격하는 것뿐이었다. 관군의 노력은 항상 가상했지만, 결과는 대부분 헛수고에 그쳤다. 잠시 염군의 길목을 가로막기도 했지만 임시변통의 계책이었기 때문에 성과를 거둘 수 없었다. 관군은 그저 염군의 공격력과 수비력이 강해지는 것을 지켜볼 수밖에 없었다. 그게 아니면 아무 의미 없는 공격을 실시하여 자신들만 큰 피해를 입었다. 그들은 전체적인 작전계획 없이 항상 똑같은 전략만을 고집했다. 이 때문에 10여 년이나 군사작전을 펼쳤지만, 성과는 전혀 없었다. 염군 소탕이라는 임무를 맡은 쩡궈판은 염군을 철저히 포위해 그 활동을 제한하는 전략을 세웠다. 적을 좁은 지역에 몰아넣은 후, 우세한 병력으로 몰살하는 계획이었다. 리훙장은 이러한 그의 전략 방침을 받아들여 비로소 중원을 평정할 수 있었다.

쩡궈판은 군자君子이다. 항상 맡은 일을 신중하고 성실하게 처리하여 자신의 지위를 유지했으며, 스스로를 채찍질하여 적절한 때 결단을 내려 벼슬에서 물러났다. 난징을 수복한 그는 평생의 바람이 이미 실현되었기 때문에 물러나서 자신의 명성을 지키기를 원했다. 하지만 성계린친이 전사한 후 염군의 세력이 수도에 접근해 매우 위급한 상황에 처하게 되었다. 관군이 패하고 있는 상황에서 염군 토벌 책임자로 임명된 쩡궈판은 도의상 거절할 수가 없었다. 그는 상군의 사기가 이미 바닥에 떨어져서 더 이상 싸울 수 없다고 판단했다. 그래서 점차적으로 상군의 출진을 줄이고 회군만을 전선에 투입했다. 쩡궈판은 임무를 받아들인 그날부터 자신의 자리를 리훙장에게 넘겨주고 싶었으며, 자기 대신 리훙장이 큰 공을 세우기를 바랐다. 하지만 이러한 쩡궈판의 소망은 한동안 이뤄지지 못했다. 1866년 12월, 쩡궈판이 병을 핑계 삼아 사직하자, 리훙장이 흠차대신이 되었다. 쩡궈판은 본래 직무였던 량장 총독으로 복귀하여 보급을 책임졌다.

리훙장은 염군 토벌 전략을 마련했다. 그는 염군이 유적流賊이 되어 떠돌아다니며 사람을 해치는 것을 막을 방법이 없으니, 병력을 집중해 한꺼번에 토벌하는 것이 가장 좋은 방법이라고 생각했다. 명나라 손전정孫傳

庭은 "떠도는 도적을 섬멸하려면 먼저 그들을 궁지로 몰아넣은 다음, 무너지기 시작하면 공격해야 한다. 만약 이렇게 하지 않으면 전투를 통해 승패를 다투어야 하는데, 이렇게 해서는 비록 싸워 이기더라도 도적을 완전히 소멸할 수가 없다."라고 말했다. 리훙장의 의도도 손전정과 같았다. 그리하여 1865년 11월 쩡궈판은 "반드시 먼저 지형이 복잡한 곳으로 염군을 몰아붙인 후, 관군은 그 지역을 포기하는 척하면서 염군이 그곳으로 들어가도록 유인해야 합니다. 그런 뒤 여러 성의 병력을 집중하여 사면을 포위해야 합니다."라는 상소를 올렸다. 훗날 그가 크게 성공할 수 있었던 것은 실제로 이 전략 때문이었다.

그해 5월, 런주와 라이원광은 대규모 염군을 이끌고 산둥 성 깊이 들어왔다. 리훙장은 판딩신과 류밍촨 등에게 전력을 다해 염군을 추격해 덩저우登州와 라이저우萊州의 해변에 몰아넣으라고 명령했다. 그 뒤, 자오저우膠州와 라이저우의 요충지를 중심으로 포위망을 구축해 그들이 북으로는 수도에 접근하지 못하도록 하고 남으로는 안후이 남부로 들어갈 수 없게 해야 한다고 강조했다.

6월이 되자, 리훙장은 직접 군대를 이끌고 지닝에 도착해 형세를 분석했다. 런주와 라이원광의 염군 부대는 모두 수백 번의 전투 경험이 있는 정예부대였다. 게다가 그 부대의 병졸들은 한번 지휘관을 잃고 뿔뿔이 흩어졌다가 다시 모인 교활하고 흉악하기 그지없는 자들이었기 때문에 절대로 얕잡아 봐서는 안 되었다. 만약 병력이 부족한 상황에서 너무 조밀하게 포위하면 포위망이 아주 작아질 수밖에 없다. 그렇게 되면 계략을 간파한 적이 재빨리 포위망을 뚫고 나가기 쉽기 때문에 또다시 상황이 나빠지게 된다. 그래서 먼저 운하에 방어망을 쳐서 퇴로를 막고, 그 다음 자오저우와 라이저우의 요충지를 차단하는 작전을 세웠다. 당시 산둥 순무 딩바오전丁寶楨은 줄곧 염군이 산둥 성에서 나가기만을 바랐기 때문에 리홍장의 작전에 크게 반대했다.

7월, 염군이 갑자기 웨이허潍河를 공격했다. 다이먀오戴廟에 주둔하던 산둥 성 수비 장수 왕신안王心安이 런주가 이끄는 염군이 강을 건너도록 내버려두는 바람에 자오저우와 라이저우의 방어선이 붕괴되는 사태가 발생했다. 그래서 유언비어들이 곳곳에 무성했다. 조정은 리홍장을 엄하게 문책했다. 심지어 리홍장의 전략을 수정해야 한다는 얘기까지 나왔다. 리홍장은 재차 상소를 올렸다.

"현재 운하의 동남북 삼면에서 적들이 침략하고 있으나, 관군이 동남북으로 나뉘어 추격하면서 가로막고 있습니다. 해당 지역은 비록 유린당하겠지만, 피해 지역은 단지 몇 개의 부府와 현縣에 국한될 뿐입니다. 하지만 만약 현재 관군이 막고 있는 운하 서쪽을 열어주게 되면, 여러 개의 성省이 피해를 입을 겁니다."

모두 국가의 영토이고, 모두 똑같은 백성이니, 차별대우를 할 수는 없었다. 그래서 조정은 리홍장의 전략을 조금도 바꾸지 않고 원래대로 유지하기로 결정했다.

10월 13일, 류밍촨이 안추安丘와 웨이 현潍縣의 경계에서 염군과 싸워 대승을 거두었다. 10월 24일, 류밍촨과 기마병을 통솔한 산칭善慶이 간유贛榆까지 추격하여 힘껏 싸운 결과, 전장에서 런주를 사살했다. 이후 동염군東捻軍의 세력은 크게 약화되었다.

10월 28일, 판딩신이 하이저우海州 상좡上莊 전투 끝에 사나운 염군들을 많이 사살했다. 11월 11일~12일, 류밍촨과 탕런롄唐仁廉이 웨이 현과 서우광壽光에서 적의 측면을 하루 종일 공격하자 염군의 사기는 꺾였고, 많은 수의 염군이 투항했다. 그 후 사기가 꺾인 염군이 전투를 회피하는 바람에 귀쑹린, 양딩쉰, 판딩신은 이렇다 할 전투를 하지 못해 승리를 거둘 수가 없었다. 10월 29일, 류밍촨, 귀쑹린, 양딩쉰 등은 70여 리를 추격하여 서우광의 미허彌河에서 적과 맞닥뜨렸다. 열 번도 넘게 서로 싸운 뒤, 후퇴하는 염군을 또 40여 리를 추격해 3만 명에 가까운 적을 사살했다. 염군은 정예무기, 마필馬匹, 보급품 등을 버리고 도망가기 바빴다. 리훙장은 조정에 올리는 보고서에 이렇게 적었다.

"군사들이 진영으로 돌아온 후 신臣이 직접 위문을 했습니다. 모두들 굶주림과 피곤으로 몹시 괴로워했으며 얼굴에는 핏기가 하나도 없었습니다."

미허 전투에서 패한 라이원광은 물에 뛰어들었으나 죽지 않았고, 다시 1,000여 명의 기병을 규합하여 류탕허六塘河의 방어선으로 돌파하려고 했다. 황이성黃翼升, 류빙장劉秉璋, 리자오칭李昭慶은 수군과 기병 및 보병을 이끌고 라이원광의 부대를 맹렬히 뒤쫓으며 공격했다. 겨우 수백 명의 염군만 남은 라이원광은 가오스高室로 쫓겨 들어갔다. 때마침 리훙장이 이전에 파견한 회군의 우위란吳毓蘭이 양저우 운하를 수비하고 있었다. 모든 부대가 힘을 합쳐 앞에서는 가로막고 뒤에서는 추격했다. 12월 11일, 우위란이 라이원광을 생포했다. 이로써 동염군東捻軍은 마침내 평정되었다. 드디어 산둥, 장쑤, 안후이, 허난, 후베이의 다섯 성 모두가 안정을 되찾았다.

리훙장은 승리를 보고하면서, 뒷면에 자신의 의견을 덧붙였다. 그의 모든 부대는 염군을 토벌하라는 명령을 받은 이래 여러 성을 분주히 다니면서 전쟁이 끝날 때까지 싸웠다. 하루에 100리를 행군했고, 배고픔을 참고

혹독한 추위도 견뎠으며, 질책과 비방을 참는 등 인생에서 여태까지 겪어보지 못한 고난을 건뎌내야만 했다. 류밍좐, 류빙장, 저우청보, 판딩신, 귀쑹린, 양딩쉰 등은 모두 물러나기를 원했다. 하지만 리훙장은 그들의 사직 의사를 받아들이지 않았다. 그는 그들에게 휴가를 주고, 그들을 또다시 원정에 보내지 말 것을 조정에 건의했다. 아울러 피로가 쌓여 병이 생긴 류밍좐을 위해서는 3개월의 휴가를 신청했다.

서염군을 섬멸하다

1868년 정월부터 갑자기 장쭝위張總愚가 이끄는 서염군西捻軍의 대부대가 산시山西에서 황허黃河를 건너 북으로 향하면서 점차 베이징에 근접했다. 이로 인해 베이징은 큰 혼란에 빠졌다. 초이레와 초여드렛날, 조정은 류밍좐과 산칭의 보병 및 기병 각 진영에 신속히 허베이로 달려가 서염군을 섬멸하라고 재촉하는 명령을 내렸다. 리훙장은 피로에 지쳐 병이 들어 때마침 휴가 중이었던 류밍좐을 차마 싸움터로 내보낼 수가 없었다. 그래서 저우청보와 저우청좐의 기마병 11개 부대, 판딩신의 전부대, 그리고 산칭의 부대와 몽고 기마부대를 연이어 진격시켜 둥어東阿에서 황허를 건넜다. 또한 귀쑹린과 양딩쉰에게는 부대를 정돈한 뒤, 뒤따라서 진군하게 했다.

서염군을 섬멸하는 전투는 동염군을 상대한 전투보다 더 힘들었다. 황허 이북은 모두 평원이라서 적들의 활동을 제한할 만한 높은 산과 큰 강이 없었다. 교활하면서도 병법을 잘 알고 있던 서염군의 우두머리 장쭝위는 북방 평원에서 반란을 일으켜 매우 많은 말을 약탈할 수가 있었다. 기동력을 갖춘 서염군은 갑자기 폭풍처럼 나타났다가 사라져 순식간에 100리를 이동했다. 관군이 차단막을 형성해 그들을 옴짝달싹 못하게 하려고 했으나, 지형이 뒷받침해주지 못했다. 게다가 서염군은 런주와 라이원광이 전멸당한 사례를 본보기 삼아 관군이 둘러싸려는 낌새만 보이면 곧바로 사력을 다해 뚫고 나가 관군이 포위망을 만들 틈조차 주지 않았다. 이것이 첫 번째 어려움이었다.

두 번째 어려움은 회군 부대가 모두 남방인으로 구성되어 있다는 데 있었다. 북방 지역은 기상氣象부터 크게 달랐고, 남방인의 성격과 말투는 북방인과 조화되기가 어려웠다. 게다가 밥을 먹든 면을 먹든 식습관 또한 같지 않았다. 또한 기병대가 적어 여물도 해결하기 힘들었다. 이런 상황을 고려한 리훙장은 견벽청야堅壁淸野[1] 전법戰法을 사용하고자 했다. 그는 다음과 같이 생각했다.

"런주와 라이원광이 이끄는 염군은 중원의 여러 성으로 도망 다녔는데, 관군보다 성채城砦를 더 두려워한다. 억세고 사나운 성격의 허난 동부와 안후이 북부의 백성들은 오랫동안 염군에게 피해를 입자, 스스로 여러 곳에 요새와 성을 세우기 시작했다. 그 결과, 염군은 그 지역을 지나갈 수는 있어도 오래 머물 수는 없게 되었다. 몇 년 동안 가장 심하게 침략을 당한 곳은 후베이와 산시陝西이다. 이곳은 원래 견고한 성채가 없어서 염군에게 이미 많은 것들을 약탈당하고 염군 세력이 커진 상태이기 때문에 새로 성채를 쌓기에는 이미 때가 늦었다. 즈리와 산시山西

---

1 견벽청야: 적이 물자物資를 얻지 못하게 성벽을 굳게 하고 들에 있는 것을 말끔히 치워 적을 괴롭히는 전법.

는 지금까지 염군의 침략을 한 번도 받지 않았다. 백성들은 나약해서 울타리를 쌓아 자신들을 보호할 줄 모른다. 장쭝위는 교활하고 간사한 도적으로, 황허라는 장애물이 있는 남쪽 대신 황허 이북을 종횡무진 누비며 도처에서 온갖 횡포를 저질렀다. 이미 아주 오랫동안 유린당한 백성들은 두려움에 떨고 있으니, 정말 비참하고 한탄스러운 일이 아닐 수 없다. (중략) 예부터 '병사를 쓰려면 양쪽 군대를 비교하여 어느 쪽이 강한지 약한지, 어느 쪽이 굶주렸는지 배부른지를 반드시 확인해야 한다.'고 했다. 지금 보면 적이 꼭 관군보다 강하다고는 할 수 없다. 그러나 그들은 말馬이 많고 우리는 말이 적으니, 이 측면에서는 적지 않은 차이가 난다. 그들은 수시로 어느 곳에서든 양식을 약탈할 수 있으나, 우리는 현지에서 양식을 살 수밖에 없다. 적들은 항상 배불리 먹을 수 있으나 우리 병사들은 항상 굶주리니, 이 측면에서도 우리는 그들보다 떨어진다. 현재 적의 군량을 끊고 말의 공급을 단절시키려면, 허베이 성의 신사와 백성들에게 서둘러 견고한 보루와 성채를 짓도록 권할 수밖에 없다. 일단 적이 침입한다는 소식을 들으면 즉시 식량과 풀을 거둬들이고 가축들을 성내로 숨겨야만 자신과 가족을 보호할 수 있고 역적들을 죽음에 이르게 할 수 있다."

서염군이 평정된 것은 실제로 이것과 큰 연관이 있다.

4월, 리훙장은 적과 접촉하고 있는 부대의 총지휘관으로 류밍촨을 추천했다. 조정은 이에 동의하고, 바로 부임할 것을 재촉했다. 리훙장은 회군과 즈리 성 및 산둥 성의 민단에 황허와 운하를 따라 깊은 도랑을 파고 장벽과 높은 보루를 세워 염군을 겹겹이 포위하라고 명령했다. 또한 항상 부대를 파견해 교대로 공격하도록 하고, 번갈아서 휴식을 취하게 했다.

그리고 염군을 장시간 추격하여 휴식이 필요한 부대에는 즉시 운하 동쪽 언덕의 험준한 지형을 택하여 주둔하라고 했다. 그리고 휴식 중에 염군이 가까이 접근하면 즉시 일어나 싸우되, 적극적인 공격보다는 방어 위주의 전술을 펼치라고 했다. 또 장야오張耀와 송칭宋慶을 파견해 따로따로 샤진夏津과 가오탕高唐 일대에 주둔하게 했으며, 청원程文은 빙링 현炳陵縣 과 우차오吳橋 일대에 주둔하게 하여 운하 방어부대를 대신해 엄호를 책 임지게 했다. 쭤쭝탕은 또한 류쑹산劉松山과 궈바오창郭寶昌의 부대를 보 내어 롄전連鎮 북부에서부터 창저우滄州 일대까지의 방수로 동쪽 언덕에 각각 주둔하도록 했고, 가까이에 있는 양딩쉰의 부대와 협동작전을 펼치 게 했다. 이 모든 것이 잘 준비되고 나서야 비로소 토벌을 위한 진군을 시 작했다.

5월 염군이 서북 방향으로 도피하자, 각 부대는 서북 방향으로 나뉘어 염군을 차단하고 공격하여 여러 차례 승리를 거두었다. 리훙장은 곧바로 황허 수위가 높아진 시기를 이용해 포위망을 좁혔다. 그는 운하 바깥쪽을 따라 포위망을 구축하고, 여유 병력으로 부족한 부분을 보충하면서 쓰셴 思縣, 샤진, 가오탕의 마지아허馬頰河에 내부 포위망을 만들어 염군을 서 남 방향으로 몰아 겹겹이 포위했다.

5월~6월 동안 관군의 여러 부대들이 연이어 큰 승리를 거두었다. 적의 세력은 점차 약해졌고, 투항하거나 도망가는 자들이 점점 많아졌다. 6월 19일부터 22일까지 관군은 승세를 몰아 염군을 추격하면서 전투를 벌였 고, 그때마다 승리를 거두었다. 6월 23일에 장쭝위는 강을 건너 서남 방 향으로 도주했고, 6월 24일에는 핑위안 현平原縣에서 가오탕 현까지 도망 쳤다. 6월 25일, 판딩신은 큰비를 맞으면서도 120리를 추격해 가오탕 현에 도착했다. 이미 염군은 보핑博州과 칭핑淸州 일대로 이동해 운하를 공격할 준비를 하고 있었다.

그러나 관군이 일찍이 마지아허 서북 언덕에 수백 리에 걸쳐 긴 장벽을 쌓아둔 상태였기 때문에 염군의 병력을 충분히 가둘 수 있었다. 염군이 이를 알아차렸을 때는 이미 함정에 빠진 뒤였고, 도망치려고 하면 할수록 사태는 더욱 나빠져만 갔다. 하지만 당시 관군도 매우 지친 상태였기 때문에, 리홍장은 류밍촨에게 새로운 기병을 이끌고 참전하라고 명령했다. 이에 관군의 사기는 크게 올라갔다.

6월 28일, 관군이 염군을 황허와 운하 사이의 협소한 지역 내에 몰아넣자, 류밍촨이 기마병과 보병으로 공격했고, 심지어 도망가는 염군까지 몇리를 쫓아가면서 소탕했다. 때마침 동쪽에서 온 귀쑹린의 부대가 염군의 도주로를 가로막았다. 그곳은 물길이 서로 뒤얽혀 사방이 질퍽거리는 늪이었다. 거우 500~600명 정도였던 류밍촨과 귀쑹린의 기병부대는 종횡무진 다니면서 공격해 셀 수 없이 많은 염군을 사로잡거나 죽였다. 장쭝위는 거우 10여 명의 기병과 함께 북쪽으로 달아났으나, 얼마 후 물에 뛰어들어 자살했다. 드디어 서염군은 평정되었고, 중원 지역은 평온해졌다. 8월, 리홍장은 수도로 들어와 황제를 알현했다.

그 스승에 그 제자,
장수들을 잘 다스리는 진정한 인재

리홍장은 먼저 치밀하게 계획을 세운 뒤 행동으로 옮겼기 때문에 적에 대한 이해와 판단이 매우 정확했다. 이런 지휘 방식 덕분에 그는 15년간 군대에 몸담으면서 전투에서 실패한 적이 한 번도 없었던 것이다. 운이 좋기도 했지만, 자신의 노력이 있었기에 가능한 것이 아니겠는가? 그는 보잘것없는 3개 성省을 근거지로 삼아 태평군을 소탕하기 시작해 1년 만에 장쑤 성의 남부 지역을 모두 소탕하고 평정했다. 염군을 섬멸할 때도 10여 년 동안 여러 장수들은 염군에게 속수무책으로 당했지만, 그는 제멋대로 날뛰는 적에 맞서 1년 만에 소탕을 끝냈다. 그야말로 하늘이 준 승리였다.

그는 부하들을 대할 때도 항상 벗을 대하듯 했고, 혈육처럼 아끼며 사랑했다. 그래서 부하들은 그를 위해서라면 기꺼이 목숨을 바칠 각오가 되어 있었다. 그는 장수들을 잘 다스리는 진정한 인재였다.

군인으로서 리훙장의 생애는 쩡궈판과 같이 시작하고 끝났지만, 그들의 관계는 그것으로 끝이 아니라 그 이상의 관계를 유지했다. 그가 장쑤성 남부를 평정할 때 전체 계획은 쩡궈판이 세웠다. 양쯔 강 상류를 평정할 때도 쩡궈취안의 부대와 협력해 난징을 포위하고 적의 세력을 견제했다. 이 때문에 리슈청이 숨 돌릴 새도 없이 바쁘게 되었고, 이 틈을 노려 리훙장이 기회를 잡을 수 있었던 것이다.

리훙장은 염군을 섬멸할 때 쩡궈판의 전략을 그대로 계승했다. 그리고 군량과 급료가 충분했던 것도 모두 후방에서 량장 총독 쩡궈판이 뒷받침해주었기 때문이다. 이외에도 리훙장은 쩡궈판의 군대에 여러 해 있으면서 도덕적 의리를 배우고 군사를 훈련시키는 방법을 연마했다. 또한 그가 평생 동안 행동으로 실천한 '고통을 인내하고, 맡은 일을 성실히 하며, 강한 정신과 진실하고 사심 없는 마음으로 사람을 대하여 부하들을 단결시킨 방법들' 모두 쩡귀판에게서 보고 배운 것이다. 따라서 먼저 쩡귀판이 있었기에 리훙장이 있을 수 있었던 것이다. 그가 쩡귀판을 부모처럼 여기고 신처럼 존경한 것은 당연한 이치 아니겠는가?

제6장 양무운동 시기의 리훙장

양무운동의 선구자,
진정한 중국 근대화에 실패하다

리훙장은 충성심과 매우 날카로운 통찰력을 가지고 있었기 때문에 오랫동안 요직을 차지하고 대권을 잡을 수 있었다. 그런데도 오늘날 그가 성취한 것이 겨우 이 정도밖에 안 되는 이유는 무엇일까? 리훙장은 오직 군사만 알고 민정은 몰랐다. 외교는 알았지만, 내정은 몰랐다. 조정에 대해서는 잘 알고 있었지만, 국민에 대해서는 잘 알지 못했다. 시국을 제대로 보지 못한다고 매일 다른 사람들을 책망했지만, 정작 자기 자신도 시국에 대해서 명확하게 알지 못했다. 파벌을 만들고 구습을 버리지 않는다며 날마다 다른 사람들을 비난했지만, 자신 또한 그 사람들과 오십보백보에 불과했다. 그는 오늘날의 국제 경쟁력은 국가에 있는 것이 아니라 국민에게 있다는 것을 몰랐다. 그는 서양의 여러 국가들이 파벌을 제거하고 구습을 타파하고 새로운 정치를 통해 부강해질 수 있었던 개혁의 원동력이 모두 위에서가 아니라 아래에서부터 나왔다는 것을 알지 못했다.

양무운동을 주도하다

"양무洋務"[1]란 말은 명사名詞가 되지 못했다. 그러나 리훙장 전기를 쓰기 위해서는 어쩔 수 없이 이름은 주인이 지은 대로 부른다는 원칙에 따라 "양무"라는 말을 사용해 그의 20여 년간의 활동을 정리할 필요가 있다.

리훙장은 양무 때문에 일생 동안 천박한 유학자들에게 모진 욕을 먹었고, 양무 때문에 일생 동안 공명과 이익을 추구하는 무리들에게 지나치게 추앙받았다. 내가 리훙장을 추종하면서도 그를 책망하고 애석하게 생각하는 것 역시 양무 때문이다. 리훙장이 양무가 무엇인지 몰랐다고 말할 수 있을까? 나는 중국에서 양무를 했던 인사人士 중에 그렇게 얘기하는 사람을 보지 못했다. 그렇다면 리훙장이 진정으로 양무를 이해하고 있었

---

1 양무: 청나라와 서양 여러 나라와의 관계, 교류 등을 일컫는 말로, 넓게는 서양의 문물과 기술을 받아들인다는 뜻으로 쓰였다. 양무는 원래 이무夷務에서 나온 말로, 아편전쟁 당시의 이무는 오랑캐와 관련된 사무라는 뜻으로 사용되었는데, 서양인들이 이夷의 뜻을 알고는 아편전쟁에서 승리한 후 용어 수정을 요구하면서 이후 양무라는 말이 널리 사용되었다.

■ 리훙장이 1865년에 난징에 세운 금릉기기국金陵機器局. 양무운동은 서양의 과학기술, 특히 군수시설을 받아들여 중국의 '자강自强'을 꾀하려는 부국강병 운동으로, 주로 무기와 장비, 군사시설에 집중되어 있었다.

다고 말할 수 있을까? 만약 그러했다면 어째서 다른 나라들은 양무를 통해 발전했는데, 왜 중국만 양무를 통해 쇠퇴했는가? 그 이유를 한 마디로 정리하면, 리훙장은 양무를 이해하긴 했지만, 국가 사무는 이해하지 못했기 때문이다. 그는 서양인이 하는 일이 곧 양무라고 잘못 생각하고 있었다. 그가 태평군과 염군을 평정한 뒤 일본과 전쟁을 하기 전까지 다루었던 여러 종류의 양무를 열거하면 다음과 같다.

상하이上海에 외국언어문자학관外國言語文字學館 설립	1862년 1월
상하이에 강남기기제조국江南機器製造局 설립	1865년 8월
톈진天津에 기기국機器局 설립	1870년 10월
일본과의 통상을 기획하고 상주 인원 파견	1870년 윤10월
다구大沽에 서양식 포대 건립	1871년 4월
학생을 선발해 미국에 유학 보냄	1872년 1월
탄광, 철광 개설 요청	1872년 1월
윤선초상국輪船招商局 설립	1872년 11월
철갑병선鐵甲兵船 기획 처리	1875년 11월
일본에 대사 파견 요청	1875년 11월
각 성에 양학국洋學局 설립 요청. 자연과학 분석, 측량, 지도, 증기기관, 병법, 포술, 화학, 전기학 등의 과목 중에서 담당 분야는 해당 관원이 전문적으로 공부하게 함. 아울러 인재 선발 시험에 융통성 있게 반영하여 양무고시를 통과하면 관직에 오를 수 있게 함.	1875년 12월
초급장교를 독일에 파견해 해군과 육군의 무기와 전술을 배우게 함	1876년 3월
푸젠 선정학당福建船政學堂 학생을 서양에 유학 보냄	1876년 11월
철갑선 주문 시작	1880년 2월
톈진에 수사학당水師學堂 설립	1880년 7월
남북양전보南北洋電報 개설	1880년 8월
철로 개설 요청	1880년 12월
카이핑 광무상국開平礦務商局 설립	1881년 4월
항운공사航運公司 창설, 영국에 배를 보내 교역 진행	1881년 6월
초상국招商局이 각 성의 전보 인수	1881년 11월
뤼순旅順 도크 건설	1882년 2월
상하이에 민영 직포국織布局 설립	1882년 4월
톈진에 무비학당武備學堂 설립	1885년 5월
모허漠河 금광 개설	1887년 12월
북양해군北洋海軍 편성	1888년
톈진에 의학당醫學堂 설립	1894년 5월

(*월은 음력을 기준으로 한 것임.)

■1871년 당시의 리훙장. 청의 부국강병을 위한 양무운동을 주도한 리훙장은 상하이에 '외국
언어문자학관'을 설립하고, 상하이에 '강남기기제조국'을 세워 총포, 탄약, 기선 등을 만들고,
난징에 '금릉기기국'을 세워 대포, 화약을 생산하는가 하면, 북양해군을 편성하고, 학생들을 서
양에 유학 보내는 등 중국의 근대화에 노력했다.

양무운동

19세기 후반, 청나라 말기에 관료들의 주도로 이루어졌던 군사 중심의 근대화운동을 말한다. 유럽 근대 기술의 도입으로 봉건체제를 유지·보강하려 했던 청조의 자강운동自强運動이다. 양무洋務는 청나라와 서양 여러 나라와의 관계, 교류 등을 일컫는 말이다.

당시 청나라는 열강의 침략적인 아편전쟁, 애로 호 사건 등으로 여지없이 약체를 드러냈으며, 안으로는 태평천국의 난으로 인해 봉건적 지배체제가 위기에 빠져 있었다. 이런 상황에서 쩡궈판, 리훙장 등 한인漢人 출신 관료들이 근대적인 군사공업을 일으키는 한편, 장즈퉁, 성쉬안화이盛宣懷 등은 관상합판사업을 크게 일으켜 어느 정도 성과를 거두었다. 그러나 이 자강운동은 군사 중심의 근대화에만 치중했을 뿐, 사회·정치 체제의 근대화는 무시한 결과, 때마침 일어난 청불전쟁과 청일전쟁에서 뼈아픈 패배를 안겨주어 그 약체성을 드러내고 말았다. 이들 전쟁에서의 패배는 자강을 일차적 목표로 한 양무운동의 실패로 여겨졌고, 양무운동은 산업과 기술만이 아니라 정치·사회 제도의 근본적 개혁까지 이루어야 한다는 변법자강운동에 자리를 내주었다.

■1866년에 쭤중탕이 푸저우福州에 세워 윤선輪船을 제작한 선정국船政局.

리홍장이 처리한 양무는 대략 앞의 표에서 열거한 것들이다. 이는 두 가지로 요약할 수 있다. 첫째, 선박 구매, 무기 구매, 선박 건조, 무기 제작, 포대 건설, 도크 수리 등과 같은 군사 관련 업무이다. 둘째, 철로 개설, 초상국招商局 설립, 직포국織布局 설립, 전보국電報局 개설, 카이핑开平 탄광 개설, 모허漠河 금광 개설 등과 같은 상업 관련 업무이다. 그중에 학당學堂을 개설하거나 외국에 학생을 유학 보내는 등의 일도 포함되어 있었지만, 이는 모두 군사 업무나 외국인과 교섭할 때 통역 및 번역 업무에 활용하기 위해서였다. 리홍장이 알고 있는 서양인의 장점이라고는 대략 이 정도뿐이었다.

강군 양성, 사라져버린 옛 꿈

리홍장은 평생 동안 육·해군 관련 업무에 전력을 다했고, 전투를 통해 자신의 명성을 높였다. 하지만 그가 성공할 수 있었던 이유는 사실상 서양 군대와 함께 활동하면서 서양 무기의 위력을 직접 목격했고, 이런 무기들을 가져다가 사용했기 때문이다. 따라서 반란을 평정한 그는 중국 군대가 내란을 평정할 수 있는 능력은 되나, 외국의 침략을 막아내기에는 능력이 부족하다는 것을 깨달았다. 이 때문에 강한 군대를 부단히 양성하는 일을 가장 중요하게 여겼고, 이에 대한 안목은 보통 사람보다 훨씬 높았다고 할 수 있다. 그는 한평생 이 분야에 심혈을 기울였다. 청일 전쟁이 발발하기 전 리홍장의 북양해군 전력은 대략 다음과 같다.

북양해군 전력

구분	선명	선식	톤수	마력	속력 (노트)	포수	선원	진수 연도
주력 함대	정원定遠	철갑	7,335	6,000	14.5	22	330	광서 8년(1882)
	진원鎭遠	철갑	7,335	6,000	14.5	22	330	광서 8년(1882)
	경원經遠	철갑	2,900	3,000	15.5	14	202	광서 13년(1887)
	내원來遠	철갑	2,900	3,000	15.5	14	202	광서 13년(1887)
	치원致遠	순양	2,300	5,500	18.0	23	202	광서 12년(1886)
	정원靖遠	순양	2,300	5,500	18.0	23	202	광서 12년(1886)
	제원濟遠	순양	2,300	5,500	18.0	23	203	광서 9년(1883)
	평원平遠	순양	2,200	1,500	14.5	11		
방어 함대	초용超勇	순양	1,350	2,400	15.0	18	130	광서 7년(1881)
	양위揚威	순양	1,350	2,400	15.5	18	130	광서 7년(1881)
	진동鎭東	포함	440	350	8.0	5	55	광서 5년(1879)
	진서鎭西	포함	440	350	8.0	5	55	광서 5년(1879)
	진남鎭南	포함	440	440	8.0	5	55	광서 5년(1879)
	진북鎭北	포함	440	440	8.0	5	55	광서 5년(1879)
	진중鎭中	포함	440	750	8.0	5	55	광서 7년(1881)
	진변鎭邊	포함	440	840	8.0	5	55	광서 7년(1881)
연습함	강제康濟	포함	1,300	750	9.5	11	124	광서 7년(1881)
	위원威遠	포함	1,300	840	12.0	11	124	광서 3년(1877)
	태안泰安	포함	1,258	600	10.0	5	180	광서 2년(1876)
보조선	진해鎭海	포함	950	480	9.0	5	100	동치 10년(1871)
	조강操江	포함	950	400	9.0	5	91	동치 5년(1866)
	미운湄雲	포함	578	400	9.0	4	70	동치 8년(1869)

수뢰선 水雷船

선 명	선 식	톤 수	속력(노트)
좌대 1호左隊一号	일등수뢰	108	24
좌대 2호左隊二号	일등수뢰	108	19
좌대 3호左隊三号	일등수뢰	108	19
우대 1호右隊一号	일등수뢰	108	18
우대 2호右隊二号	일등수뢰	108	18
우대 3호右隊三号	일등수뢰	108	18

■북양함대의 철갑함 정원定遠(위)과 철갑함 진원鎭遠(아래). 북양함대는 청조 말기 중국의 현대화된 해군으로, 1871년 북양대신 리훙장의 지원으로 건립되었다. 북양함대는 1894년 청일전쟁이 발발하기 전까지 극동아시아에서 가장 강력한 해군 함대였다.

청일전쟁 발발 당시, 즈리 성의 회군과 새로 훈련된 육군인 연용練勇[2]은 총 49개 부대로 2만 명이 넘었는데, 그것을 정리하면 대략 다음과 같다.

즈리 성 회군 및 연용

명칭	부대 수	병력 수	지휘관	주둔지
성군盛軍	18	9,000	웨이루구이衛汝貴	샤오잔小站
명군銘軍	12	4,000	류청슈劉盛休	다롄 만大連灣
의군毅軍	10	4,000	쑹칭宋慶	뤼순커우旅順口
로방회용蘆防淮勇	4	2,000	예즈차오葉志超 네스청聶士成	루타이蘆臺 북쪽 제방, 산하이관山海關
인자처용仁字處勇	5	2,500	네스청聶士成	잉커우營口

육·해군 경영에 모든 정력을 다 쏟은 리훙장은 반드시 강군을 만들 수 있다고 확신한다고 말했다. 1882년 프랑스가 베트남에서 분란을 일으키자, 조정은 수도 주변의 방어를 강화하고자 했다. 리훙장은 다음과 같은 상소를 올렸다.

"신이 군사를 훈련시키고 무기를 구입한 지 10여 년이 되어갑니다. 하지만 자금이 부족해 저의 모든 계획을 실행에 옮기지는 못했습니다. 그러나 전장에 나가 적을 만나게 된다면 폐하를 근심하게 만드는 일은 생기지 않을 것입니다."

이 상소문에서도 그의 자신감을 엿볼 수 있다.

---

2 연용: 지방 무장조직인 단련團練, 향용鄕勇 등의 통칭.

청일전쟁

청나라와 일본 제국이 조선의 지배권을 놓고 1894년 7월 25일부터 1895년 4월까지 벌인 전쟁이다. 중국에서는 갑오년에 일어났다고 하여 중일 갑오전쟁中日甲午戰爭, 일본에서는 일청전쟁日淸戰爭, 서양에서는 제1차 중일전쟁First Sino-Japanese War이라고도 부른다.

1894년 조선은 동학농민운동을 진압하기 위해 청나라에 원군을 요청했다. 1884년 갑신정변 이후 청나라에 밀리던 일본이 조선에서의 우위를 확보하기 위해, 6월 톈진조약을 근거로 조선에 군대를 파병했다. 결국 조선의 지배권을 놓고 양국은 전쟁에 돌입했다. 일본은 조선, 만주, 타이완 등지에서 청나라군을 연파해, 이듬해 4월 17일 마관조약(시모노세키 조약)을 맺었다. 이후 일본은 조선에서 청나라의 세력을 몰아낼 수 있었으며, 막대한 배상금(2억 냥)과 새로운 영토(랴오둥遼東 반도, 타이완, 펑후도澎湖島)를 획득했다. 그러나 일본의 지나친 성장을 염려한 러시아는 독일과 영국을 끌어들여 랴오둥 반도를 다시 반환하게 했다. 이를 삼국간섭이라 한다.

〈톈진조약〉

1858년, 애로 호 사건 이후 청나라가 외국과 맺은 여러 불평등조약이다. 이 조약은 광범위한 외국의 특권을 규정하고 있어, 이후 불평등조약의 근간이 되었다. 그중 우리와 관계가 깊은 것은 1885년 갑신정변의 사후 처리를 위해 청나라와 일본이 맺은 조약이다. 당시 양국은 조선에 군대를 파견할 경우, 서로 통보하기로 합의했다. 1894년 조선이 동학농민운동을 진압하기 위해 청나라에 원군을 요청했는데, 일본도 이를 핑계 삼아 조선

에 군대를 파병했다. 결국 조선에서는 청나라와 일본 사이에 청일전쟁이
벌어졌다.

〈마관조약(시모세키조약)〉
1895년 4월, 청일전쟁에서 압도적 승리를 거둔 일본이 야마구치 현山口縣
시모노세키下關(중국명 마관馬關)에서 청나라와 체결한 강화조약이다. 이
조약에는 일본의 이토 히로부미伊藤博文와 무쓰 무네미쓰陸奥宗光, 청나라
의 리훙장 등 양국 전권 대표가 조인했다. 마관조약은 일본의 조선에 대
한 지배권의 확립, 랴오둥 반도, 펑후도 등에 대한 영토 분할, 배상금 획득
등을 주요 내용으로 하고 있다. 이 조약에 따라 청은 조선의 독립을 인정
하고 일본은 조선에 대한 정치적 · 군사적 · 경제적 지배권을 확립할 수
있게 되었다. 이로써 청의 약체가 폭로되자, 서양 세력은 다투어 중국에
서 이권을 획득하려고 했다.

그러나 뜻밖에 청일전쟁이 발발하자, 적의 공격으로 함선들이 파손되
거나 탈취되었다. 계속되는 전투에서 연전연패한 회군과 연용은 이전의
명성을 완전히 잃었다. 패전 후 남아 있던 함선들도 다시 서양 연합군과
톈진 · 탕구塘沽 전투를 치르면서 뤼룽광羅榮光, 네스청聶士成과 함께 잿
더미가 되어버렸다. 리훙장이 즈리 총독과 북양대신을 맡아 30년 동안
이룬 모든 것들이 지나가버린 옛 꿈처럼 사라져버렸다. 리훙장이 어루만
지고 품어 길렀던 톈진은 그가 죽은 후에도 다시 되찾지 못했다. 아! 리훙
장이여, 리훙장이여, 나는 당신이 저승에서도 눈을 감을 수 없다는 것을
알고 있다.

리훙장의 실패 원인

리훙장의 실패 원인 중 절반은 그를 방해하는 무리들 때문이었고, 나머지 절반은 리훙장 자신의 책임이었다. 자신의 책임 중 절반은 사람을 잘못 썼기 때문이고, 나머지 절반은 자신의 견문과 학식이 부족했기 때문이다. 당시 그는 큰 공을 세웠다는 칭송이 자자할 때였는데, 스스로 너무 자만하여 세상 모든 일들을 쉽게만 생각했다. 또한 옛정을 생각하여 동고동락한 부하들에게 중책을 맡겼으나, 그들의 재능이 그 직책에 적합한지 그렇지 않은지 전혀 고려하지 않았다. 큰일이 발생했을 때, 일을 바로잡을 기회를 놓쳐버렸고, 이로써 대세를 그르치게 되었다. 이것이 첫 번째 잘못이다. 또한 병사들을 훈련시킬 줄만 알았지 병사들을 어떻게 모으는지 알지 못했고, 군량을 마련할 줄만 알았지 군량이 어디서 나오는지 알지 못했다. 이 때문에 중요하지 않은 일만 했고, 결국에는 이룬 것이 하나도 없었다. 이것이 두 번째 잘못이다. 이에 대해서는 나중에 더 자세히 얘기하겠다.

　리훙장은 상업 관련 업무에서도 큰 성과를 거두지 못했다. 이는 모두 관독상판官督商辦[3]과 연관이 있다. 중국인들은 선천적으로 장사에 매우 뛰어났다. 국가가 상법商法을 제정해 시장을 개척하고 상인의 권리를 보호했다면 당연히 자본과 인력이 낭비되지 않았을 테고 국가의 부富는 늘어났을 것이다. 현재 상업 관련 업무를 진행하려면 매번 주청을 올려야 하고, 파견된 대신에게 감독을 받고, 그를 통해 일을 처리해야만 한다. 적

3　관독상판: 청나라 말기에 정부에서 감독하고 상인이 경영한 민수 기업의 운영 방식.

합한 사람이 파견되더라도 종종 주제넘게 참견해 일을 망치곤 했다. 간사하고 부패한 관리들은 여전히 상업 관련 업무를 자신의 이익을 취하는 수단으로 생각했고, 자신들의 하찮은 권력을 믿고 일처리의 관권을 틀어쥐었으니, 투자자들이 보기에는 한심하기 그지없었고 투자를 하려는 사람들은 머뭇거릴 수밖에 없었다. 중국에서 상업이 활발하지 않은 이유는 리홍장의 관독상판 제도의 부작용 때문이라고 할 수 있다.

나는 한 마디로 확실하게 결론을 내릴 수 있다. 리홍장은 정말로 국가 사무를 몰랐다. 그는 국가가 어떤 것인지도 몰랐고, 국가와 정부가 어떤 관계인지도 몰랐다. 정부와 국민들이 가진 권력의 범위도 몰랐고, 대신들이 당연히 져야 하는 책임도 몰랐다. 그는 서양 국가가 부강한 이유가 무엇인지 제대로 알지 못했다. 그는 중국의 정치제도, 전통, 풍속이 외국보다 우수하고 단지 총, 포, 배, 철로, 기계만이 서양보다 뒤떨어진다고 생각했기 때문에, 중국이 부족한 것만 채우면 양무는 끝이 날 수 있다고 생각했다. 이는 리홍장이 30년 전부터 했던 생각이었고, 시무時務를 연구하는 사람들이 앞장서서 주장하는 말이기도 하다. 마치 무염無鹽[4]이 서시西施[5]의 웃는 얼굴을 배우려고 한 것이나, 수릉壽陵 사람이 한단邯鄲의 걸음걸

---

4 무염: 추녀의 대표 명칭. 전국시대 제齊나라 무염이라는 지방에 '종리춘鍾離春'이라는 못생긴 여자가 살았는데, 40세가 넘도록 결혼을 하지 못했다. 한번은 제선왕齊宣王에게 직접 찾아가 제나라의 문제점들에 대한 해결책을 제시하여 재능을 인정받아 황후가 되었다. 당시 사람들은 서시에 비교하여 못생긴 여자를 무염이라고 했다. 또한 각화무염刻畫無鹽이라는 고사성어는 진晉나라 원제元帝 때 주의周顗라는 신하가 자신을 악광樂廣에게 비교하자 "무염에게 화장을 시킨다고 갑자기 서시가 되겠는가?"라 하며 겸손해했다고 전해진다. 이는 서로 비교할 수 없는 것을 비유할 때 쓰는 말이다.

5 서시: 미인의 대표 명칭. 춘추시대 월越나라의 미녀. 중국의 4대 미녀 중 한 명으로 손꼽히며 부차夫差에게 접근해 오吳나라가 멸망하게 했다.

이를 배우려고 한 것[6]처럼 배우면 배울수록 추해질 뿐, 결국 얻는 것은 하나도 없었다. 이것은 당연한 것이다.

비록 이러했지만, 리훙장은 보통 사람보다 훨씬 견문이 넓고 지식도 풍부했다. 예를 들자면, 1872년 5월 한 토론에서 리훙장은 증기선 제조를 철폐해서는 안 된다고 주장했다.

신이 삼가 생각하길, 유럽 여러 국가들이 110년도 안 되어 인도에서 남쪽 바다를 거쳐 중국 국경과 내지內地로 난입한 것은 역사상 유례가 없는 일입니다. 고대부터 중국과 교류가 없던 민족들은 모두 다 중국을 찾아와 정식으로 예를 갖춰 무역 거래를 요청했습니다. 그러면 황제 폐하는 하늘처럼 이들의 뜻을 헤아려, 통상조약 체결이라는 방법을 통해 이 나라들을 잘 구슬렸습니다. 현재 몇 만 리나 떨어져 있는 나라들이 갑자기 중국으로 모여들고 있는데, 3000여 년 역사에서 가장 위태로운 비상시국이 아닐 수 없습니다. 서양인은 우수한 총포와 증기선을 가지고 중국 땅에서 제멋대로 날뛸 수 있습니다. 중국의 무기는 서양의 것과 비교가 되지 않기 때문에 서양인에게 제약을 받는 것입니다. 오늘날 서양 오랑캐는 배척해야 하며 국경 밖으로 몰아내야 한다고 말들은 하는데, 모두 터무니없는 말입니다. 설령 평화적인 방식으로 영토를 지키고자 한들 무기 없이는 지킬 수가 없습니다. (중략) 사대부들은 성인군자의 학문에만 갇혀 수천 년 이래 가장 위태로운 비상시국을 보지 못하고 눈앞의 일시적인 안일만 탐하면서 20~30

---

6 한단지보邯鄲之步: 『장자莊子』 「추수편秋水篇」에 나오는 이야기로, 연燕나라 수릉壽陵의 한 청년이 조趙나라 한단이라는 곳에 가서 그곳 걸음걸이를 배우려 했으나, 오히려 본래의 걸음걸이도 잊어버려 기어서 돌아왔다고 한다. 함부로 자기 본분을 버리고 남을 무조건 흉내 내면 두 가지 모두 잃는다는 것을 조롱하는 말이다.

년 전에 당한 큰 상처와 깊은 고통조차 잊어버렸습니다. 또한 그들은 수백, 수천 년 후에는 어떻게 나라를 안정시키고 외부 침략을 막아낼지 생각조차 하지 않고 있습니다. 그래서 증기선 제조를 중지하자고 건의하는 자들이 있는 것입니다. 신의 어리석은 생각으로는, 국가는 어떤 돈이든 절약할 수 있지만 병사를 양성하고 변경邊境을 방어하며 총포를 훈련시키고 군함을 제조하는 데 필요한 돈만은 절대로 아껴서는 안 됩니다. 만약 경비 절약을 요구한다면 그것은 곧 아무것도 원하지 않는 것과 마찬가지이며, 그렇게 된다면 영원히 국가가 강해지고 번영하는 날은 오지 않을 것입니다.

또한 리훙장은 타이완 사변[7]으로 인해 해안방어시설을 설치하는 데 찬성하는 1875년의 상소에서 다음과 같이 말했다.

현 총리아문은 여섯 가지 조항을 청원했습니다. 시국을 안정시킬 수 있도록 현재 눈앞에 당면한 위급한 문제와 이후의 장기적인 계획이 빠짐없이 들어간 요긴한 책략들입니다. 이 책략들을 단시간에 처리하기 어려운 이유는 인재를 구하거나 경비를 마련하기 힘들고, 파벌을 없애거나 오랜 습관을 근절하기가 힘들기 때문입니다. 설령 하루 종일 방어시설을 설치하더라도 이런 모순들을 바꾸지 않는다면 그림의 떡일 뿐입니다. 이 때문에 오늘날 가장 중요한 일은 서둘러 선입견을 깨고 실질적인 일들을 하는 것입니다. 제가 이렇게 주장하는 데는 모두 이유가 있습니다. 역대 변경 방어의 중심

---

7 타이완 사변: 타이완 출병台灣出兵 또는 모란사 사건牡丹社事件을 말한다. 1874년 청과 일본 양국에 조공을 바치고 있던 류큐국琉球國의 표류민들을 타이완 토착민들이 살해한 사건을 계기로 일본이 타이완을 침공한 사건이다. 이때는 서구 국가들의 압력으로 보상금을 받는 선에서 합의가 이루어졌으나, 류큐국에 대한 청의 종주권을 포기한 것이 되어버렸다. 류큐는 1879년 일본에 병합되었으며, 타이완은 1895년 청일전쟁에 대한 보상으로 일본의 식민지가 되었다.

은 대부분 서북 지역이었습니다. 그곳 세력의 규모와 국가 간의 주객 관계는 이미 거의 정착되었을 뿐 아니라, 국경도 구분이 되어 있습니다. 하지만 동남쪽 연해 지역은 만 리에 이릅니다. 여러 국가들이 그곳에서 통상을 하고 종교를 전파하고 있습니다. 또한 왕래가 대단히 자유로워 베이징 및 여러 성의 내지까지 들어와 모여 살고 있습니다. 이들은 겉으로는 평화를 내세우지만, 속으로는 교활한 음모를 꾸미고 있습니다. 한 국가에 일이 생기면 다른 여러 국가가 따라서 부추기니, 정말로 몇 천 년 동안 없었던 비상시국입니다. 서양인의 증기선과 전보의 속도는 순식간에 천 리 밖까지 다다를 정도로 빠르고, 그들의 신식 무기는 우리 것에 비해 100배는 더 강합니다. 그들은 우리가 몇 천 년 동안 전혀 접하지 못한 강적입니다. 오랑캐 침입으로 인한 변화가 이같이 빠른데도 중국은 여전히 낡은 방법으로만 대응하고 있습니다. 이는 마치 의사가 환자를 치료할 때 어떤 증상이 있는지 묻지도 않고 일률적으로 오래된 처방전을 쓰는 것과 같은데, 이런 대응방식은 절대로 효과를 볼 수가 없습니다. 1860년 이후 오랑캐 세력의 내부 침입이 더욱더 심해지자, 애국지사들은 의기가 복받쳐 분노하면서 그들을 쫓아내야 한다고 앞다투어 얘기합니다. 제3자들이 이런 비난을 하는 것은 당사자들이 일을 처리하기가 얼마나 힘든지 모르기 때문입니다. 그들에게 어떻게 하면 자강自强할 수 있는지, 그리고 어떻게 하면 서양 세력을 막을 수 있는지를 물어보면 모두가 당황해하며 아무 말도 하지 못합니다. 신은 이미 오랫동안 양무를 처리했기 때문에 보고 들은 것이 비교적 많으며 서로의 장단점에 대해서도 비교적 잘 알고 있습니다. 현재 양무의 상황을 보면 재력과 인재가 모두 부족하고, 실정법에 의해 제한되는 것이 많습니다. 또한 대중의 의견에 따라 견제되고 있기 때문에 현재 할 수 있는 일은 분발하는 것뿐입니다.『역경易經』에 "쥐가 궁지에 몰리면 고양이를 문다.窮鼠齧猫"라고 했습니다. 정세에 따라 융통성 있게 일을 처리하지 않으면 곧 전투 및 수비력을 믿을 수 없는 상황이 초래되며, 결국 평화까지도 지킬 수 없게 됩니다.

또한 현재 고지식한 유학자들 대부분은 외교와 양무를 일종의 치욕으로 여기고 있습니다. 그러면서도 이런 기회를 틈타 일부 사리사욕을 취하려는 선비들은 양무를 피하는 자신이 고고하다며 자기 자신을 높이는 데 이를 이용하고 있습니다. 만약 조정이 힘을 다해 이런 정세를 변화시키지 못하고, 일을 처리하는 데 방해가 되는 구습舊習을 깨뜨리지 못하고, 국가를 부강하게 만들 실용적인 방법을 찾지 못한다면 이 위태로운 시국을 끝내 버터내지 못할 것입니다. 훗날 인재의 부족은 지금보다 훨씬 더 심각해질 것이니, 대국大國 중국이 자강하고 자립할 날은 오지 않을 것입니다. 근심할 일이 이것 하나만이 아니니 수치스러울 뿐입니다.

이처럼 리훙장은 당시가 3000년 이래 가장 위태로운 비상시국이고, 눈앞의 이익만을 추구하다가는 국가를 안정시킬 수 없다는 것을 알고 있었다. 그래서 국내를 안정시키면서 외세에 저항할 방법을 일찍부터 찾고 있었다. 또 그는 옛 방법으로는 새로운 병을 치료할 수 없다는 것도 잘 알고 있었기 때문에 방법을 바꿔 새롭게 하지 않으면 전투 및 수비력에 믿을 수 없는 상황이 초래될 것이라는 것도 잘 알고 있었다. 그리고 파벌의 경계와 구습을 없애지 않는다면 어떠한 일도 이룰 수 없다는 것 역시 잘 알고 있었다. 심지어 훗날 인재가 오늘날보다 훨씬 더 부족해질 것이기 때문에 중국이 영원히 자강하고 자립하는 날은 오지 않을 것이라는 것까지 알고 있었다.

리훙장이 한 비통한 말들은 오늘날 읽어도 여전히 뜨거운 눈물이 맺히는 것을 참을 수가 없다. 리훙장은 충성심과 매우 날카로운 통찰력을 가지고 있었기 때문에 오랫동안 요직을 차지하고 대권을 잡을 수 있었다. 그런데도 오늘날 그가 성취한 것이 겨우 이 정도밖에 안 되는 이유는 무엇일까? 리훙장은 오직 군사軍事만 알았고 민정民政은 몰랐다. 외교外交는 알았지만, 내정內政은 몰랐다. 조정朝廷에 대해서는 잘 알고 있었지만, 국민國民에 대해서는 잘 알지 못했다. 시국을 제대로 보지 못한다고 매일 다른 사람들을 책망했지만, 정작 자기 자신도 시국에 대해서 명확하게 알지 못했다. 파벌을 만들고 구습을 버리지 않는다며 날마다 다른 사람들을 비난했지만, 자신 또한 그 사람들과 오십보백보에 불과했다. 그는 오늘날의 국제 경쟁력은 국가에 있는 것이 아니라 국민에게 있다는 것을 몰랐다. 그는 서양의 여러 국가들이 파벌을 제거하고 구습을 타파하고 새로운 정치를 통해 부강해질 수 있었던 개혁의 원동력이 모두 위에서가 아니라 아래에서부터 나왔다는 것을 알지 못했다. 하지만 이러한 개혁의 원동력이 출현할 수 있었던 것은 큰 힘을 가진 한두 명의 선각자들이 아래층을 지도하고 길을 안내하여 개혁의 분위기를 조성한 후 아래층의 역량을 이용했기 때문이다. 이렇게 해야만 성공할 수 있는 것이다.

리훙장은 이 점을 알지 못했기 때문에 이에 대해서는 고민하지 않았다. 만약 그가 이 점을 인지하고 고민했다면 자신의 지위와 명망을 이용해 위로는 황제의 마음을 움직이고 아울러 모든 관료들을 지휘할 수 있었을 것이며, 아래로는 여론을 조성해 전 국민에게 호소할 수 있었을 것이다. 그러나 애석하게도 리훙장은 그렇게 하지 못했다. 그래서 내가 앞에서 "리훙장의 문제는 바로 불학무술(배운 것이 없고 재주 또한 없다는 것이다.)"이라고 했던 것이다. 이 때문에 그는 시대가 만든 영웅이기는 하지만, 시대를 만든 영웅은 아닌 것이다.

그러나 사건은 환경에 따라 변하고, 사람 또한 시대에 따라 변하게 마련이다. 오늘날을 살아가는 우리들이 이런 이치를 적용해 리훙장을 책망한다면, 리훙장은 분명히 이를 받아들이지 않을 것이라는 걸 나는 안다. "제3자가 비난하는 것은 일을 맡은 당사자들이 일을 처리하기가 얼마나 힘든지 모르기 때문이다."라는 그의 말에서 그의 고통을 어렴풋이 느낄 수 있다. "『춘추春秋』의 법은 항상 현자의 잘못을 두둔하지 않고 바로 쓰는 것이다.春秋地法 責備賢者"라는 말을 인용하면 리훙장은 자신의 책임을 피할 수 없겠지만, 나는 사람들에게 몇 가지 물어보고 싶다. 오늘날 4억 명의 중국인 중에서 맨 먼저 비난할Cast the first stone 자격이 있는 사람이 몇 이나 될까? 비록 내가 리훙장을 비판하고는 있지만, 고지식한 유학자들과 눈앞의 구차한 이득을 차지하려는 선비들이 있기 때문에 리훙장의 잘못에 대해 조금은 너그러울 수 있다. 나는 그들이 나를 따라 리훙장을 함부로 평가하는 것을 절대로 허락하지 않겠다. 정리하여 말하면, 리훙장은 유명한 영웅이라고 할 수 있다. 그러나 그에게 가장 불행한 사실은 이렇게 큰 중국에 그를 따르는 무명의 영웅들이 없었다는 것이다. 이로 인해 그는 비록 여러 가지 일을 시행했지만, 성공하지는 못했다. 나는 그가 받은 대우에 대해 상당한 비통함을 느낀다.

리훙장의 의기양양한 역사는 6장을 끝으로 막을 내리고, 7장부터는 그가 뜻을 이루지 못한 시대의 이야기가 시작된다.

제7장 청일전쟁 시기의 리훙장

군사가로서의 명성이
청일전쟁 패배와 함께 사라지다

청일전쟁은 리훙장이 싸워서 패배한 첫 번째 전쟁이었다. 청일전쟁의 패배로 리훙장은 만신창이가 되었다. 그러나 1894년 9월~10월 이후 곳곳에는 무책임하게 말만 일삼는 문외한들만 있었고, 통일된 명령 체계조차 없었기 때문에 이것을 모두 리훙장 한 사람의 책임으로만 돌릴 수는 없다. 내가 만난 사람들 중에 리훙장을 질책하는 자들 역시 그 책임이 리훙장보다 몇 배나 컸다. 청일전쟁 중에 나라를 욕되게 하지 않은 지휘관은 단 한 명도 없었다. 실패하고 나서야 실패의 원인을 아는 자는 어리석은 자이다. 게다가 실패하고 난 뒤에도 실패 원인을 알지 못하는 자는 송장과도 같다. 그런데 모두가 리훙장 한 사람에게만 죄를 묻고 있으니, 어찌 이럴 수 있단 말인가? 서양 신문의 한 평론가는 이렇게 평했다.

"일본은 중국이 아니라 리훙장 한 사람과 전쟁을 했던 것이다."

리훙장의 첫 번째 실책

중국 유신운동의 시초는 청일전쟁이었다. 리훙장이 그동안 누렸던 명성은 청일전쟁으로 사라졌다. 애석하다! 1893년 리훙장의 70세 생일 즈음 그는 병을 앓았으나 죽지 않았다. 하지만 그 뒤 갑자기 여러 불행한 일들이 연이어 닥쳤다. 그리고 그는 8년 동안이나 치욕스럽고 험난한 시련을 겪고서야 숨을 거두었다. 하늘이여, 인생의 전반부는 그렇게 찬란하더니, 후반부는 어찌 이렇게 가혹할 수 있단 말인가? 나는 여기까지 쓴 뒤, 펜을 내려놓고 긴 한숨을 쉴 수밖에 없었다.

청일전쟁의 발원지는 조선이다. 이 재앙의 근원을 좀 더 찾다보면 리훙장의 외교 처리에 대한 아쉬움을 지적할 수밖에 없다. 조선은 원래 중국의 종속국이었다.[1] 1872년에 일본과 조선 사이에 외교 분쟁이 발생했다.

---

1 저자 량치차오의 표현을 그대로 옮긴 것임을 밝힌다.

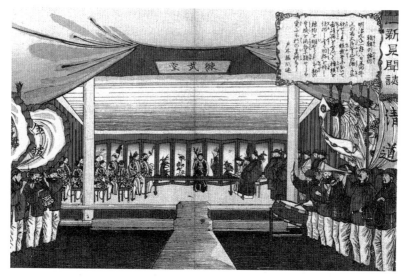

■ 1876년 2월 강화도조약을 체결할 당시의 모습을 묘사한 그림. 강화도조약은 근대 국제법의 토대 위에서 맺은 우리나라 최초의 조약이며, 일본의 강압으로 맺은 불평등조약이다.

일본은 중국으로 외교관을 파견해 교섭을 꾀했다. 원칙대로라면 조선은 중국의 속국이기 때문에, 조선의 외교는 중국이 주관하는 것이 당연했다. 이 역시 국제법에 규정되어 있는 사실이다. 그러나 중국은 논쟁이 일어나는 것을 걱정해 일본에 "조선의 국가 사무에 대해서 중국은 여태껏 간섭하지 않았다. 귀국이 조선과 자유롭게 교섭하도록 하라."라고 회답했다. 일본은 곧바로 조선으로 외교관을 파견했고, 1876년 2월에 조선 국왕과 평화조약을 체결했다.[2] 이 조약의 제1조에는 "조선은 자주국으로 일본과

---

2   1876년(고종 13년) 2월 강화도에서 조선과 일본이 체결한 강화도조약을 말한다. 이 책에서 저자 량치차오는 강화도조약을 평화조약이라고 했지만, 사실 강화도조약은 일본이 군사력을 동원해 강압적으로 체결한 불평등조약이다.

강화도조약

1876년 2월 27일(고종 13년 음력 2월 3일) 조선과 일본 사이에 체결된 통상 조약으로, 조약의 정식 명칭은 조일수호조규朝日修好條規이며, 한일수호조약韓日修好條約 또는 병자수호조약丙子修好條約이라고도 한다. 한일 관계에서 중요한 의의를 갖는 이 조약은 근대 국제법의 토대 위에서 맺은 우리나라 최초의 조약이며, 일본의 강압으로 맺은 불평등조약이다.

일본은 자신들이 도발한 운양호 사건을 트집 잡아 1876년 2월 조선에 군함과 함께 전권대사를 보내 협상을 강요했다. 이에 조선 정부에서도 국제 관계의 대세에 따라 수호통상 관계를 맺기로 하고 신헌申櫶을 강화도에 파견, 일본 사신 구로다 기요타카黑田淸隆와 협상케 한 결과, 두 나라 사이에 수호조약이 맺어졌다.

모두 12개조로 된 이 조약은 "조선은 자주국으로 일본과 동등한 권리를 갖는다."(제1조)라고 했지만, 이는 조선에 대한 청나라의 종주권을 부정함으로써 일본의 조선 침략을 쉽게 하려는 데 그 목적이 있었다. 그 밖에도 부산 · 인천 · 원산항의 개항, 개항장 안의 조계租界 설정, 영사재판권 인정 등의 조항이 명시되어 일본의 정치적 · 경제적 침략의 속셈을 그대로 담고 있다.

강화도조약에 따라 그해 7월 다시 일본과 조일수호조규 부록과 무역장정 (조일통상잠정협약)을 조인, 개항장에서의 일본 거류민 거주 지역 설정, 일본 화폐 유통, 조선 국내에서의 일본 외교관의 여행 자유 등이 허용되었다. 이로써 조선은 세계를 향해 문호를 개방하고 서양의 신문명新文明을 받아들이게 된 반면, 열강의 침략을 불러들이는 운명을 맞게 되었다. 강화도조약의 결과, 수신사修信使 김기수金綺秀가 일본에 파견되었다.

동등한 권리를 갖는다."라고 되어 있다. 이것이 일본과 조선 두 나라 간의 외교의 시작이었다.

이후 1879년부터 영국, 미국, 독일, 프랑스 등이 조선에 통상교섭을 요청하기 시작했다. 이에 크게 놀란 조선 조정은 망설이며 결정을 내리지 못하고 있었다. 이때 리홍장은 조선의 관리 이유원李裕元[3]에게 밀서密書를 보내서 이유원의 주도하에 각국과 조약을 체결하도록 했으며, 이 기회를 빌려 러시아의 침입을 방어하고 일본까지도 견제할 수 있다는 상소를 조선 왕에게 올리도록 했다.

1880년, 주일 청국 공사 허루장何如璋은 총리아문에게 조선의 외교를 주관해달라는 편지를 보냈다. 그리고 중국은 조선에 대신을 보내어 외교를 전담해야만 한다고 말했다. 이에 리홍장은 "암암리에 조선을 보호하는 것은 우리 능력으로 충분히 가능한 일이지만, 만약 공공연하게 조선의 외교를 주관한다면 조선이 우리의 말을 꼭 듣는다는 보장도 없는 데다가, 세계의 모든 창끝이 우리에게 향할지도 모른다. 그렇게 되면 이러지도 저러지도 못하는 상황이 되고 만다."라고 대답했다.

1882년 10월 시독학사侍讀學士 장페이룬張佩綸도 고위급 관리를 조선으로 보내 통상대신의 직책을 맡게 하고, 조선의 외교를 책임지도록 해야 한다는 상소를 올렸다. 하지만 리홍장의 생각은 조금도 변하지 않았다.

---

3 이유원: 1814~1888. 조선 후기의 문신. 『대전회통大典會通』 편찬 총재관을 지냈고, 홍선대원군 실각 후 영의정에 올랐다. 홍선대원군과 반목・대립했고, 세자 책봉 문제의 이면에서 일본과 결탁하여 청나라 정부에 작용했으며, 1875년 주청사奏請使의 정사로 청나라에 가서 리홍장을 방문・회견하고 세자 책봉을 공작했다. 1879년 영의정으로 있으면서 청나라 북양대신 리홍장으로부터 영국, 프랑스, 독일, 미국과 통상수호하여 일본을 견제하고, 러시아를 방지하라는 요지의 서한을 받았다. 1880년 치사하여 봉조하가 되었으나 1881년 그의 개화를 반대하는 유생 신섭의 강력한 상소로 거제도에 유배되었다가 곧 풀려났다. 1882년 전권대신으로서 일본 변리공사 하나부사 요시타다花房義質와 제물포조약에 조인했다.

이는 모두 리훙장이 "종속국은 외교를 할 수 없다."라는 국제법을 분명하게 이해하지 못했기 때문에 벌어진 일들이다. 잠시 동안의 수고를 덜고자 큰 도리를 내세워 사람들을 기만한 것은 정말로 외교상의 큰 잘못이었다. 이후 세계 각국은 조선을 중국의 종속국으로 생각하지 않았다.

1885년 톈진에서 리훙장은 이토 히로부미伊藤博文와 조약을 체결하면서 "만약 앞으로 조선에 사변이 발생해 중국과 일본 두 국가가 파병을 하게 된다면 반드시 서로에게 알려야 한다."고 약속했다. 이로 인해 조선은 마치 중국과 일본이 공동으로 보호하는 국가처럼 되어버렸다. 정말 불가사의한 일이었다. 훗날 양국은 각자 자기 의견만을 고집했고, 분쟁이 끊이지 않았다. 그리하여 마침내 청일전쟁이 발발하게 되었던 것이다. 이 재앙의 발단은 외교적 실수 때문이라고 말할 수 있다. 이것이 리훙장의 첫 번째 큰 실책이었다.

리훙장의 두 번째 실책

1894년 3월, 조선에 동학농민운동이 일어났고 그 위세는 아주 대단했다. 당시 위안스카이[4]는 조선에서 총리교섭통섭대신을 맡고 있었다. 리

---

4 위안스카이: 1859~1916. 중국 청나라 말기의 무관, 군인이며 중화민국 초기의 정치가이다. 청나라 말기부터 신해혁명 직후까지 중국 정치사에서 중요한 인물로, 조선과도 관계가 깊다. 임오군란 이후 조선에 주재하면서 청나라 황제를 대신하여 내정을 간섭하고 일본, 러시아를 견제했다. 청일전쟁 발발 직전 도주해 귀국한 뒤 청나라 군대의 신식 군대화에 큰 역할을 했다. 청일전쟁에 패한 뒤 서양식 군대를 훈련시켜 북양군벌의 기초를 마련하고 탄쓰퉁 등 개혁파를 배반하고 변법운동을 좌절시켰다. 이후 의화단의 난을 진압했으며 신해혁명 때 청나라 조정의 실권을 잡고 임시총통이 되었고, 이어 스스로 황제라 칭했다.

■ 조선 말기 동학농민운동 지도자 전봉준. 조선 고종 31년(1894)에 반봉건·반외세 운동인 동학농민운동을 일으켰다. 이때 조선 조정이 동학교도들의 요구를 수용하는 척하면서 한편으로 청나라에게 원군을 요청하자, 텐진 조약에 근거해 일본도 조선에 군대를 파병했다. 이로 인해 청나라와 일본 사이에 충돌이 발생해 청일전쟁이 발발하게 되었다.

홍장의 심복이었던 그는 리훙장에게 몇 차례 전보를 보내, 동학농민군을 토벌할 병력을 보내줄 것을 요청했다. 또한 조선 국왕에게도 청나라에 병력 지원을 요청하라고 옆에서 부추겼다.

결국 리훙장은 5월 1일에 해군 군함 제원濟遠과 양위揚威를 제물포와 한성으로 파견해 상업을 보호하게 했다. 아울러 즈리 제독 예즈차오葉志超에게 회군 1,500명을 이끌고 충남 아산牙山으로 출동하도록 했다. 그리고 이와 동시에 텐진조약에 따라 일본에 파병 소식을 알렸고, 일본도 즉시 조선으로 군대를 파견했다. 5월 15일이 되자, 조선에 도착한 일본 병력은 5,000명이 넘었다. 이에 크게 놀란 조선 조정은 중국이 먼저 병력을 철수시켜 일본에 본보기가 되어달라고 요청했다. 하지만 중국 정부는 조선의 요청을 받아들이지 않았고, 일본 정부와 동시에 병력을 철수하자고 협상을 벌였다. 당시 동학농민군은 이미 모두 진압된 상태였지만, 일본군은 철수할 생각을 전혀 하지 않았다. 일본은 자신들이 중국과 공동으로 조선 내정에 간섭하고, 조선의 제도를 고치는 데 참여하고자 했다. 그래서 이 일로 중국과 의논을 하게 되었다. 이때 양국이 주고받은 서신과 문건의 언사는 매우 격앙되어 있었는데, 마치 전쟁이 곧 발발할 것 같은 분위기였다.

당시 중국은 '종속국에서 반란이 일어나면 종속국은 겸손한 말로 도움을 요청하고, 종주국은 당연히 반란 평정을 도울 책임이 있다.'라고 생각했다. 따라서 중국이 조선에 파병한 것은 당연한 것이었다. 하지만 일본은 '이미 조선이 자주국이라고 인정한 중국이 오늘날 갑자기 군대를 파견해 자주국을 도와 내란을 평정하겠다는 것은 다른 계획을 가지고 있는 뜻이다. 따라서 일본이 조선에 병력을 파견해 방어하는 것은 당연하다.'라고 생각했다. 양국은 서로 자신들의 의견만을 고집했고, 자신들의 주장에 대한 근거를 찾아내 다른 나라들을 납득시키려고 했다.

하지만 여기에는 미심쩍은 부분이 있었다. 병력을 파견하기 전에 위안스카이는 "동학농민군의 활동이 창궐했으나, 조선 조정은 이를 평정할 능력이 없다."는 전보를 여러 번 보냈고, 조선 국왕이 중국에 병력 지원 요청을 한 것도 위안스카이가 조선 국왕에게 사주한 것이다. 또 5월 1일이 되어서야 병력이 출발했는데, 그렇다면 반란 세력이 평정되었다는 5월 10일의 보고는 어떻게 된 것인가? 당시 중국 군대는 이동 중이었고, 동학농민군 세력과 연락을 할 수도 없었다. 그렇다면 한 가지 분명한 사실은 청나라가 병력을 파견해 조선의 반란 평정을 도와줄 필요가 없었다는 것이다. 도와줄 필요가 없었는데 청나라가 아무런 이유 없이 조선에 병력을 파견했으니, 일본의 입장에서 보면 당연히 의심할 수밖에 없다! 그렇기 때문에 중국이 아무리 일본군의 행동은 사리에 맞지 않다고 말해도 일

■ 1894년 동학농민운동이 발발할 당시 위안스카이는 조선에서 총리교섭통섭대신을 맡고 있었다. 리홍장의 심복이었던 그는 리홍장에게 몇 차례 전보를 보내, 동학농민군을 토벌할 병력을 보내줄 것을 요청하고, 조선 국왕에게도 청나라에 병력 지원을 요청하라고 옆에서 부추겼다.

본이 이 말을 받아들일 수 없었던 것이다. 어떤 사람은 "위안스카이가 이 기회를 틈타 전공戰功을 세우기 위해, 일부러 과장해서 말하고 이유 없이 말썽을 일으켰다."라고 말하기도 한다. 하지만 일본에 기회를 뺏길 줄은 위안스카이도 미처 생각하지 못했던 것이다. 만약 이것이 정말 사실이라면 자신의 사심 때문에 10여 만 국민이 전쟁이라는 참화를 당하게 하고, 몇 천 년을 이어온 국가 체제를 무너지게 한 위안스카이는 절대로 책임을 피할 수 없다. 그러나 위안스카이를 임용하고 위안스카이의 말을 그대로 믿은 사람은 전혀 책임이 없다고 할 수 있을까? 이것이 리홍장의 두 번째 큰 실책이다.

동학농민운동

1894년(고종 31년) 전라도 고부군의 동학접주 전봉준全琫準 등을 지도자로 동학교도와 농민들이 합세해 일으킨 농민운동이다.
기존 조선 양반 관리들의 탐학과 부패에 대한 불만이 쌓이다가 전라도 고부군 군수로 부임된 조병갑의 비리와 남형이 도화선이 되어 일어났다. 부

패 척결과 내정 개혁, 그리고 동학 교조 신원 등의 기치로 일어선 동학농민군 중 일부는 흥선대원군, 이준용 등과도 결탁했다. 전봉준은 대원군을 반신반의하면서도 명성황후와 민씨 세력을 축출하기 위해 대원군과 손을 잡았다. 대원군 역시 명성황후 제거를 위한 무력 집단이 필요했기 때문에 동학농민군과 제휴하게 된다. 동학농민군 중 일부는 탐관오리 처벌과 개혁 외에 대원군의 섭정까지도 거병의 명분으로 삼은 바 있었다.

1차 봉기는 1894년 1월 고부군에서 녹두장군 전봉준을 중심으로 동학의 남접만이 참여했다. 포악한 관리들의 학정에 반기를 든 것으로 반봉건적 성격이 강하다. 동학교도들은 황토현 전투에서 승리한 후 전주성으로 입성했다. 이때 정부는 동학교도들의 요구를 수용하면서 한편으로 청나라에 지원군을 요청했다. 이에 텐진 조약에 근거해 일본도 조선에 군대를 파병했다. 이것은 나중에 청일전쟁의 직접적인 원인이 된다. 동학교도들은 전라도에 행정적 성격의 집강소를 설치하고, 노비 문서를 소각하라, 토지는 평균 분작하라 등 하층민의 입장을 대변하는 내용을 담은 '폐정 개혁안 12조'를 제시했다.

2차 봉기는 조선 내에서 청일전쟁이 발발하자 외세를 몰아내기 위해 동학의 남·북접 모두 참여했다. 그러나 공주 우금치 싸움에서 패배하여 세력이 약화된 후 전봉준 등 지도부들이 체포됨으로써 동학농민운동은 끝이 났다. 2차 봉기는 반외세적 성격이 강하다. 동학농민운동은 실패로 끝났지만, 그들의 주장은 갑오개혁에 반영되는 등 정치·사회적으로 큰 영향을 미쳤다.

초기에는 동학난으로 불리다가 대한제국 멸망 이후 농민운동, 농민혁명으로 격상되었다. 동학농민혁명東學農民革命으로도 불리며, 갑오년에 일어났기 때문에 갑오농민운동甲午農民運動, 갑오농민전쟁甲午農民戰爭이라고도 한다.

리훙장의 세 번째 실책

서로 협조해 조선의 내정에 관여하자는 일본의 건의를 중국은 끝내 수락하지 않았다. 동시에 병력을 철수하자는 중국의 건의를 일본도 끝내 수락하지 않았다. 리훙장과 총리아문은 러시아와 영국이 중재에 나서주길 원했다. 관련 전보는 베이징, 런던, 상트페테르부르크에 여러 차례 전달되었으나, 러시아와 영국은 중재에 전력을 다하지 않았다. 그들은 이번 기회에 어부지리를 바라고 있었다. 이렇게 한동안 시간이 지체되는 동안, 중국은 전쟁 준비를 제대로 하지 못하고 있었다. 5월 하순 이후 조선으로 파견된 일본 군대는 이미 1만 명이 넘었다. 이처럼 병력이나 전쟁 준비 면에서 모두 일본보다 뒤처진 중국은 일본군이 중요한 전략적 요충지를 차지하는 것을 막지 못하고 일본에 주도권을 넘겨주었다. 그결과, 아직 전쟁을 시작하기도 전에 이미 승패가 결정되었다. 이것이 리훙장의 세 번째 큰 실책이다.

청일전쟁의 시작, 풍도해전과 아산전투

세 번의 큰 실책을 보완하기도 전에 전쟁이 시작되었다. 조정의 명령을 받은 리훙장은 6월 20일부터 전쟁 준비에 들어갔다. 총병 웨이루구이衛汝貴에게는 상군 6개 부대를 이끌고 평양에 진주하도록 했고, 제독 마위쿤馬玉崑에게는 의군毅軍 2,000명을 이끌고 의주義州로 진입하도록 했다. 뱃길을 통해 조선으로 이동해 대동강 입구에 상륙할 계획이었다. 또

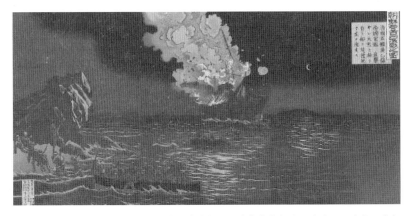

■ 풍도해전. 1894년 7월 25일 새벽, 일본 함대가 풍도 앞바다에서 청군 함대를 공격하고 있다.

예즈차오에게는 부대를 이끌고 평양에 주둔하도록 했다. 이 모든 부대는 회군이었다. 병력 수송을 위해 영국 상선 3척을 빌렸고, 제원濟遠과 광병廣丙 두 군함이 이 상선들을 호위했다.

조선으로 이동하던 7월 25일 새벽, 일본 군함의 공격을 받았다.[5] 제원호를 지휘하던 팡바이렌方伯廉은 적 군함이 가까워지는 것을 보고 두려운 마음에 철갑이 가장 두꺼운 선실에 숨었다. 일본 군함의 포격에 배의 키가 명중하자, 즉시 백기를 높이 걸고 백기 아래 일본 국기를 매달았다. 결국 제원 호는 전장에서 도망쳐 뤼순旅順으로 돌아갔다. 병력을 수송하던 상선인 고승高升 호는 적의 공격을 받고 침몰해 700여 명이 전사했다. 이 사실은 7월 27일 전국에 통보되었다. 주일 공사 왕자오汪鳳藻는 국기를 내

---

5 풍도해전: 1894년 7월 25일 조선의 아산만 입구에 있는 풍도 서남 해역에서 일본군이 청국 함대를 공격하면서 일으킨 해전으로 이를 시발점으로 청일전쟁이 발발했다.

■아산전투는 청일전쟁 초기 풍도해전과 함께 일본군이 벌인 첫 전투로, 성환成歡전투라고도 불린다. 1894년 7월 28일에 충남 천안 외곽의 성환읍에 주둔한 청군을 공격하면서 시작되었다. 다음날 일본군은 아산을 함락했고, 청군은 대패했다.

리고 철수했다. 7월 29일, 아산이 함락되었다.[6] 예즈차오는 부대를 이끌고 평양으로 퇴각했다. 그는 25, 26, 27일 며칠 사이에 벌어진 여러 전투에서 일본군 5,000여 명을 사살했다는 거짓 승전보를 올렸다. 이에 조정은 병사들에게 2만200은을 포상으로 내렸으며, 수십 명의 군관들이 진급했다. 이후로 북양수군과 회군 육군의 명망은 추락하기 시작했다.

5월~6월 동안 일본 군함들이 조선에 집결했다. 드나드는 선박의 모습이 마치 베를 짜는 베틀에서 북이 나드는 것 같았다. 하지만 중국 군함들은 모두 웨이하이웨이威海衛 군항에 숨어 얕은 바다에서만 돌아다녔다. 문제가 있다는 보고가 들어오면 그제야 겨우 보조함을 내보냈다. 군항을

---

6 아산전투: 청일전쟁 초기 풍도해전과 함께 일본군이 벌인 첫 전투로 1894년 7월 28일에 충남 천안 외곽의 성환읍에 주둔한 청군을 공격하면서 시작했으며 성환成歡전투라고도 불린다. 아산에 주둔한 청군은 7월 25일에 있었던 풍도해전에서 지원군을 잃어버려 결국 일본군에 대패했다.

나가서도 30리나 50리 정도 갔다 오는 것이 전부였다. 부득이하게 항구를 나가서도 대여섯 시간 정도 머물다가 재빨리 군항으로 복귀했다. 복귀 뒤에는 즉시 리훙장에게 어떤 군함이 어디까지 항행했으나 일본군의 종적을 발견하지 못했다는 전보를 보냈다. 여러 가지 정황이 우습기도 하고 안타깝기도 했다.

황해해전 패배로 제해권을 상실하다

9월 초, 북양대신 추둬츠處多次에게 조선으로 부대를 파견해 위세를 더해달라는 전선의 보고가 도착했다. 북양 정부는 윤선초상국輪船招商局[7]의 증기선 5척을 빌려 병력과 자금 및 군량을 수송했다. 철갑함과 순양함 각각 6척, 수뢰선 4척으로 편성된 함대가 이들을 호위했다.

9월 15일, 이들은 안전하게 압록강 입구에 도달했다. 병력을 실은 배 5척은 압록강 안으로 들어갔고, 천수淺水용 함선과 수뢰선이 계속 호송했다. 나머지 군함들은 강으로부터 10~16리 떨어진 곳에 정박했다. 보일러 안 석탄의 불이 채 꺼지기도 전인 9월 17일 새벽, 망루에서 남쪽에 나타난 검은 연기들이 보이기 시작했다.[8] 일본 군함이었다. 해군 제독 딩루

---

7 윤선초상국: 1840년 개항 이후 외국인이 중국의 하천과 바다의 항운업을 독점해 운수업을 생계로 하는 내수의 소선박호와 상인을 파산하게 했을 뿐 아니라 청조의 조운漕運이 위기에 빠지자, 이를 해결하기 위해 1872년 리훙장이 중국 상하이에 설립한 중국 최초의 근대적 윤선회사이다.

8 황해해전: 청일전쟁 중 1894년 9월 17일 일본 연합함대와 청나라 북양함대가 맞서 벌였던 해전으로, 이 전투에서 북양함대는 5척의 전함을 잃은 데 비해 연합함대는 전혀 손실을 보지 않았다. 이 전투를 계기로 청일전쟁에서 일본이 주도권을 잡게 되었다.

■ 딩루창은 청일전쟁 당시 세계 8위의 함대라 불리는 북양함대의
제독으로 황해해전에서 일본군과 격전을 벌였으나 12척의 함대 중
5척이 격침되는 패배를 안고 웨이하이웨이로 후퇴했다. 그러나 웨
이하이 전투에서도 일본군에게 대패해 일본군에게 항복한 뒤 리홍장
에게 패배했다는 전보를 보내고 자살했다.

창丁汝昌은 '人(사람 인)' 자 대열로 정렬하라고 명령했다. 진원鎭遠과 정원
定遠 두 철갑함을 '人' 자의 정수리 부분에 배치하고, 정원靖遠,내원來遠,회
원懷遠, 경원經遠, 치원致遠, 제원濟遠, 초용超勇, 양위揚威, 광갑廣甲, 광병廣
丙과 수뢰선들을 '人' 자의 양쪽 날개에 배치했다. 또한 신호기로 압록강
에 있는 전투함들을 모두 불러내어 작전에 협력하라고 명령했다.

　얼마 지나지 않아 일본 군함들이 나타났다. 일본 군함 11척은 '一(한 일)'
자 대열로 정렬해 청나라 군함에 맹렬하게 접근했다. 청나라 순양함보다
속도가 빠른 일본 순양함들이 순식간에 진형을 태극진太極陣으로 바꾸더
니 청나라 군함의 '人' 자 대형을 바깥에서 안으로 감쌌다. 청나라 군함은
일본 군함에 중포重砲 포격을 가했으나, 거리가 9리 이상 떨어져 있었기
때문에 당연히 명중시키지 못했다. 포성이 그치기도 전에 일본 군함들이
벌떼처럼 쇄도했다. 일본군은 정원과 진원의 중장갑과 중포를 두려워하
여 함포의 사정거리 6여 리 안으로는 함부로 들어오지 않았다. 하지만 청
나라 군함들은 일본 함포의 사정거리 안에 들어가 있었다. '人' 자 대형의
꼬리 부분에 배치된 군함 2척은 일본군과 비교적 가까웠고, 소형인 데다

■치원 호의 함장 덩스창은 일본 군함을 향해 돌진해 함께 침몰하려
다가 실패하고 장렬히 전사했다.

가 장갑이 비교적 얇았다. 이 때문에 일본군은 '人' 자 대형의 발 부분부
터 깊이 치고 들어왔고, 치원, 경원, 제원, 이 3척이 '人' 자 대열에서 벗어
나게 되었다. 함대의 대열에서 벗어난 치원 호는 선체가 심하게 손상되
어 침몰하기 직전이었다. 치원 호의 함장 덩스창鄧世昌은 전속력으로 일
본 군함을 향해 돌진하여, 일본 군함에 충돌해 함께 침몰하려고 했다. 그
러나 치원 호가 일본군함과 충돌하기 전에 침몰해버림으로써 덩스창의
시도는 실패했다. 그는 배에 타고 있던 수병 350명과 함께 전사했다. 청
일전쟁 중 가장 장렬히 전사한 희생자는 바로 덩스창이었다.

이와 동시에 함대의 대형에서 벗어난 경원 호는 큰 화재가 발생했다.
함장 린융성林永升은 일사분란하게 지휘하여 일본 군함에 포격을 가하면
서 동시에 물로 불을 껐다. 손상을 입은 것처럼 보이는 일본 군함 1대를
발견한 경원 호는 즉시 전속력을 내어 추격했지만, 오히려 적의 어뢰 공
격을 받았고, 피할 겨를도 없이 피격되어 선체가 둘로 갈라졌다. 참혹하
게도 이로 인해 전사자가 270명에 달했다.

제원 호의 함장 팡바이롄은 7월에 고승高升 호를 아산까지 호송하다가

■ 황해해전은 1894년 9월 17일 청일전쟁 중기에 일본 해군 연합함대와 청나라 북양함대 사이에 벌어진 해전으로, 압록강해전으로도 불린다. 근대적인 장갑함이 실전에 투입된 최초의 전투로 알려져 있으며, 이 해전의 결과 청나라 해군은 큰 손실을 입고 제해권을 상실하여 무력화된다.

중간에 일본 군함을 만나 뤼순으로 도망쳤던 인물이다. 이날도 그는 양국 함대가 서로 교전을 시작하자마자 자신의 배가 심하게 손상되었다는 것을 알리는 깃발을 내걸고는 함대 사령관에게 이를 보고했다. 그는 도주할 생각으로 재빨리 빠져나와 일본 함대의 사정거리에서 벗어났다. 팡바이롄은 일본군에 맞서 고전하고 있던 치원과 경원은 생각지도 않고 마치 상갓집 개처럼 정신없이 달아나는 도중에 얕은 물에 잘못 빠져서 좌초되어 있던 양위를 들이받았다. 양위는 큰 구멍이 나 침몰했다. 생각지도 못한 이 재앙으로 양위가 침몰하면서 양위에 타고 있던 150여 명이 전사했다. 몹시 놀란 팡바이롄은 두려움에 떨며 뤼순커우旅順口로 도주했다. 이튿날, 리훙장은 전시군법에 따라 팡바이롄을 체포했다.

광갑 호도 팡바이롄처럼 자신의 목숨만 아끼고 죽는 것을 두려워해 전장 밖으로 도망쳤다. 광갑 호가 손상을 입은 상태였는지 아닌지는 알 수 없다. 하지만 광갑 호는 자신의 뒤를 쫓는 일본 군함이 있는지에만 신경을 쓰다가 앞을 제대로 확인하지 못하고 암초에 부딪쳤고, 결국 일본 군함의 어뢰 공격으로 침몰했다. 경원, 치원, 양위, 초용이 전투 중에 침몰했다. 도망간 제원 호와 광갑 호를 제외한 군함 7척만이 일본군과 격전을 벌였다. 이 전투에서 일본 군함도 크고 작은 손상을 입었으나, 실제로 침몰한 배는 단 1척도 없었다. 그러나 중국은 5척의 군함을 잃었다.

평양전투, 청나라 해군에 이어 육군도 패하다

해군이 압록강 하구 대동구大東溝에서 전멸함과 동시에 육군도 평양에서 패전했다. 평양은 조선의 중요한 진鎭이다. 서쪽, 남쪽, 동쪽 삼면이 모두 큰 강으로 둘러싸여 있고, 북쪽은 높고 가파른 산봉우리가 있다. 성벽은 절벽과 아주 가까이에 있고, 큰 강이 성 동쪽에서 남쪽을 돌아 서쪽으로 흐르고 있다. 서북쪽은 산과 물이 없는 평지로 곧바로 의주까지 도달할 수 있는 전략적 요충지이다. 예즈차오, 니에구이린聶桂林, 평성아豊升阿, 쭤빠오구이左寶貴, 웨이루구이, 마위쿤, 이 6명의 장수들은 모두 리훙장의 부하로 30~40개 부대를 이끌고 8월 중순 평양에 도착했다. 충남 아산으로 출발할 당시 네스청聶士成은 "일본군이 조선에 아직 진입하지 못한 때를 틈타 먼저 대군을 파견해 압록강을 건너 신속하게 평양을 점령하고 해군 함대로 제물포 항을 지키면 일본 군함이 꼼짝 못할 것입니다. 일단 일본군을 견제한 후 평양의 대군으로 남쪽의 적을 공격해야

■ 평양전투는 청일전쟁 당시 1894년 9월 15일 일본군과 청군이 치른 두 번째 주요 전투이다. 9월 15일 아침 일본군은 3방향에서 평양성을 공격하여 북부와 남동쪽 지역을 돌파해 모란대를 점령했다. 후면에서 예기치 않은 공격으로 청군은 대패해 을밀대에서 항복했으며, 9월 16일 일본군은 평양에 입성했다.

만 합니다."라고 건의했다. 하지만 리훙장은 이 건의를 받아들이지 않았다. 7월 29일 아산에서 패하자, 녜스청의 계책 역시 물거품이 되었다.

일본군은 뜨거운 여름날 조선에 들어왔다. 길이 매우 험해 행군하기가 무척 힘들었다. 또 길에서 만난 촌락들은 빈곤해 양식을 구할 수도 없었다. 반면, 조선인은 줄곧 중국을 두려워했기 때문에 중국군이 도착한 곳에서는 물자 공급이 부족하지 않았다. 일본군을 대할 때와는 완전히 딴판이었다. 이 때문에 일본군이 평양을 공격할 때, 건량乾糧 이외에는 먹을 것이 아무것도 없었다. 소금 한 수저도 며칠씩 나눠 먹어야만 했다. 이렇게 일본군이 상황이 좋지 않고 지쳤을 때를 틈타 군대를 파견해 정면 공격을 했더라면 분명히 승리했을 것이다.

그러나 안타깝게도 중국군은 그렇게 하지 않았다. 대신 주인이 손님을 대하듯 여유를 부렸고, 힘을 비축한 후 적과 맞서는 전략을 채택했다. 평양의 견고한 요새에 의지해 적군을 막아낼 수 있다고 생각했던 것이다. 이것이 가장 큰 과오였다. 리훙장이 8월 14일 하달한 명령에는 방어와 수비 관련 내용뿐이었고, 공격 계획은 전혀 없었다. 청일전쟁은 이렇게 잘못된 명령으로 인해 더욱 악화되었다.

당시 리훙장의 부대 배치 계획에 따라, 마위쿤은 의군 4개 부대를 이끌고 강 동쪽으로 건너가 앞뒤에서 적을 몰아칠 수 있는 양면 작전 형세를 취했다. 웨이루구이와 펑성아의 18개 부대는 성城의 남쪽 강가에 주둔했다. 쭤빠오구이의 6개 부대는 북산성北山城을 방어했다. 예즈차오와 니에구이린 두 장수는 평양성 안에 있었다. 9월 12, 13, 14일 며칠 동안 일본군은 평양 부근에 집결을 완료했다.

몇 차례 소규모 전투가 있었으나, 양측 모두 큰 피해는 없었다. 9월 15일 저녁 일본군은 공격 계획을 결정했다. "우익 부대가 대동강 왼쪽 기슭의 다리 근처에 있는 포대를 공격해 함락시킨 후 강을 건너 평양성의 정면을 공격하고, 사단장이 이끄는 중앙 부대가 그 후방에서 지원한다. 좌익 부대는 양각도羊角島 아래에서 대동강을 건너 중국군 우익을 공격한다."는 것이었다.

9월 16일, 대동강 강변에서 일본군과 마위쿤 부대의 격렬한 전투가 벌어졌다. 일본군은 많은 사상자가 발생했으나, 마침내 포대를 점령했다. 당시 쭤빠오구이는 퇴각해 모란대牡丹臺를 지키고 있었는데, 7연발 마우저 소총Mauser rifle과 속사포를 보유하고 있었다. 전투는 상당히 치열했다. 일본군은 신식 대포를 계속 발사했다. 일본군의 포격으로 쭤빠오구이가 전사하자, 부대는 즉시 혼란에 빠졌다. 오후 4시 30분, 예즈차오는 급히 백기를 걸고 일본군에게 휴전을 요구했다. 그날 저녁, 전 부대는 계속 퇴각했다. 하지만 의주와 증산甑山으로 가는 퇴로를 일본군에게 차단당해 2,000여 명이 전사하고 일본군에게 평양을 함락당했다.[9]

청일전쟁 패배 이유

리훙장이 20여 년간 훈련시키고 강하다고 자랑했던 부대들은 청일전쟁 동안 철저하게 박살났다. 외국인들은 중국 군대의 기강이 해이해진 것을 이미 오래전부터 알고 있었다. 회군, 봉군奉軍, 정정연군正定練軍 등은 리훙장이 심혈을 기울여 줄곧 서양식으로 훈련시킨 군대들이었다. 그래서 일본도 그 명성에 겁을 먹고 이 부대들을 상당히 두려워했다. 심지어 싸워서 이긴 뒤에도 일본군 장수들은 자신들이 상대한 군대가 진짜 회군이 아닐 것이라고 말했다.

회군이 전투에서 패배한 이유 중 하나는 지휘관이 어리석고 자신의 임무에 소홀했기 때문이다. 그중 가장 심한 자는 웨이루구이였다. 그는 군량을 가로채고 전장에서 도망쳤다. 또 예즈차오는 거짓 승전 보고를 올려 황제로부터 포상을 받았다. 이러한 지휘관들을 전선에 배치했으니 패배하는 것은 당연했다.

또 다른 패배 이유는 같은 관직과 권한을 가진 사령관이 6명이었다는

9　평양전투: 청일전쟁 당시 1894년 9월 15일 일본군과 청군이 치른 두 번째 주요 전투로, 일본군이 승리함에 따라 한반도 내의 모든 청군 세력이 소멸하게 되었다. 9월 15일 아침 일본군이 3방향에서 평양성을 공격하고, 북부와 남동쪽 지역을 돌파해 모란대를 점령했다. 후면에서 예기치 않은 일본군의 공격을 받은 청군은 내패해 을밀대에서 항복했다. 9월 16일 일본군은 평양성에 입성했다. 그러나 일본군은 폭우로 인해 공격을 연기했고 그사이 생존한 청군 수비대는 압록강 하류 의주로 탈출했다.

것이다. 총사령관이 없었기 때문에 부대의 규율이 흐트러져서 협동작전을 펼칠 수 없었다. 이 전쟁은 리훙장이 싸워서 패배한 첫 번째 전쟁이었다. 이후로 회군의 명성과 명예는 빛을 잃었다.

오랫동안 훈련받은 숙련된 병력조차도 이러했으니, 급하게 모집한 병력이 전술에 익숙지 않고 장비도 잘 다루지 못한 것은 당연했다. 평양에서 패전한 이후 날이 갈수록 전쟁에 대한 여러 가지 말들이 많이 나돌았다. 마땅히 짊어져야 하는 군사적 책임이 리훙장 한 사람에게만 있지 않았다. 하지만 여기서 그것을 자세하게 서술하지는 않겠다. 여기서는 주요 부대의 지휘 장수만 열거하겠다.

주요 부대의 지휘 장수

이커당아 依克唐阿	펑톈 장군 奉天將軍	만저우 기마부대 滿洲馬隊	1894년 8월 흠차대신으로 파견
쑹칭 宋慶	제독 提督	신모군 新募軍	1894년 12월 전선의 전全 부대 총지휘를 위해 파견
우다웨이 吳大澂	후난 순무 湖南巡撫	상군 湘軍	1894년 12월 군무를 도와 처 리하는 대신大臣으로 파견
류쿤이 劉坤一	량장 총독 兩江總督	상군 湘軍	1894년 12월 흠차대신으로 파견

후속 참전 부대:

· 자희태후慈禧太后의 남동생인 승은공承恩公 꾸이샹桂祥, 부도통副都統
　슈지秀耆의 신기영神機營 기마병

· 안찰사按察使 첸시陳湜, 포정사 웨이광서우魏光壽, 도원 리광주李光久,

총병 류수위안劉樹元, 편수編修 청광쥔曾廣鈞, 총병 위후언餘虎恩, 제독
슝테성熊鐵生 등이 이끄는 상군

· 안찰사 저우푸周馥, 제독 쭝더성宗德生 등의 회군
· 부장 우위안카이吳元愷의 악군鄂軍
· 제독 펑쯔차이馮子材의 월용粤勇
· 제독 쑤위안춘蘇元春의 계용桂勇
· 군왕郡王 하미哈咪가 이끄는 회병回兵
· 제독 산뎬쿠이閃殿魁가 새로 모집한 경병京兵
· 제독 딩화이丁槐가 이끄는 묘병苗兵
· 시랑 왕원진王文錦, 제독 차오커중曹克忠이 명을 받들어 훈련시킨 진승
  군津勝軍
· 어느 몽고 관원이 통솔한 몽고군

　전쟁 기간 중 이 부대들은 어떤 때는 리훙장의 지휘를 받았고, 어떤 때
는 이커당아의 지휘를 받았고, 어떤 때는 쑹칭의 지휘를 받았고, 어떤 때
는 우다웨이吳大澂 의 지휘를 받았고, 어떤 때는 류쿤의 지휘를 받았다.
이처럼 이들은 고정된 소속이 없었고, 통일된 규칙도 없었다. 전문가들은
그들이 전쟁에서 이길 수 없다는 것을 알고 있었다. 주롄청九連城, 펑황
청鳳凰城, 진저우, 다롄 만大連灣, 슈옌岫巖, 하이청海城, 뤼순커우旅順口, 가
이핑蓋平, 잉커우營口, 덩저우登州, 룽청榮成, 웨이하이웨이, 류궁다오劉公
島가 점령되었다. 해군 제독 딩루창은 북양함대의 남아 있는 군함을 이끌
고 일본군에게 항복했다. 이로써 중국의 수비 함대는 전부 괴멸되었다.
여기에 리훙장이 평생 심혈을 기울여 경영했던 해군을 다시 표로 정리하

여 막다른 길에 다다른 상황을 전하고자 한다.

경원經遠	철갑함	침몰	황해黃海
치원致遠	철갑함	침몰	황해
초용超勇	철갑함	침몰	황해
양위揚威	철갑함	화재	황해
첩순捷順	수뢰함	버림	다롄 만大連灣
실명失名	수뢰함	침몰	뤼순커우旅順口 바깥
조강操江	목선(포함)	버림	풍도豊島 내
내원來遠	철갑함	침몰	웨이하이웨이威海衛
위원威遠	연습함	침몰	웨이하이웨이
복룡福龍	수뢰함	버림	류궁다오劉公島 바깥
정원靖遠	철갑함	침몰	류궁다오 바깥
정원定遠	철갑함	투항	류궁다오 바깥
진원鎭遠	철갑함	투항	류궁다오 바깥
평원平遠	철갑함	투항	류궁다오 바깥
제원濟遠	철갑함	투항	류궁다오 바깥
위원威遠	목선	투항	류궁다오 바깥

나머지는 강제康濟와 미운湄雲 등 목재로 만든 작은 군함과 진북鎭北, 진변鎭邊, 진서鎭西, 진중鎭中 등의 문자선蚊子船 4척, 그리고 수뢰선 5척과 포함砲艦 3척이 있었다. 류궁다오 만에 있던 일부 손상을 입었거나 손상되지 않은 크고 작은 군함 23척이 일본군의 수중에 넘어갔다. 그중에 광둥 수군의 광갑, 광병, 광을廣乙, 이 3척은 침몰하거나 투항했다. 그 후 수천 리에 달하는 중국 바다에서 중국 해군의 군함은 다시는 항해하지 못했다.

북양함대

청조 말기 중국의 현대화된 해군으로, 1871년 북양대신 리훙장의 지원으로 건립되었다. 북양함대는 1894년 청일전쟁이 발발하기 전까지 극동아시아에서 가장 강력한 해군 함대였다.

원래 북양함대는 중국 내에서도 가장 약한 전력을 보유한 함대였으나, 리훙장이 새로 북양함대를 건설하면서 막대한 재원을 쏟아부어 거의 모든 재료를 독일과 영국에서 수입해 제작했다. 청나라의 함대는 이 시기 78대의 함선, 총 배수량 8만3,900톤의 함정을 건설했다.

그러나 서태후가 함대 건설에 관심을 더 이상 보이지 않자, 재정 지원은 급격히 줄어들었고 함대 훈련과 보강이 이루어지지 않아 함대의 군사력이 급격히 떨어졌다. 그 결과 청일전쟁 때 황해해전에서 일본 연합함대에 대패해 거의 괴멸당하고 말았다.

■ 웨이하이웨이에 정박해 있는 북양함대. 1894년 청일전쟁이 발발하기 전까지 극동아시아에서 가장 강력한 해군 함대였던 북양함대는 황해해전에서 일본 연합함대에 대패해 괴멸당했다.

리훙장의 열두 가지 책임

청일전쟁 당시 비난 여론의 중심에 있던 리훙장은 만신신창이가 되었다. 세상 모든 사람이 그를 죽이고 싶어 했다. 냉정하게 말하면, 리훙장에게는 남에게 떠넘길 수 없는 확실한 책임이 있었다.

처음에 그는 국제법을 이해하지 못해, 조선이 여러 나라와 조약을 체결하도록 잘못 권했다. 이것이 그의 첫 번째 책임이다.

일단 조약이 체결되었으면 조선의 자주독립을 묵인했어야 하는데, 군대를 파견해 조선의 내란에 간섭했다. 이것이 그의 두 번째 책임이다.

일본이 후퇴하지 않겠다며 전의戰意를 보였는데도 먼저 기선을 잡지 못하고 다른 나라의 중재에 의지할 생각만 하며 시간을 지체했다. 이것이 세 번째 책임이다.

네스청이 일본군이 아직 집결하지 못한 틈을 타 군사를 파견해 곧바로 한성을 공격하여 일본군을 쳐부수자고 건의했는데도 그것을 받아들이지 않고 묵살했다. 이것이 그의 네 번째 책임이다.

고승 호 사건이 아직 발생하기 전에 딩루창이 북양함대로 일본 군함을 전멸시키자고 건의했으나, 그 의견 역시 묵살했기 때문에 주도권을 장악한 일본 해군은 갈수록 강대해지고 우리 군은 갈수록 위태로워지는 지경에 이르렀다. 그 원인은 우리 중국이 전쟁 도발을 원치 않았고, 외교적 수단으로만 대응하려고 했기 때문이다. 1894년 5월~6월에 이미 중국과 일본은 더 이상 우방국이 아니라 적대국이 되었다. 하지만 리훙장은 이것을 깨닫지 못하고 우호적인 외교 책략으로 전쟁을 해결하려 했다. 이것이 그의 다섯 번째 책임이다.

만약 리훙장이 "일본을 대적하기에는 우리 병력이 부족했기 때문에 양보하는 척할 수밖에 없었다."라고 해명하고자 한다면, 리훙장이 북양대신으로 역임하면서 20년 동안 훈련시킨 군대는 어째서 한 번도 제대로 싸워보지 못했단 말인가? 이것이 그의 여섯 번째 책임이다.

만약 리훙장이 "정부가 방해를 했고, 군비도 부족했다."라고 해명하고, 병력을 확충하지 못한 것이 문제였다면, 어째서 예즈차오와 웨이루구이 등이 오랫동안 훈련시킨 부대조차도 그렇게 나약했는가? 게다가 부대의 군기도 문란해져 군량을 빼돌리고, 민간을 약탈하는 일이 수시로 발생했다. 이것이 그의 일곱 번째 책임이다.

총은 망가졌고, 탄환은 가짜였고, 심지어 총과 탄환이 맞지도 않았다. 화약과 총이 동시에 보급되지도 않았다. 이전에 군기국軍械局을 관리하던 사람들 모두가 청렴했다고 말한다면, 누가 이 말을 믿을 수 있겠는가? 이것이 그의 여덟 번째 책임이다.

평양전투에서는 부대를 책임질 지휘관이 없었다. 이것은 병가兵家에서 가장 금하는 사항인데, 뜻밖에도 리훙장은 이 금기를 위반했다. 이것이 그의 아홉 번째 책임이다.

리훙장은 호랑이를 두려워하듯 적군을 두려워하여 시종일관 적군의 공격만 기다릴 뿐, 적군을 제압하러 먼저 나서지 않았다. 이것이 그의 열 번째 책임이다.

어이없게도 해군은 쾌선快船과 속사포를 사용할 줄 몰랐다. 이것이 그의 열한 번째 책임이다.

뤼순 요새는 식량만 충분하다면 수백 명의 병력으로도 적의 공격을 3년 이상 막아낼 수 있는 곳이라고 서양인들은 말했다. 하지만 바람 소리만 들고도 무서워하는 야무지지 못한 겁쟁이 심복에게 요새의 수비를 맡긴 결과, 지레 겁부터 먹고 도망쳐버렸다. 이것이 그의 열두 번째 책임이다.

"일본은 중국이 아니라
리훙장 한 사람과 전쟁을 한 것이다"

이것들이 전부 리훙장의 책임이다. 그러나 1894년 9월~10월 이후 곳곳에는 무책임하게 말만 일삼는 문외한들만 있었고, 통일된 명령 체계조차 없었기 때문에 이것을 모두 한 사람의 책임으로만 돌릴 수는 없다. 만약 이 모든 잘못을 리훙장 한 사람의 책임으로 돌린다면, 리훙장은 이를 받아들일 수 없을 것이다.

어디 받아들일 수 없는 정도뿐이겠는가? 내가 만난 사람들 중에 리훙장을 질책하는 자들 역시 그 책임이 리훙장보다 몇 배나 컸다. 청일전쟁 중에 나라를 욕되게 하지 않은 지휘관은 단 한 명도 없었다는 것은 더 이상 말할 필요조차 없다. 그러나 굳이 차이점을 말하자면, 해군의 전략은 육군보다 나았으나, 리훙장이 이끈 육군은 다른 지역의 육군보다 훨씬 강했다. 대동구 해전에서 두 나라 군대는 5시간 동안 서로 격렬하게 싸웠다. 관전하던 서양인도 입을 모아 칭찬했다. 물론 그중에는 팡바이롄처럼 비겁한 자도 있었다.(어느 해군의 말에 따르면, 팡바이롄이 화재를 진압해 배를 보존하려고 했다고 한다.) 하지만 그를 제외한 다른 군함들은 치열한 격전을 치렀고, 적군마저도 이들의 전투력에 감탄했다고 한다.

청일전쟁에서 중국 해군은 일본 해군의 적수가 되었지만, 중국 육군은 일본 육군의 적수가 되지 못했다. 류궁다오 전투 당시, 청군은 탄약과 군량이 다 떨어지도록 싸웠으나 원군은 오지 않았다. 결국 어떤 이는 목숨을 부지하기 위해 일본군에 투항했고, 어떤 이는 장렬히 순국하여 기개를 지켰다. 어쩌면 둘 다 나라를 위해 싸우다가 전사했다고 할 수 있을지 모른다. 그러나 덩스창, 린타이청林泰曾, 딩루창, 류부찬劉步蟾, 장원쉬안張文宣 등은 비록 그들이 전사한 장소는 달랐지만 모두 남아의 기개를 지킨 인물들로, 보는 사람도 그들의 비장함이 느껴질 정도이다. 이들은 모두 북양해군에서 중요한 인물들이었다. 그런데 해군을 어떻게 아무런 수치심도 없는 육군과 비교할 수 있겠는가?

육군은 정말 비난하지 않을 수가 없다. 그러나 평양전투 당시 리훙장의 부하였던 쭤빠오구이와 마위쿤은 이틀 동안 격전을 벌였고 일본의 사상자는 중국과 비슷했다. 이 둘은 리훙장의 부하였다. 일본의 사상자 수도 중국과 비슷했다. 훗날 진저우金州, 하이청, 평황청 등의 지역에서 일본군과 격전이 벌어졌다. 비록 승리하지는 못했지만, 최선을 다했다. 이 전투를 지휘한 쑹칭도 리훙장의 옛 부하였다. 물론 예즈차오, 위여기, 황스린黄仕林, 자오화이예趙懷業, 궁자오위龔照瑗의 과오를 메우기엔 부족했다. 하지만 적군에게 투항을 권유하는 포고문을 보낸 뒤 전투를 기다리지 못하고 무리하게 행동해 바로 전군이 무너져버린 우다웨이와 비교하면 어떠한가? 출전하라는 명을 받고도 곧바로 전선으로 나가지 않고 몇 달을 기다리던 류쿤이와 비교하면 어떠한가? 그래서 중국 군대 전부가 부패했다고 말하는 것은 괜찮다. 그러나 단지 책임을 리훙장의 회군에게만 돌리는 것은 말이 안 된다.

당시 조정은 위선적이고 난폭한 기세가 팽배했고, 리훙장을 죽이기만

■ 청일전쟁은 리훙장이 싸워서 패배한 첫 번째 전쟁이었다. 청일전쟁의 패배로 리훙장은 만신창이가 되었다. 서양 신문의 한 평론가는 일본이 중국과 전쟁을 한 것이 아니라, 실제로 리훙장 한 사람과 전쟁을 한 것이라고 논평했다.

하면 모든 상황이 수습되리라고 여겼다. 그렇게 남을 삿대질하며 함부로 지껄이는 고위 관료들의 영향력은 매우 컸다. 특히 후난 사람들이 판을 치고 있던 고위 관료들은 새로 상군을 투입하는 전략을 도입했다. 하지만 결과는 회군만도 못했다. 아, 그렇게 말한 사람들은 마땅히 부끄러워해야만 한다. 내가 이런 말을 하는 것은 회군과 리훙장을 변호하기 위한 것이 절대 아니다. 청일전쟁의 결과를 놓고 볼 때 나는 리훙장과 회군을 조금도 용서할 마음이 없다. 그러나 나는 위선적이고 난폭하며 제멋대로 날뛰는 자들이 더 싫다. 그들은 일말의 책임감도 느끼지 못한 채 다른 사람 뒤에 숨어 헐뜯기만 했지, 오늘날에 이르도록 개선할 방법을 생각한 적도 없다. 이들이 실제로 나라를 망하게 한 자들이다. 리훙장은 비난받아 마땅하지만, 이런 자들은 리훙장을 비난할 자격조차 없다.

리훙장은 청일전쟁에서 수많은 실수를 저질렀다. 그러나 설령 그가 실수를 하지 않았더라도 운이 좋아 승리하는 경우는 없었을 것이다. 19세기 후반 이래로 국가 간의 전쟁에서 승패는 이미 개전 이전에 결정되었다. 왜 그럴까? 세계가 문명사회에 가까워질수록, 강한 자는 번성하고 약한 자는 쇠멸하는 이치가 더욱 분명해졌기 때문이다. 실력을 갖춘 자가 승리를 거둔다는 원칙은 바꿀 수가 없다. 정치, 학문, 상업 모두 다 그러하다. 전쟁은 단지 하나의 측면에 불과했다. 일본군은 최근 30년 동안 심혈을 기울여 군대를 육성했고, 천황과 신하들이 모두 한마음이 되었다. 이러한 신념에 따라 명령에 복종하고 희생을 두려워하지 않는 잘 훈련된 정예부대가 중국과 필사적으로 싸웠다. 만약 자신감이 없었다면 어떻게 그렇게까지 싸울 수 있었겠는가? 실패하고 나서야 실패의 원인을 아는 자는 어리석은 자이다. 게다가 실패하고 난 뒤에도 실패 원인을 알지 못하는 자는 송장과도 같다. 그런데 모두가 리훙장 한 사람에게만 죄를 묻고 있으니, 어찌 이럴 수 있단 말인가?

서양 신문의 한 평론가는 다음과 같이 평했다.

"일본은 결코 중국과 전쟁을 한 것이 아니다. 실제로는 리훙장 한 사람과 전쟁을 한 것이다."

이 말은 약간 과장된 감이 없지 않지만, 실제 상황에 가까운 말이다. 각 성省의 봉강대리는 나타나지도 않은 채 그저 자신의 성과 땅을 지키고만 있었다. 이 전쟁을 마치 즈리 성과 만저우 성의 사적인 일로만 여기고 있었던 것이다. 그들 중에서 돈을 한 푼이라도 내거나, 군사를 한 명이라도 보내 도와준 곳이 있었는가? 설령 있었더라도 이 또한 아무 의미가 없었을 것이다. 이와 관련해 우스운 얘기가 하나 있다. 류궁다오에서 함대가 투항할 때, 일부 사람들이 일본군에 편지를 보내 광병 호를 되돌려줄 것을 요청했다. 그 편지에는 그 배는 광둥 수군 소속의 배로, 광둥 지역은 청일전쟁과 아무런 관계가 없다고 적혀 있었다. 이 얘기를 들은 각국의 인사들은 모두 다 비웃었다. 그러나 각국 인사들이 모르는 것이 하나 있다면, 그것은 바로 이 말이 봉강대리들의 진짜 생각을 대변하고 있다는 것이다. 상황이 정말 이러했다면, 일본은 바로 리훙장 한 사람과 전쟁을 했던 것이다. 한 사람의 힘으로 하나의 국가에 대항하다니……. 리훙장이여, 리훙장이여, 당신은 비록 지긴 했지만 그래도 분명한 호걸임에 틀림없다!

청일전쟁을 계기로 군사가로서 리훙장의 명예와 명성은 끝이 났다. 이제 외교에서도 새로운 시련이 그를 기다리고 있었다.

제8장 외교가 리훙장 상上

굴욕적인 톈진조약과 마관조약을 체결하다

리훙장은 일본 세모노세키에서 제3차 강화회담을 마치고 숙소로 돌아오는 도중 괴한의 총격을 받았다. 탄알이 왼쪽 광대뼈 아래를 뚫고 들어가 왼쪽 눈 밑에 깊이 박혀서 하마터면 목숨을 잃을 뻔했다. 그 다음날, 어떤 이는 리훙장의 피투성이 옷을 보고 "이것은 나라를 지키기 위해 흘린 피다."라고 말했다. 리훙장은 눈물을 흘리며 "만약 내가 죽어 나라에 득이 된다면 나는 기꺼이 죽을 수 있다."라고 말했다. 그의 충성심과 기개에 사람들은 존경심을 표했다. 리훙장은 강화회담에 대해서는 어떠한 공적도 잘못도 없다. 단지 외교적 능력을 발휘할 수 있는 기회가 없었던 것뿐이다.

톈진 교안, 리훙장이 처리한 첫 번째 외교 사건

리훙장은 외교 덕분에 외국에서 명망이 높았다. 하지만 중국에서는 외교 때문에 큰 비난을 받았다. 리훙장은 생애의 반을 외교가로서 보냈다. 그의 공적과 잘못을 단정 짓기 위해서 가장 중요하게 살펴봐야 하는 것이 바로 외교 문제이다. 그래서 나는 이 문제에 있어서 더욱 조심스럽다.

리훙장이 처리한 첫 번째 외교 사건은 톈진 교안天津教案[1]이다. 태평천국과 염군 평정이 끝나고 국내에 걱정거리가 없는 상황에서 톈진 백성들이 이유 없이 전도사를 죽이고 프랑스 영사관을 불태우는 사건이 발생했다(1870년, 동치 9년). 프랑스는 이것을 빌미로 영국 및 미국과 연합해 중

---

1 톈진 교안: 교안教案이란 청나라에서 일어난 아편전쟁 이후 중국 각지에서 일어난 반기독교운동을 말한다. 구교운동仇教運動 혹은 반교운동反教運動이라고도 부른다. 애로 호 사건 이후, 그리스도교가 공인되어 각국의 선교사들이 중국 오지로 들어가 포교했다. 그 신자들은 유교를 부정하고 전통적인 중국 봉건사회 안에서 이질적인 집단을 형성했다. 그로 인해 각지의 향신鄉紳과 회당會黨(비밀결사) 등이 선교사와 신자들을 박해하고 교회를 불태우는 등 분쟁이 잇따라 일어났다. 이러한 사건이 일어날 때마다 서양 열강이 항의하며 터무니없는 요구를 함으로써 민중의 분노를 사서 끝내는 의화단 사건으로까지 발전했다. 톈진 교안, 양쯔 강 연안 일대의 교안 등이 특히 유명하다.

국 정부를 압박하며 지나친 요구를 해왔다. 즈리 총독을 맡고 있던 쩡궈판은 상세하게 조사한 결과 중국에 잘못이 있음을 알게 되었다.

그러나 세계 각국은 이 사건을 자신들이 이익을 챙길 수 있는 기회로 생각하고 절대로 그냥 넘어가려고 하지 않았다. 결국 사건의 진실은 더욱 왜곡되었고, 프랑스는 톈진 백성들을 무력으로 진압했다. 8명에게는 사형을 집행했고, 20여 명에게는 그 죄를 물어 처벌했다. 그러나 프랑스는 이것에 만족하지 못하고 거액의 배상금을 요구했다. 또한 톈진의 책임 관리인 지부知府와 지현知縣을 엄중히 처벌하라고 주장했다. 쩡궈판은 이미 서양인을 상대하는 일에 매우 지쳐 있었고, 게다가 안으로는 베이징의 완고당頑固黨으로부터 매국노라는 비난을 받고 있었다(이때 베이징 후광후 이관湖廣縣館에 있던 쩡궈판이 쓴 편액扁額이 불태워 없어졌다). 그를 탄핵해야 한다는 주장이 이어졌으며, 온 나라 사람들이 그가 죽기를 바랐다. 사태가 더욱 악화될 것을 두려워한 통상대신 충허우崇厚가 쩡궈판을 파면하고 대신 리훙장을 그 자리에 앉히자는 주청을 올렸다. 조정은 리훙장의 부임을 승인하는 조서를 내렸다. 이것을 시작으로 리훙장은 중요한 외교적 사명을 맡게 되었다. 이때가 1870년 9월이었다.

당시 리훙장은 하늘의 총아寵兒와도 같았다. 마치 순풍에 돛단배가 하루 천 리를 항해하는 것처럼 하늘이 특별하게 그의 성취와 업적을 도와주는 것 같았다. 그가 막 즈리 총독을 맡았을 때 보불전쟁(프로이센-프랑스전쟁)[2]이 발발했다. 프랑스인들은 자신들을 지키기에 정신이 없었다. 유럽

---

2 보불전쟁: 보오전쟁(프로이센-오스트리아전쟁)에서 오스트리아를 패배시킨 오토 폰 비스마르크 Otto Eduard Leopold von Bismarck가 독일 통일의 마지막 걸림돌인 프랑스를 제거해 독일 통일을 마무리하고자 일으킨, 프랑스와 프로이센 간의 전쟁이다. 이 전쟁에서 승리한 프로이센은 1871년 1월, 파리 시 교외에 위치한 베르사유 궁전의 거울방에서 제국의 성립을 선포하고, 프로이센 국왕이었던 빌헬름 1세Wilhelm I가 초대 독일 제국 황제로 추대되는 것으로 마무리되었다. 그 외에 독일은 알자스

의 다른 나라들과 미국도 자기 나라를 돌보느라 바빴기 때문에 동양에서 일어난 작은 문제에는 신경을 쓰지 않았다. 톈진 교안은 이렇게 사람들의 기억 속에서 점차 희미해져갔다. 당시 중국인들 중에서 이러한 세계의 전반적인 형세를 이해하고 있던 사람은 단 한 명도 없었다. 보불전쟁이 세상을 놀라게 한 큰 사건인데도 아무도 관심이 없었다. 사람들은 사태가 잠잠해진 것이 리훙장의 명망과 책략 덕분이라고 생각했고, 리훙장이 쩡귀판보다 훨씬 능력 있는 인물이라고 여기게 되었다. 리훙장의 명성은 순식간에 더욱더 높아졌다.

외교 처리 능력을 인정받다

톈진 교안 이후부터 청일전쟁 발발 전까지 리훙장은 수십 건의 외교 사건을 처리했다. 그중 가장 중요한 사건이 바로 프랑스-베트남 사건, 일본-조선 사건이었다. 1882년(광서 8년), 프랑스는 베트남에서 분쟁을 선동하며 큰 이익을 얻으려고 호시탐탐 기회를 노리고 있었다. 그들은 베트남 주둔 청나라 군대와 프랑스 군대 사이에서 일어난 충돌을 빌미로 중국과 체결했던 조약을 파기했다. 그 결과 청불전쟁이 발발했다. 프랑스 해군 제독 앙리 리비에르Henri Rivière가 미리 세운 전략은 다음과 같았다.

"프랑스 해군이 먼저 하이난海南을 점령하고 이어 타이완을 점령하며, 푸저우福州를 곧장 공격하여 중국 함대를 섬멸한다. 프랑스 육군은 베트

및 로렌 지방을 획득했으며, 많은 전쟁 보상금을 받았다. 그러나 이 전쟁 후 독일과 프랑스는 제2차 세계대전 종전 직후까지 적대적인 관계를 유지했다.

■앙리 리비에르(1827~1883)는 프랑스의 해군 장교로 프랑스의 인도차이나 식민지화 정책의 선봉을 담당했다.

남 통킹Tonking에서 출발하여 중국의 윈난雲南과 구이저우를 공격한다."

이 계획에 따라 수군과 육군 모두 큰 성과를 거두게 된다면, 프랑스는 훗날 동아시아의 맹주 자리를 두고 영국과 승패를 다툴 수 있을 것이라고 보았다. 그래서 앙리 리비에르는 프랑스에 전보를 보내 군수품 보급과 병

청불전쟁

1884년과 1885년 사이에 베트남의 식민지화를 추진하는 프랑스와 청나라 사이에 일어난 전쟁이다. 프랑스는 19세기 후반에 베트남을 침략해 1883년 응우옌 왕조阮朝를 굴복시키고 프랑스의 보호권을 승인하게끔 했다. 종주권을 주장하는 청나라는 이에 불만을 품고 1884년 6월, 장즈퉁張之洞이 이끄는 주전파가 중심이 되어 프랑스군을 저지하는 데 성공했으나 해전에서 실패함으로써 전세가 불리해지자 영국의 조정으로 1885년 6월에 톈진조약을 체결, 결국 청나라는 프랑스의 베트남 보호권을 승인했다.

■ 청불전쟁 당시 청나라 육군

력 증파增派를 요청했다. 이와 동시에 아직 방어 준비가 미흡한 것을 틈타 푸저우의 중국군 조선소를 포격하여 군함을 파괴했고, 육군을 하노이 Hanoi에 집결시켰다. 당시 중국 남쪽의 상황은 적막하고 암담했으며 민심이 흉흉했다.

리훙장은 '벌모벌교伐謀伐交'[3], 즉 적의 사기를 꺾고 적의 외교를 끊어놓아 싸우려는 의지를 꺾어 싸우지 않고 이기는 전략을 사용하여 영국과 독일을 선동해 프랑스를 견제하려 했다. 당시 주영대사 증지쩌曾紀澤가 리훙장의 명을 받아 이 일을 처리했지만 성사시키지 못했다. 이 때문에 프랑스 정부는 중국으로 군수품 지원과 병력 증파 의안을 의회에 제출했으나 부결되었다. 이로 인해 앙리 리비에르의 타이완 단수이淡水 공격은 불가능해졌고, 베트남에 있는 프랑스 육군도 흑기군黑旗軍[4]에게 저지당했다. 그의 계획은 실패로 돌아갔다. 자신의 요청이 의회에서 부결되었다는 보고를 받은 앙리 리비에르는 크게 분노했다. 마침내 프랑스가 먼저 중국에 화해를 요청했다. 이로써 베트남 사건 처리 이후, 리훙장의 외교 처리 능력이 유럽인들에게 주목을 받게 되었다.

---

3 『손자병법』은 승리의 네 가지 유형을 말하면서 싸우지 않고 승리하는 것이 가장 위대한 승리라고 말한다. 네 가지 유형 중 최상책은 벌모이고 최하책은 공성이다. ① 벌모伐謀: 애초부터 적의 사기를 꺾어 싸우지 않고 이기는 것. ② 벌교伐交: 적의 외교를 끊어놓아 싸우려는 의지를 꺾는 것. ③ 벌병伐兵: 적의 병력과 직접 싸우는 것. ④ 공성攻城: 적의 성을 직접 공격해 대규모 피해자를 만드는 것.

4 흑기군: 19세기 말 청나라의 무장세력이다. 흑기군이라는 이름은 태평천국 시기에 류융푸劉永福가 이끄는 천지회天地會 계통 잔당 중 일부가 칠성흑기七星黑旗를 세우고 활동한 데서 비롯된 이름이다. 베트남의 응우옌 왕조와 결탁하여 통킹 주변의 토비土匪를 소탕했으며, 1873년 통킹에 진출한 프랑스군과 송꼬이 강의 항행을 둘러싸고 충돌했고, 응우옌 왕조와 청조의 원조를 얻어 제2차 사이공 조약의 실시를 저지했다. 청불전쟁 중(1884~1885)에도 프랑스군에 항전했으나, 1885년 장즈퉁의 요청에 따라 류융푸는 귀국했고, 이로써 흑기군은 소멸되었다.

청일전쟁의 도화선 톈진조약을 체결하다

프랑스 때문에 골치를 앓던 1882년, 조선 한양에서 일본 공사관을 습격하는 사건(임오군란壬午軍亂)이 발생했다. 중국 군대와 조선 군대 모두 군사행동을 준비했다. 조선은 중국의 종속국에서 벗어나 자주를 얻기 위해 오랫동안 줄곧 중국과 일본 사이에서 노력하고 있었다. 조선의 상황이 신속하게 해결되지 않자, 일본은 이토 히로부미를 톈진으로 파견해 협상을 진행하고자 했다. 이토 히로부미가 톈진에 도착했을 때는 중국과 프랑스 사이에 평화 국면이 막 조성되려고 할 때였다.

  기질상 자만하는 경향이 있었던 리훙장은 당시 프랑스와 일본을 호랑이와 늑대에 비유하면서 "서양의 대국大國 프랑스도 중국에 먼저 고개를 숙였는데, 동양의 소국小國 일본이 무슨 큰일을 할 수 있겠냐"며 얕보았다. 이토 히로부미를 만난 리훙장은 꼿꼿한 태도로 그를 대했다. 훗날 이토 히로부미는 장인헝張蔭恒, 사오유롄邵友濂과 강화조약을 의논할 때, 사

■1882년, 임오군란 당시 작은 배로 탈출하는 일본 공사관원들의 모습.

임오군란

1882년(고종 19년, 임오년) 음력 6월에 강화도조약 체결 이후 일본의 후원으로 조직한 신식 군대인 별기군別技軍과 차별 대우, 봉급미 연체와 불량미 지급에 대한 불만 및 분노로 옛 훈련도감 소속의 구식 군인들이 일으킨 병란 및 항쟁이다.

신식 군대를 양성하는 별기군이 급료와 보급에서 좋은 대우를 받는 데 비해, 구식 군대인 무위영武衛營, 장어영壯禦營, 이 2영의 군졸들은 13달 동안 봉급미를 받지 못해 불만이 높았다. 그러던 차에 겨우 한 달치 급료를 받게 되었으나, 그것마저 선혜청宣惠廳 고지기의 농간으로 말수가 턱없이 부족한 데다 모래가 반 넘게 섞여 있었다. 이에 격분한 구식 군졸들이 고지기를 때려 부상을 입히고 선혜청 당상堂上 민겸호閔謙鎬의 집으로 몰려가 저택을 파괴하고 폭동을 일으켰다.

사태가 이에 이르자 난병들은 흥선대원군에게 진정하기 위해 운현궁雲峴宮으로 몰려와 애소했다. 군민의 불평은 흥선대원군과 연결되어 민씨 및 일본 세력의 배척운동으로 확대되었다.

군민들은 별기군 병영으로 몰려가 일본인 교련관 호리모토掘本禮造 공병 소위를 죽이고, 민중과 합세해 일본 공사관을 포위하고 불을 질러 일본 순사 등 13명의 일본인을 살해했다. 그러나 하나부사花房義質 공사 등 공관원들은 모두 인천으로 도망쳐서 영국 배의 도움으로 본국으로 돌아갔다.

이튿날 더욱 강력해진 군민은 흥선대원군의 밀명에 따라 민비를 제거하기 위해 창덕궁 돈화문 안으로 난입했다. 그러나 민비는 궁녀의 옷으로 변장한 후 궁궐을 탈출한 뒤였다. 사태의 위급함을 느낀 고종은 전권을 홍선대원군에게 맡겨 반란을 수습할 수밖에 없다고 생각하고 홍선대원군을 불러들였다. 이리하여 왕명으로 정권을 손에 넣은 홍선대원군은 반란을 진정시키고 군제를 개편하는 등 군란의 뒷수습에 나섰지만, 민씨 일파의 청원을 받아들인 청나라가 재빨리 군대를 파견함으로써 그의 재집권은 단명에 그치고 말았다.

청나라는 임오군란의 책임을 물어 홍선대원군을 톈진으로 납치해갔으며, 일본은 조선 정부에 강력한 위협을 가해 주모자 처벌과 손해배상을 내용으로 하는 제물포조약을 맺게 했다. 군변으로 시작된 이 난은 결국 대외적으로는 청나라와 일본의 조선에 대한 권한을 확대시켜주는 결과가 되었고, 대내적으로는 개화세력과 보수세력의 갈등을 노출시켜 갑신정변의 바탕을 마련해주었다.

적으로 우팅팡伍廷芳에게 "예전에 톈진에서 만났던 리훙장의 위엄 서린 표정은 지금 생각해도 가슴을 두근거리게 만듭니다."라고 말했다. 이는 오랫동안 품었던 유감을 표현한 말이었다. 이토 히로부미의 톈진 방문은 예상대로 그 뜻을 이루지 못했다. 다만 "나중에 조선에 일이 생겨 어느 한 나라가 군대를 파견하게 되면 반드시 다른 나라에도 알린다."는 약속만 정했다. 이것이 이른바 '톈진조약'이다. 하지만 이 조약은 훗날 중국과 일본이 피를 흘리게 되는 도화선이 되었다.

마관조약 체결, 총상으로 얻은 평화

리훙장이 조선을 상대로 펼친 외교 활동에서 저지른 여러 실책들은 이미 앞에서 언급했다. 이 실책들 때문에 '톈진조약'이 '마관조약'으로 바뀌게 된 것이다. 아! 일찍이 장자莊子는 "일을 시작할 때는 간단하지만 일이 끝나갈 때는 거창해진다. 其作始也簡 其將畢也巨"라고 했다. 바둑을 잘 두는 사람은 한가한 시간이 나면 절대로 그 시간을 놓치지 않는다. 나중에 이런 사람들을 만나게 되면 반드시 더욱 신중해야만 한다. 청일전쟁은 1894년 겨울까지 계속되었고, 중국은 먼저 화해를 요청할 수밖에 없었다.

1895년 2월, 중국은 장인형과 사오유롄을 일본으로 파견해 강화회담을 진행하려 했다. 하지만 일본은 두 사람이 관직이 낮아 권위가 없다며, 그들과의 강화회담을 거절했다. 그래서 중국은 다시 리훙장을 파견하기로 결정했다.

3월, 리훙장은 참찬參贊 리찡팡李經方 등과 함께 일본으로 향했다. 20일 시모노세키에 도착한 리훙장은 바로 일본 전권대신全權大臣인 이토 히로부미, 무쓰 무네미쓰陸奥宗光와 담판을 시작했다. 둘째 날, 먼저 정전停戰 조건에 대해 논의했다. 일본은 먼저 다구大沽, 톈진, 산하이관山海關, 이 세 지방을 담보물로 일본에 넘겨줄 것을 조건으로 제시했다. 오랫동안 논쟁이 오고 갔으나, 양쪽 모두 조금도 양보하지 않았다. 그래서 리훙장은 정전 조건에 대한 논의를 잠시 미루고, 바로 강화 조건을 논의하자고 제안했다. 이토 히로부미는 "만약 당신들이 정전 조건에 대한 논의를 미루고 돌아간다면 이후에 다시는 제기할 수 없습니다."라고 말했다. 이후 토론은 계속되었지만, 결론은 나지 않았다.

■ 1895년, 일본과 청나라가 마관조약(시모노세키조약)을 체결하는 장면. 마관조약은 1895년 3월 20일부터 야마구치 현 시모노세키 시에서 열린 청일전쟁의 강화회담으로 체결된 조약으로, 4월 17일 일본 제국의 이토 히로부미와 청나라의 리홍장에 의해 체결되었다. 이 조약의 결과, 일본은 청나라의 조선 간섭을 물리치고 조선과 만주까지 그 지배력을 뻗칠 수 있게 되었다.

제3차 회담이 진행된 24일, 숙소로 돌아오던 리홍장은 괴한으로부터 총격을 받았다. 탄알은 왼쪽 광대뼈 아래를 뚫고 들어가 왼쪽 눈 밑에 깊이 박혀서, 하마터면 목숨을 잃을 뻔했다. 이 소식을 들은 일본 고관들의 병문안이 이어졌다. 이토 히로부미와 무쓰 무네미쓰도 직접 위문을 와 정중하게 사과했다. 그들의 얼굴에는 걱정하는 기색이 역력했다. 일본 천황은 직접 어의와 군의를 보내 치료를 돕도록 했고, 일본 국민들도 애석함을 표했다. 결국 일본은 중국이 이전에 제기한 정전 조건에 서명하기로 결정했다. 언쟁으로 얻을 수 없었던 것을 이렇게 총상으로 얻게 되었다. 드디어 정전 가능성이 조금씩 보이기 시작했다.

의사들은 탄알을 제거하면 상처는 쉽게 치유될 것이라고 말했다. 하지만 한동안 신경 쓰지 말고 안정을 취해야만 한다고 말했다. 그러자 리훙장이 격앙된 어조로 말했다.

"국가의 위태로움이 경각에 달려 있는 상황에서 평화를 성사시키는 일이 늦춰져서는 안 된다. 내가 어찌 시간을 지체해 국사를 그르칠 수 있겠는가? 죽을지언정 탄알은 뽑지 않겠다."

그 다음날, 어떤 사람이 리훙장의 피투성이 옷을 보고 "이것은 나라를 지키기 위해 흘린 피다."라고 말했다. 리훙장은 눈물을 흘리며 "만약 내가 죽어 나라에 득이 된다면 나는 기꺼이 죽을 수 있다."라고 말했다. 그의 충성심과 기개에 사람들은 존경심을 표했다.

리훙장의 부상 소식을 들은 중국 조정도 유지를 내려 위로했다. 아울러 리징팡을 전권대신으로 임명했다. 그러나 모든 일은 실질적으로 리훙장이 조종하고 결정했다. 그는 부상이 심해 침상에 누워 있으면서도 모든 일을 리징팡에게 일일이 지시했다. 그런 리훙장을 보고 의사들은 매우 걱정했다. 4월 1일, 이토 히로부미는 강화조약 초안을 보내왔다. 5일, 리훙장은 답안을 준비했다. 조약의 초안은 다음 네 가지로 요약할 수 있다.[5]

첫째, 조선 자주독립국 인정.

둘째, 토지 할양.

셋째, 군비 배상.

---

5 ① 청국은 조선국이 완전한 자주독립국임을 인정한다, ② 청국은 랴오둥 반도와 타이완 및 펑후다오 등을 일본에 할양한다, ③ 청국은 일본에 배상금 2억 냥을 지불한다, ④ 청국의 사스沙市 · 충칭重慶 · 쑤저우蘇州 · 항저우杭州의 개항과 일본 선박의 양쯔 강 및 그 부속 하천의 자유통항 용인, 그리고 일본인의 거주 · 영업 · 무역의 자유를 승인할 것 등이다.

■1895년 3월 24일 리훙장은 일본 시모노세키에서 제3차 강화회담을 마치고 숙소로 돌아오는 도중 괴한의 총격을 받아 탄알이 왼쪽 광대뼈 아래를 뚫고 들어가 왼쪽 눈 밑에 깊이 박혀서 하마터면 목숨을 잃을 뻔했다. 그 다음날, 리훙장은 눈물을 흘리며 "만약 내가 죽어 나라에 득이 된다면 나는 기꺼이 죽을 수 있다."라고 말했다. 그의 충성심과 기개에 사람들은 존경심을 표했다.

넷째, 통상 권리.

중국으로서는 조선 자주독립국 인정을 제외하고는 모두 받아들일 수 없었다. 9일, 리훙장은 군비 1억 냥을 배상하고 펑톈 남부 쓰팅 현四廳縣 등을 할양하겠다는 내용의 수정안을 이토 히로부미에게 보냈다. 일본도 조목조목 반박해왔다. 10일, 이토 히로부미는 다시 추가 수정안을 보내왔다. 이전에 비해 요구사항이 조금 줄어들어 지금의 마관조약이 성립되게 되었다. 당시 총상이 어느 정도 호전된 리훙장이 직접 춘반루오春帆楼로 가서 일본 전권대신과 마주 앉아 토론했다. 의견이 오고 갔지만 조금의 양보도 없었다. 단, 만약 3년 이내에 빚을 모두 갚는다면 모든 이자를 면해주고 웨이하이웨이의 군대 주둔 비용 또한 반으로 경감하기로 결정했다. 아래에 '마관조약'의 전문을 싣는다.

대일본제국 황제 폐하와 대청제국 황제 폐하는 양국과 그 신민에게 평화로운 행복을 회복하고 장래 분의紛議의 단서를 없애기 위해 강화조약을 체결하며, 이를 위해 대일본제국 황제 폐하는 내각 총리대신 종2위 훈1등 백작 이토 히로부미와 외무대신 종2위 훈1등 자작 무쓰 무네미쓰를, 대청제국 황제 폐하는 태부문화전대학사太傅文華殿大學士 북양통상대신직예총독北洋通商大臣直隸總督 1등숙의백 리훙장과 2품정대전출사대신二品頂戴前出使大臣 리찡팡을 각기 전권대신으로 임명한다. 그러므로 각 전권대신은 위임장을 제시하고 그것이 서로 타당함을 인정해 다음 조관을 협의 · 결정한다.

제1조

청국은 조선국이 완전무결한 자주독립국임을 인정한다. 따라서 자주독립에 해가 되는 청국에 대한 조선국의 공헌貢獻, 전례典禮 등은 장래에 완전히 폐지한다.

제2조

청국은 아래의 토지에 대한 주권 및 해당 지방에 있는 성루城壘, 병기 제조소 및 관유물을 영원히 일본에 할양한다.

1. 아래의 경계 내에 있는 펑톈 성奉天省[6]남부의 땅.

   압록강 하구로부터 거슬러 올라가 평안平安 하구에 이르러, 평황청, 하이청海城, 잉커우營口를 거쳐 랴오허遼河 하구에 이르는 절선折線 이남의 땅과 앞의 각 성시城市를 포함한다. 그리고 랴오허를 경계로 하는 곳은 그 강의 중앙을 경계로 한다.

   랴오둥 만의 동쪽 해안 및 황해黃海의 북쪽 해안에 있는 펑톈 성에 속하는 도서.

2. 타이완 및 그 부속 도서.

3. 펑후澎湖 열도, 즉 영국 그리니치Greenwich 동경 190~120도 및 북위 23~24도 사이에 있는 모든 도서.

---

6 지금의 랴오닝 성遼寧省. 1929년에 개명되었다.

제3조

앞의 조관에서 언급하고 부속 지도에 표시한 경계선은 본 조약 비준 후 즉시 일청 양국에서 각각 2명 이상의 경계공동획정위원을 임명하고 실지實地를 확정하도록 한다. 그리하여 만약 이 조약으로 정한 곳의 경계가 지형상 또는 시정상 완전치 않으면 경계공동획정위원은 이를 개정할 임무를 가진다. 경계공동획정위원은 가급적 속히 그 임무에 종사하고, 임명 후 1년 이내에 이를 종료해야 한다. 단, 경계공동획정위원이 개정할 장소가 있을 때에는 그 개정하는 장소는 일청 양국 정부가 인가할 때까지는 이 조약에 게재된 경계를 유지한다.

제4조

청국은 군비 배상금으로 고평은庫平銀 2억 냥을 일본에 지불할 것을 약정한다. 이 금액은 모두 8회에 걸쳐 지불한다. 초회初回 및 차회次回는 각각 5,000만 냥씩 지불하고, 초회 불입은 본 조약 비준 교환 후 6개월 이내에, 차회 불입은 본 조약 비준 교환 후 12개월 이내에 한다. 잔금은 여섯 차례 나누어 지불해야 하는데, 제1차는 본 조약 비준 교환 후 2년 이내에, 제2차는 본 조약 비준 교환 후 3년 이내에, 제3차는 본 조약 비준 교환 후 4년 이내에, 제4차는 본 조약 비준 교환 후 5년 이내에, 제5차는 본 조약 비준 교환 후 6년 이내에, 제6차는 본 조약 비준 교환 후 7년 이내에 지불한다. 또한 초회 불입의 기일 이후 아직 불입이 완료되지 않는 금액에 대해서는 매년 5%의 이자를 지불하는 것으로 한다. 단, 청국은 언제나 배상금의 전액 혹은 그 일부를 미리 일시에 지불할 수 있다. 만약 본 조약 비준 교환 후 3년 이내에 배상금 총액을 모두 갚을 경우는 모든 이자는 면제한다. 만약 2년 6개월 혹은 그 이내에 이자를 불입할 경우에는 이를 원금으로 편입한다.

제5조

일본국에 할양된 지방의 주민으로서 위의 할양된 지방 이외에 주거하려고 하는 자는 자유롭게 그 소유 부동산을 매각하고 옮길 수 있도록 한다. 이를 위한 유예 기간은 비준 교환일로부터 2년으로 한다. 단, 이 연한이 끝났는데도 아직 해당 지방을 나가지 않는 주민은 일본국의 편의에 따라 일본 신민으로 간주한다. 청일 양국 정부는 비준 교환 직후 각 1명 이상의 위원을 타이완 성臺灣省에 파견하여 성省을 수도受渡하며, 본 조약의 비준 교환 후 2개월 이내에 수도를 완료한다.

제6조

청일 양국 간 모든 조약은 교전으로 소멸된 까닭에 청국은 본 조약 비준 교환 시 속히 전권위원을 임명해 전권과 통상항해조약 및 육로 교통 무역에 관한 협정을 체결할 것을 약정한다. 그리고 현재 청국과 서양 각국 간에 존재하는 모든 조약 장정을 청일 양국 간의 모든 조약의 기초로 한다. 또 본 조약 비준 교환일로부터 모든 조약 실시에 이르기까지 청국은 일본 정부 관리, 상업, 항해, 육로 교통 무역, 공업, 선박 및 신민에 대해 모두 최혜국 대우를 한다. 청국은 아래의 것을 양여하되, 해당 양여 사항은 본 조약 조인일로부터 6개월 후 유효한 것으로 한다.

제1항

청국에서 현재 각국에 개방하고 있는 각 시항市港 외에 일본국 신민의 상업, 주거, 공업 및 제조업을 위해 아래의 시항을 개방한다. 단, 현재 청국의 개시장, 개항장에서 행하는 것과 동일한 조건과 특전 및 편익을 향유할 수 있게 해준다.

1. 후베이 성湖北省 징저우 부荊州府 사스沙市
2. 쓰촨 성四川省 충칭 부重慶府
3. 장쑤 성江蘇省 쑤저우 시蘇州市
4. 저장 성浙江省 항저우 부杭州府

일본국 정부는 이상 열거한 항구 중 어느 곳에서나 영사관을 설치할 권리가 있다.

제2항

여객 및 화물 운송을 위해 일본 기선의 항로를 아래의 장소까지 확장한다.

1. 양쯔 강 상류 후베이 성 이창宜昌으로부터 쓰촨 성 충칭 부까지.
2. 상하이부터 우쑹 강吳淞江 및 운하로부터 쑤저우 · 항저우까지.

청일 양국이 새로운 장정을 정할 때까지는 앞의 항로에 관해 적용할 수 있는 범위는 외국선박청국내지수로항행外國船舶淸國內地水路航行에 관한 현행 장정으로 시행한다.

제3항

일본국 신민이 청국 내지에서 물품 및 생산품을 구매하거나 수입한 상품을 청국 내지로 운송하는 데 있어서 그 구매품이나 운송품을 창고에 보관하기 위한 하등의 세금, 취립금取立金을 납부하지 않고 임시로 창고를 차입할 권리를 가진다.

제4항

일본국 신민은 청국의 각 개시장, 개항장에서 자유롭게 각종 제조업에 종사할 수 있으며, 소정의 수입세만 지불하면 자유롭게 각종 기계류를 청국으로 수입할 수 있다.

청국에서 일본국 신민의 제조와 관련된 모든 물품은 각국 내국 운송세, 내지세, 부과금, 취립금에 있어, 그리고 청국 내지에서의 창고 이용의 편의에 있어, 일본국 신민이 청국으로 수입한 상품과 동일한 취급을 받고, 동일한 특전과 면세를 향유한다.

이 양여에 관하여 새로이 장정을 규정할 필요가 있을 경우에는 본 조약이 규정한 통상항해조약 안에 싣도록 한다.

제7조

현재 청국 내에 있는 일본국 군대의 철수는 본 조약 비준 교환 후 3개월 내로 한다. 단, 다음 조條에 기재한 규정을 따른다.

제8조

청국은 본 조약의 규정을 성실히 시행한다는 담보로서 일본 군대가 일시 산둥 성 웨이하이웨이를 점령할 것을 승낙한다. 일본 군대의 철수는 청국 정부가 배상금 잔액의 원리元利에 대해 해관세海關稅를 담보로 삼을 것을 동의한다는 가정하에 본 조약이 규정한 군비 배상금의 초회, 차회의 불입을 완료함과 아울러 통상항해조약의 비준 교환이 완료되었을 때, 일본 군대는 철수할 것이다. 만약 이 협정이 이루어지지 않을 경우, 해당 배상금의 최종회 불입을 완료한 후에야 철수한다. 그러나 통상항해조약의 비준 교환을 완료한 후가 아니면 군대를 철수하지 않는다.

제9조
본 조약의 비준 교환 후 즉시 모든 전쟁포로를 귀환시킨다. 그리고 청국

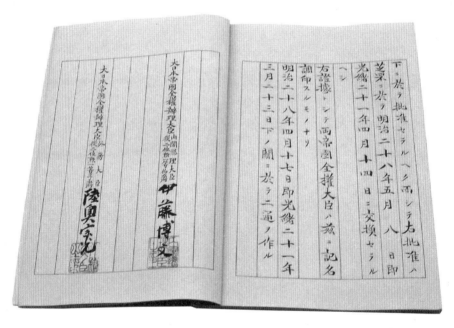

■ 1895년 마관조약서. 이로써 일본은 한반도를 그 세력권에 넣어 대륙 진출의 기반을 확고히 다지게 되었다.

은 일본국에서 귀환한 포로를 학대 또는 처형하지 않을 것을 약속한다. 일본국 신민으로서 군사상의 간첩 또는 범죄자로 인정된 자는 청국이 즉시 풀어줄 것을 약정하고, 청국은 또 교전 중 일본국 군대와 관계가 있는 청국 신민에 대하여 어떠한 처형도 하지 않으며 처형하도록 시키지도 않을 것을 약정한다.

제10조
본 조약 비준 교환일로부터 전쟁을 종식한다.

제11조
본 조약은 대일본제국 황제 폐하와 대청제국 황제 폐하가 비준해야 하며, 비준은 즈푸芝罘에서 메이지 28년 5월 8일, 즉 광서 21년 4월 14일[7]에 교환한다.

이번 강화회담이 리훙장에게는 춘추시대 제齊나라의 국좌國佐가 사신으로 진晉나라에 갈 때[8]나 1870년 프랑스의 베네디티Vincente Benedetti가 외교사절로 프로이센Prussia에 갈 때[9]와 같은 처지였다. 적 군대가 국경까지

---

7 음력 날짜임.

8 제경공齊傾公(재위 기원전 598~기원전 589) 10년(기원전 589), 제나라는 안鞍 지방에서 조曹, 위衛, 노魯, 진晉의 연합군에게 대패했다. 이에 재상이던 국좌(? ~기원전 573)가 사신으로 진나라로 가서 겨우 강화조약을 체결한다.

9 1870년 7월 13일 에스파냐 왕위계승 문제를 놓고 프랑스와 프로이센의 관계가 악화되자, 이를 해결하기 위해 프랑스의 베네디티(1817~1900)가 프로이센의 빌헬름 1세Wilhelm I(1797~1888)를 헤센 Hessen에 있는 온천장인 엠스Ems에 방문해 회담을 가진다. 그러나 이 회담 내용을 베를린에 있던 프로이센의 수상 비스마르크가 왜곡해 신문에 발표한다. 이 '엠스 전보사건' 때문에 보불전쟁이 발발하게 되었다.

처들어온 상황에서 울분을 억누르면서 하는 말을 멀리서 들은 사람도 이렇게 마음이 아픈데, 하물며 그 장소에 직접 간 리훙장은 오죽했을까? 10년 전 톈진에서 조약을 체결할 때의 의지와 기개를 회상하니 그야말로 간밤의 꿈만 같다. 아! 용이 우물에 빠지면 작은 개미조차도 용을 꼼짝달싹 못 하게 할 수 있구나! 늙은 천리마가 마구간에 있으면 둔한 말까지 그를 비웃는구나! 세상의 일 중에 이보다 더 사람을 의기소침하게 만드는 일이 또 있을까? 이런 때에는 설령 소진蘇秦[10]과 장의張儀[11]처럼 말재간이 있더라도 쓸 수 있는 방법이 없다. 설령 맹분孟賁[12]과 하육夏育[13]의 힘이 있더라도 그 용맹을 보일 방법이 없다. 고분고분하면서도 조심스럽게 동정을 구걸하는 것 외에 어떤 방법이 있었겠는가?

어떤 이들은 강화회담의 신속한 체결을 리훙장의 공으로 여기는데, 이것 역시 옳지 않다. 만약 리훙장이 없었더라도 일본은 화해했을 것이다.

---

10 소진: ?~기원전 317년. 전국시대의 책사策士로, 종횡가縱橫家의 한 사람. 종횡가란 열국列國을 돌아다니며 독특한 변설로 책략을 도모하는 사람들로 열국의 연합체를 조직시켜 그 힘의 균형을 이용해 권력을 쟁취하려는 사상가들을 말한다. 강국인 진나라와 한韓나라 두 나라가 서로 교전하고 있어 산동 지방의 제국들은 진나라의 침략을 두려워하고 있던 때이므로, 연燕나라의 문후文侯에게 6국 합종合縱의 이익을 설득해 받아들여졌다. 다시 조趙 · 한韓 · 위魏 · 제齊 · 초楚의 여러 나라를 설복하는 데도 성공해, 기원전 333년 연나라에서 초나라에 이르는 남북선상南北線上의 6국의 합종에 성공했다. 이로써 혼자서 6국의 상인相印(재상의 인장)을 가지게 되었다. 그러나 그의 합종책은 장의 등이 헌책한 연횡책連衡策(連橫策이라고도 함)에 패배해 실패했다.

11 장의: ?~기원전 309년. 위나라 출신으로, 연횡책의 대가이다. 그는 합종설에 맞서서 진秦이 이들 여섯 나라와 횡橫으로 각각 동맹을 맺어 화친할 것을 주장했다. 친구 소진蘇秦과 함께 귀곡 선생鬼谷子에게서 수학했다.

12 맹분: 춘추전국시대 제齊나라 역사力士의 이름. 일설에는 맹열孟說이라고도 한다. 물로 가면 교룡蛟龍을 피하지 아니하고, 뭍으로 가면 호랑이를 피하지 아니하고 노기怒氣가 나면 소리가 천지天地를 진동했다고 한다.

13 하육: 춘추전국시대의 주周나라 역사力士의 이름.

또 어떤 이들은 리훙장이 많은 잘못을 저질렀다며 진회秦檜[14]나 장방창張邦昌[15]과 같다고도 말하기도 한다. 만약 이 말을 한 사람들을 리훙장의 자리에 앉힌다면 그들의 결말은 어떠할까?

정리하면, 리훙장은 강화회담에 대해서는 어떠한 공적도 잘못도 없다. 단지 외교적 능력을 발휘할 수 있는 기회가 없었던 것뿐이다. 차분하게 정리하면 국사를 그르친 리훙장의 행실은 앞장에서 열거한 열두 가지이다. 이 강화회담은 단지 그것들의 결과일 뿐이므로 더 이상 상세하게 얘기할 필요가 없다.

---

14 진회: 1090~1155. 남송의 재상. 자는 회지會之. 금나라와의 외교 정책에 있어 화평을 진행하고, 강화를 주창했지만, 그 과정에서 주전파인 악비와 한세충 같은 군벌을 탄압하고 그 이후에도 자신의 권력을 유지하기 위해 공포정치를 했기 때문에 후세에 매국노로 지탄받았다.

15 장방창: 1081~1127. 송나라 중기의 재상. 정강의 변이 일어난 뒤, 장방창은 초楚의 괴뢰황제로 등극했고, 그 일로 인해 많은 비방을 듣게 되었다. 금金은 장방창을 앞세워 초국楚國을 세워, 한족漢族의 괴뢰정권으로써 중원을 지배하려 꾀했으나 실패했다.

제9장 외교가 리훙장 하下

리훙장의 외교 역사는 곧 실패의 역사이다

서양인들은 리훙장이 외교 수완이 좋은 외교관이었다고 말한다. 또 어떤 사람들은 리훙장이 교활하고 간사한 외교관이었다고 말한다. 리훙장은 프랑스-베트남 사건 때는 영국과 독일을 부추겨 프랑스를 제지하려 했고, 청일전쟁 때는 러시아와 영국, 프랑스를 부추겨 독일을 제지하려 했다. 결국 효과를 거둔 것은 하나도 없고, 오히려 그로 인해 잃은 것이 훨씬 더 많았다. 오늘날의 중국은 걸핏하면 다른 나라와 연합한다고 말만 하지, 먼저 그들이 우리와 연합하겠다고 했는지는 말하지 않는다. 설령 그들이 우리와 연합한다 하더라도, 우리는 단지 그들의 노예가 되어 유린당할 뿐이다. 리훙장은 어찌하여 이런 사실을 몰랐단 말인가? 내가 보기엔 그도 알고 있었으나, 단지 그것을 대신할 방법이 없었을 뿐이다. 내정을 제대로 하지 않으면 외교를 내실 있게 처리할 수가 없다. 오늘날 중국의 국력으로는 설령 리훙장보다 외교 수완이 10배 더 뛰어난 사람이 있다 하더라도 할 수 있는 대외 정책은 그저 참고 견디는 것뿐이다. 이것이 내가 리훙장을 불쌍히 여기는 이유이다.

러시아, 독일, 프랑스의 힘을 빌려 일본에 항거하다

19세기 말, 청일전쟁이 발발했다. 마치 18세기 말에 있었던 프랑스 혁명과 비슷했다. 프랑스 혁명은 유럽의 19세기를 열었으며, 청일전쟁은 아시아의 20세기를 열었다. 마치 붉은 태양이 곧 떠오르려고 하고, 수탉이 새벽에 울고, 비바람이 곧 불어닥치려 하고, 달빛이 달무리를 만들 거라는 것을 자연스럽게 알 듯이, 안목이 있는 사람이라면 모두 청일전쟁의 조짐을 미리 알았을 것이다.

중국과 일본이 서로 전쟁을 하기 전에 유럽과 중국의 관계는 종교를 전파하고 통상 무역을 하는 정도뿐이었다. 그러나 전쟁 후 몇 년이 지나지 않아 유럽인과 중국인의 관계는 순식간에 전쟁 전보다 몇 배나 더 긴밀해졌다. 오늘날에 이르러 중국의 일거수일투족은 모두 유럽과 하나로 연결되어 있는 듯하고, 떼려야 뗄 수 없는 관계가 되었다. 이렇게 된 원인의 절반은 중국이 내정內政을 잘못했기 때문이고, 나머지 절반은 외교 면에서 책략이 부족했기 때문이다. 중국의 최근 10년간 외교사를 살펴본 사람들이라면 눈물이 흐르는 것을 참을 수 없을 것이다.

전쟁 이전에 중국은 먼저 영국과 러시아에 중재를 요청했다. 하지만 이로써 외국이 실질적으로 중국의 내정에 조금씩 간섭을 하게끔 만들었다. 당시 일본은 동양의 일은 동양의 국가끼리 해결하기를 희망한다고 여러 번 밝히면서 다른 나라가 그들 사이에 참견하지 못하도록 했다. 하지만 이미 분노가 극에 달한 중국 정부는 이 건의를 받아들이지 않았고, 유럽을 부추겨 일본을 무력으로 위협할 생각만 하고 있었다. 러시아 공사는 "러시아도 힘을 다해 돕겠습니다. 하지만 지금은 아직 때가 아닙니다."라고 말했다. 이를 통해 러시아가 여러모로 궁리를 하고 있으며, 기회를 엿보다가 자신들의 목적을 실현시키려는 계획이었다는 것을 알 수 있다.

1895년 4월, 리훙장은 일본에 사절로 가기 전에 먼저 각국 공사들과 이야기를 나누었다. 카시니Arthur Pavlovich Cassini 러시아 공사는 "우리 러시아의 강력한 힘이면 일본으로부터 중국 영토를 보전할 수 있습니다. 대신 그 대가로 중국은 군사적 측면과 철도 부분에서 우리에게 반드시 이익을 주어야 합니다."라고 말했다. 리훙장은 바로 카시니와 개인적인 약속을 했고, 러시아 영사관에서 며칠 밤낮으로 밀담을 나누었다. 유럽의 힘이 동아시아에 깊이 들어온 것은 바로 이때부터였다.

당시 유럽의 힘을 빌려 일본에 항거하고자 했던 중국인은 리훙장 한 사람뿐만이 아니었다. 다른 사람들은 리훙장보다 훨씬 정도가 지나쳤다.

량장 총독 장즈퉁張之洞은 강화회담을 반대하는 전보에서 "만약 일본에 배상해야 하는 돈의 절반을 러시아에 주면, 바로 패배를 승리로 바꿀 수 있습니다. 총리아문과 출사대신出使大臣에게 러시아와 밀약을 맺으라는 명을 내릴 것을 간청합니다. 만약 러시아가 우리를 도와 일본을 공격하겠다고 하면, 즉시 일본에 모든 조약을 폐기하겠다고 협박해야만 합니다. 대신 상황을 감안하여 그 대가로 신장新疆 지역의 일부를 러시아에 할양하는 것을 고려해야 하며, 통상 확대도 허락해야 합니다. 만약 영국이 우리를 도우려고 한다면 그 대가 역시 동일하게 적용하면 됩니다."라고 말했다. 당시 이른바 외교가라는 자들의 안목과 수단이 대략 이 정도였으니, 참으로 통탄할 만하다.

마관조약(시모노세키조약) 체결 후 한 달도 지나지 않아, 러시아는 독일 및 프랑스와 함께 일본에 압력을 가해 랴오닝 성遼寧省의 남부 반도인 랴오둥 반도를 중국에 반환하도록 만들었다. 러시아인들이 중국을 도와 랴오둥 반도를 되찾아준 것은 중국을 위한 것이 아니라, 러시아 자신을 위한 것이었다. 그들은 그 지역을 자신들의 세력 범위로 보았고, 오래전부터 그곳을 차지하기를 바라며 일본 세력이 들어오는 것을 원치 않았다. 이 때문에 중국이 30조 냥을 일본에 지불하고 랴오둥 반도를 다시 찾아올 수 있게 한 것이다. 러시아는 먼저 큰 은혜를 중국에 베풀고, 그 다음 천천히 그 보답을 받아냈다. 러시아의 교묘한 외교 수완은 보는 사람들을 당황하게 만들었다. 리훙장이 평생 국사를 그르친 가장 큰 실수는 바로 이것이다. 리훙장의 외교 역사는 곧 실패의 역사이다.

랴오둥 반도 반환의 대가, 중러밀약

랴오둥 반도 반환 사건(이른바 삼국간섭)이 끝나자마자, 카시니는 이전에 리훙장이 자신에게 한 약속을 공문 형식으로 만들어줄 것을 총리아문에 게 요구했다. 이 일은 큰 파문을 일으켰다. 사실을 알게 된 황제가 크게 노하여 리훙장을 면직시키고, 내각대학사內閣大學士라는 이름뿐인 직책으로 물러나 조용히 있게 했다. 그러자 카시니는 잠시 자신의 요청을 뒤로 미루고 때를 기다렸다.

1896년 5월, 러시아 황제 니콜라이 2세Aleksandrovich Nikolai II가 황위에 올랐다. 세계 여러 나라에서 일등공사를 파견해 축하했다. 중국도 역시 전례에 따라 왕즈춘王之春을 축하사절로 파견하기로 했다. 그러자 카시니가 항의하며 말했다.

"황제의 대관식은 러시아에서 가장 중대한 의식입니다. 그러므로 축하 사절을 담당하는 이는 반드시 국가에서 가장 저명한 대신이어야 하고, 여러 나라에 그 명성이 나 있는 사람이어야 합니다. 왕즈춘은 지위가 낮고, 말함에 있어 권위가 없으니 중책을 맡기에는 부족합니다. 이 임무를 맡을 수 있는 사람은 리훙장 한 사람뿐입니다."

이렇게 하여 결국 일등공사를 리훙장으로 바꾸기로 결정했다. 카시니는 또 자희태후慈禧太后에게 뇌물을 주면서 랴오둥 반도 반환에 개입한 것에 대한 대가가 반드시 있어야 한다며, 리훙장에게 전권을 주어 일을 처리하게 해달라고 부탁했다. 자희태후는 리훙장을 불러 꼬박 반나절 동안이나 얘기를 나눈 끝에 모든 것을 러시아와 비밀리에 도모하기로 최종 결정했다.

삼국간섭

청일전쟁에서 승리한 일본 제국이 랴오둥 반도를 점령하자, 러시아, 독일, 프랑스가 일본 제국의 철수를 요구해 관철한 사건이다. 청일전쟁에서 승리한 일본은 마관조약(시모노세키조약)을 맺어 청나라로부터 타이완, 펑후섬 및 랴오둥 반도를 할양받았다. 만주로 진출하려던 러시아는 이에 위협을 느끼고 독일 및 프랑스의 지지를 얻어, 일본의 랴오둥 반도 영유는 청에게 위협이 될 뿐만 아니라, 조선의 독립을 유명무실화하는 등 동양의 평화를 어지럽힌다고 하여, 일본에 랴오둥 반도를 청나라에 돌려줄 것을 권고했다.

일본은 이에 굴복하고 랴오둥 반도를 청나라에 반환했다. 이 간섭의 보상으로써 러시아는 청나라에 여러 가지 요구를 강요하여 1896년에 만주로 이어진 철도 부설권을, 1898년 3월에는 뤼순, 다롄의 조차권을 획득했다. 독일은 1897년 11월에 자오저우 만을 조차했고, 프랑스도 1898년에 광저우 만을 조차했다.

러시아의 수도 상트페테르부르크에 도착한 리훙장은 곧바로 카시니가 입안한 조약[1]의 초고에 대해 러시아 정부와 토론을 시작했다. 러시아 황제 대관식이 있기 며칠 전, 리훙장은 러시아의 옛 수도 모스크바로 이동해 의정서에 서명했다. 조약의 초고를 의논할 때부터 러시아는 외국의 시

---

1 중러밀약: 1896년에 모스크바에서 러시아와 청나라 사이에 체결된 비밀협정으로, 러청동맹밀약이라고도 한다.

■ 자희태후(1835~1908)는 청나라 말기의 독재 권력자이자 함풍제의 세 번째 황후이며, 동치제의 생모로 일명 서태후西太后라고 불린다. 1875년 동치제가 죽자, 누이동생의 3세 아들을 옹립해 광서제로 즉위시키고 자신이 섭정이 되었다. 광서제가 16세가 되자 친정親政이 시작되었으나, 국정의 실권은 서태후가 쥐고 있었다.

선을 피하기 위해 외교대신이 아닌 재정대신을 보냈다. 경축 행사가 성대하게 거행되고 각국에서 온 내빈들이 운집한 상황에서 계책을 사용한 것이다. 이렇게 전 세계와 관련된 일이 겨우 며칠 만에 그것도 연회 중에 처리되었다. 러시아의 과단성 있고 신속한 외교 수완에 사람들은 부러움과 동시에 두려움을 느꼈다. 이때가 1896년 6월이었다.

이 밀약은 그 처리 과정부터 체결까지 철저하게 기밀로 부쳐졌다. 중국과 러시아 양국 당사자 몇 명을 제외하고는 아는 사람이 거의 없었다. 그러나 상하이 《자림수바오李林西報》는 뜻밖에도 리훙장이 외국 순방에서 돌아오기도 전에 이 밀약의 원본을 입수해 번역한 후 신문에 게재했다. 들자 하니 러시아 궁전의 내부인을 거금으로 매수해 얻은 것이라고 했다.

이 '중러밀약中俄密約' 이후 중국의 상황은 이전에는 볼 수 없었던 새로운 국면을 맞게 되었다. 최근 몇 년 동안 서양 열강들이 중국에서 획득한 권리를 살펴보면 모두 이전에는 볼 수 없던 새로운 것들이다.

하나, 지방의 어느 지역을 조차한다.

둘, 어떤 지역은 다른 국가에게 내어주는 것을 허락하지 않는다.

셋, 중국을 대신해 철도를 건설한다.

이런 내용의 발단이 된 것이 바로 중러밀약이었다. 중러밀약의 내용 중 자오저우 만 조차 관련 조항 때문에 나중에 자오저우, 웨이하이, 광저우, 뤼순, 다롄을 조차하게 되었다. 또한 뤼순과 다롄을 다른 국가에 조차해서는 안 된다고 하는 조항은 각국이 세력 범위를 구분하게 되는 계기가 되었다. 그리고 철도 관련 조항 때문에 조상의 발상지를 상실하게 되었고 시베리아 철도 건설이 가속화되었다. 이때부터 여러 나라들이 점차 야심을 품고 분쟁을 일으켰다는 것은 이미 다 아는 사실이다. 아! 사소한 것이 대세에

중러밀약

1896년에 모스크바에서 러시아와 청나라 사이에 체결된 비밀협정으로, 러청동맹밀약이라고도 한다. 대일본군사밀약對日本軍事密約인 이 밀약은 청나라 대표 리훙장과 러시아 대표 A. 로바노프 로스토프스키Alexey Borisovich Lobanov-Rostovsky 외무장관과 S. 위테Sergei Witte 재무장관이 서명했다 하여 이·로바노프 협정이라고도 한다. 시베리아 철도를 만주까지 연장하려던 러시아는 1895년의 일본에 대한 삼국간섭 결과, 청나라를 도와주었던 보상으로 리훙장에게 이 협정을 강요하여 조약 체결에 성공했다. 조약의 내용은 ① 일본이 만주, 조선, 러시아 등을 침략할 경우에는 공동 방위한다. ② 전시戰時에는 중국의 항만을 러시아군에게 개방한다. ③ 군대 수송을 위해 북만주를 횡단해서 블라디보스토크에 이르는 철도부설권을 러시아에 부여한다는 것 등으로, 러시아에 만주 진출을 위한 기회를 열어준 셈이었다. 그러나 러일전쟁이 일어나자 러시아는 노골적으로 만주 침략을 감행했고, 청나라는 중립적인 태도를 취했다. 이후 전쟁에 패배한 러시아는 만주에서 물러가고 일본이 등장했다.

영향을 미친 것이다. 온 나라의 큰 잘못을 모두 합하더라도 이보다 더 클 수는 없다. 그래서 나는 이 일에 대해서는 리훙장을 너그러이 용서해줄 수가 없다.

어떤 사람은 이 밀약은 자희태후가 주관하고, 군무처를 관리하던 왕대신王大臣이 도왔으며, 리훙장의 뜻은 아니었다고 말한다. 만약 그렇다면 모스크바에서 조약의 초안을 체결한 사람은 누구인가? 이 사실을 숨기고는 진실을 말할 수 없다! 이 조약 원본이 신문에 게재되자 각국의 여론이 들끓었고, 공식적으로 오고가는 전보와 서신을 믿지 못하는 사람들이 많아졌다. 정부와 국민 모두 큰 충격을 받았다.

리홍장의 유럽 순방, 실패로 끝난 수입 관세 인상 계획

리홍장이 유럽을 순방했을 때 여러 나라에서 그 일을 따져 물었으나, 리홍장은 줄곧 둘러대며 어물쩍 넘어갔다. 그해 8월, 모스크바에서 이미 서명이 끝난 초안을 베이징으로 보내왔다. 러시아 공사 카시니는 초안을 가지고 직접 총리아문과 협상하려 했다. 이런 문건이 있다는 사실을 전혀 몰랐던 황제와 총리아문은 심히 격노할 수밖에 없었고, 절대로 윤허하지 않겠다고 말했다. 이에 카시니는 자희태후를 뇌물로 매수해 온갖 감언이설로 유혹하는 한편 협박까지 했다. 자희태후는 곧바로 황제를 호되게 꾸짖고, 총리아문을 거치지 않고 이 밀약을 바로 독판군무처督辦軍務處에서 신속하게 처리하도록 조치했다. 1896년 11월 5일, 결국 황제는 눈물을 머금고 밀약에 비준할 수밖에 없었다.

리홍장이 황제 대관식을 경축하기 위해 러시아에 간 것과 유럽 각국을 순방한 것은 모두 관례적인 외교 의식에 지나지 않았다. 만약 그가 어떤 외교 교섭 활동을 했다면, 그것은 바로 중러밀약 체결과 수입 관세 인상 협상, 이 두 가지일 것이다. 당시 중국은 기존 관세법에 의거해 모든 수입 물품에 5% 수입 관세율을 적용했다. 하지만 그들은 배상금 때문에 7%로

■ 영국을 방문할 당시 솔즈베리 영국 수상(왼쪽)과 쿠르존 경Lord Curzon(오른쪽)과 함께 찍은 사진. 영국에 도착한 리훙장은 영국 수상 솔즈베리에게 수입 관세 인상안에 대해 말을 꺼냈다. 솔즈베리는 상하이 상인들과 상의한 후 다시 결정하겠다고 말했으나, 사실 이 건의를 거절한 것이나 다름없었다. 결국 수입 관세 인상 계획은 실패로 끝나고 말았다.

인상하기를 바랐다. 중국은 먼저 러시아와 이것을 상의했는데, 러시아는 이 요청에 동의했다. 이어서 독일 및 프랑스와도 상의했는데, 두 나라는 모두 영국의 의견을 듣고 결정하겠다고 말했다. 영국에 도착한 리훙장은 영국 수상 솔즈베리Salisbury에게 수입 관세 인상안에 대해 말을 꺼냈다. 당시 영국은 중국과 냉랭한 관계였다. 더군다나 중러밀약 때문에 리훙장에게 깊은 의심의 눈초리를 보내고 있었다. 솔즈베리는 상하이 상인들과 상의한 후 다시 결정하겠다고 말했으나, 사실 이 건의를 거절한 것이나 다름없었다. 결국 수입 관세 인상 계획은 실패로 끝나고 말았다.

유럽 순방 동안 각국은 리훙장을 정중한 예로 극진히 대접했다. 특히 독일인들이 가장 극진했다. 모두들 이번에 리훙장이 군함, 대포, 총기와 탄약 등을 반드시 대량 구매할 것이고, 무역에서 자신들에게 많은 이익을 가져다줄 것이라고 기대했다. 하지만 유럽에서 리훙장이 아무것도 구매하지 않자, 유럽인들은 크게 실망했다. 리훙장은 독일에 도착해서 비스마르크를 방문하고 영국에서는 글래드스턴을 방문했는데, 이 3명의 19세기 위인들은 서로를 만나자 매우 기뻐했다.

자오저우 교안 사건

9월, 리훙장은 미국을 거쳐 귀국했다. 그리고 10월 24일, 황제의 명을 받들어 총리각국사무아문행주總理各國事務衙門行走의 직책을 맡았다. 이 때부터 1898년 9월까지는 리훙장이 실질적으로 외교를 전담했다. 그러나 이 시기 동안 독일은 자오저우를 점거했고, 러시아는 뤼순커우와 다

■1896년 9월, 미국 필라델피아Philadelphia를 방문 중인 리훙장이 환영 인파 속에서 마차를 타고 거리를 지나고 있다.

렌 만을 점거했다. 영국은 웨이하이웨이와 주룽 반도九龍半島를 점거했으며, 프랑스는 광저우를 점거했다. 중국 외교 역사상 가장 많은 사건이 발생했고, 제일 위험했던 시기였다.

랴오둥 반도 반환 사건은 러시아가 앞장서서 이끌고, 독일과 프랑스 두 나라가 러시아를 도왔다. 중러밀약 체결을 통해 중국 북부에 대한 무한한 절대적 권리를 얻은 러시아는 매우 득의양양했다. 프랑스 역시 1896년 봄과 여름이 교차하는 시기에 윈난, 미얀마Myanmar, 베트남 경계인 어우투오甌脫 지역을 얻었고, 또 광시 진廣西鎭 난관南關부터 룽저우龍州까지의 철도 부설권을 얻었다. 하지만 독일은 얻은 것이 하나도 없었다. 1897년 봄, 독일 공사는 총리아문에게 푸젠福建의 진먼다오金門島를 요구했으나 단호히 거절당했다. 결국 11월이 되어 자오저우 교안曹州敎案 사건이 발생했다.

■ 1896년 당시 리훙장의 모습. 1896년 10월 24일, 황제의 명을 받들어 총리각국사무아문행
주의 직책을 맡게 된 리훙장은 이때부터 1898년 9월까지 실질적으로 외교를 전담했다. 그러
나 이 시기는 중국 외교 역사상 가장 많은 사건이 발생한 제일 위험한 시기였다.

일련의 상황 속에서 모든 사람들은 독일의 무지막지함을 눈으로 보았다. 하지만 그렇다고 중국 외교관에게 책임이 없다고는 할 수 없었다. 처음부터 다른 사람에게 기대지 않았으면 되었을 텐데 그렇게 하지 않았다. 일단 다른 사람에게 기대었으면 반드시 사례를 해야 했다. 만약 모두에게 사례를 하지 않았으면 아무 문제가 없었겠지만, 이미 갑甲과 을乙 두 사람에게 사례를 했다면 당연히 병丙에게도 사례를 해야 하는 것이다. 일본이 랴오둥 반도를 반환하는 일에는 세 나라가 함께 간섭했다. 그런데 독일에만 사례를 하지 않았으니, 독일이 화를 내는 것은 당연한 것이었다! 뿐만 아니라 중러밀약에 자오저우 만을 러시아에 빌려준다고 해서, 러시아가 동북3성을 넘어 산둥 성으로 깊이 들어갈 수 있는 권리가 있는 것도 아니었다. 당시는 세계 여러 나라가 다투어 강한 자가 승리하고 약한 자가 패배하는 시기였는데, 다른 나라가 어찌 질투하지 않을 수 있었겠는가?

독일의 극악무도한 행동거지 역시 중국의 핍박과 관계가 깊었다. 1897년 11월, 독일 전도사 2명을 죽인 자오저우 교안 사건이 발생했다. 소식을 접한 독일은 바로 함대를 이끌고 자오저우 만으로 쳐들어와 중국 깃발을 뽑아버리고 독일 국기를 게양했으며, 총병總兵 장가오위안章高元을 사로잡았다.

이 소식이 총리아문에게까지 전해져 독일 공사와 협상을 진행했다. 독일 공사는 무조건 위협하면서 중국의 고분고분한 요구는 모두 거절했다. 중국이 다른 나라에 도움을 요청했지만, 정의를 위해 독일을 꾸짖는 나라는 없었고 오히려 중국만 비난했다. 두 달이 좀 지나서 결국 자오저우 부근 100리에 이르는 땅을 독일에 99년 동안 조차하고, 산둥 성의 모든 철도와 광산 업무를 독일이 맡아 처리하는 등의 독일 요구사항 여섯 가지를 모두 윤허할 수밖에 없었다.

무산된 외국 차관 도입 시도

자오저우 사건이 거의 해결될 무렵, 파란을 일으킬 만한 중대한 사건이 또 하나 발생했다. 리훙장이 체결한 마관조약에는 만약 3년 내에 배상금을 모두 갚는다면, 모든 이자를 면해주고 아울러 앞서 납입했던 이자도 돌려준다고 되어 있다. 또 그렇게 되면 4년간의 웨이하이웨이 군대 주둔 비용인 백은 2,325만 냥을 절약할 수 있었다. 중국 정부는 3년 내에 배상금을 갚기 위해 외국으로부터 차관을 도입하려고 했다.

1897년 12월, 러시아는 차관을 승인하는 조건으로 북방의 모든 성省의 철도 부설권과 총세무사總稅務司 로버트 하트Robert Hart를 해임하는 조건을 제시했다. 이 소식을 들은 영국은 즉각 반대하면서 자신들이 러시아보다 낮은 이자로 차관을 제공하겠다고 말했다. 그 대신 영국의 요구 조건은 다음과 같았다.

첫째, 영국이 중국의 재정을 감독한다. 둘째, 미얀마부터 양쯔 강 근처까지 철도를 놓는다. 셋째, 양쯔 강 일대는 다른 나라에 양보해서는 안 된다. 넷째, 다렌 만을 개항해 통상 항구로 삼는다. 다섯째, 내륙 통상을 넓힌다. 여섯째, 각 통상 항구의 모든 상품은 통행세를 면제한다.

당시 총리아문은 영국의 조건을 수락하려고 했으나, 러시아와 프랑스 두 나라가 갑자기 심하게 반대하고 나섰다. 만약 영국에서 돈을 빌리면

■ 영국의 외교관 로버트 하트. 텐진조약 이후 약 90년 동안 영국인이 차지해온 광둥해관廣東海
關의 제2대 총세무사가 되어 45년간 그 직책을 유지했다. 러시아는 차관 승인을 조건으로 청
나라 황실의 두터운 신임을 받으며 최고 고문으로서 외교상의 중요 문제에 관어하는 총세무사
로버트 하트를 해임하는 조건을 제시했다.

열강 사이의 세력 균형이 무너지게 된다며, 매일 난폭하고 무지막지한 말로 총리아문을 위협했다. 총리아문의 관원들은 그 괴로움을 감당할 수가 없었다. 2월, 총리아문은 각국의 제안을 모두 거절하며 어느 나라에서도 돈을 빌리지 않겠다고 공표했다. 이어서 눈앞의 곤란한 상황을 해결하고자, 배상금 완납을 20년 연기하고 분납 상환하는 방법에 대해 일본과 상의했다. 하지만 뜻밖에도 일본은 중국의 제안에 동의하지 않았다. 막다른 골목에 몰려 이러지도 저러지도 못하는 진퇴양난의 상황이 되었다. 하트가 중간에서 애를 써주어, 후이펑은행滙豐銀行과 더화은행德華銀行에서 1,600만 파운드를 겨우 빌릴 수 있었다. 결국 큰 손해를 보고 나서야 이 상황은 진정되었다.

중국을 차지하기 위한 열강들의 싸움

자오저우 만은 원래 중러밀약에 따르면 러시아 세력권이었다. 그런데 독일이 갑자기 빼앗으려 하자, 러시아는 크게 분노했다. 또 영국과 독일이 러시아 차관을 방해한 일에 대해서도 불만이 많았다. 그래서 1898년 2월과 3월 사이 뤼순과 다롄 만을 요구하기 시작했다.

리홍장은 직접 밀약을 체결한 사람으로서 조약을 이행하려고 해도 그럴 수 없었고, 책임을 미루려고 해도 책임 또한 미룰 수가 없었다. 그래서 결국 러시아 공사 파블로프Aleksandr Ivanovich Pavlov와 또 다른 조약을 체결하게 된다. 뤼순커우과 다롄 만, 그리고 이곳에 닿아 있는 해수면海水面을 러시아에 25년 동안 조차하기로 했다. 아울러 잉커우와 압록강 사이에서

빈하이濱海의 적당한 지점까지 러시아가 철도를 건설하는 것도 허락했다.

러시아가 뤼순과 다롄을 점령하자, 영국도 세력 균형을 핑계 삼아 곧바로 웨이하이웨이를 요구했다. 그곳은 배상금을 다 받은 일본군이 막 철수한 상태였다. 영국은 러시아의 전례를 따라 이 항구를 25년 동안 조차했다. 모든 세부 규정은 뤼순과 다롄을 조차한 내용과 동일하게 처리되었다. 당시 리훙장은 영국 공사와 논쟁을 반복했다. 영국 공사는 화를 내며 "공께서는 러시아 공사에 호소해야 합니다. 우리에게 말하지 마십시오. 러시아 공사가 손을 떼면 우리도 즉시 손을 떼겠습니다."라고 말했다. 리훙장은 할 말이 없었다. 매우 난처해하는 그의 모습이 가련하기도 하고 한탄스럽기까지 했다. 영국인이 보여준 일말의 동정이라면, 훗날 중국이 해군을 재건할 때 웨이하이웨이에 선박을 정박할 수 있게 빌려주겠다는 약속 정도였다.

이때부터 중국 영토의 할양은 하도 자주 보아서 이상할 게 없는 흔한 일이 되었다. 러시아, 프랑스와 영국이 차관 사건으로 충돌했을 때, 프랑스는 광저우 만을 요구했고, 그곳을 해군 근거지로 삼으려 했다. 당시 영국은 시장西江 일대를 통상 항구로 개방해 그 일대의 상업 권리를 독점하려고 중국 정부를 압박하고 있었다. 프랑스도 일이 긴박하게 돌아가는 것을 보고는 바로 독일의 행동을 따라서 직접 광저우 만으로 쳐들어왔다. 그런 뒤 그곳을 99년 동안 조차해줄 것을 요구했다. 중국은 저항할 힘이 없었기 때문에 요구를 들어줄 수밖에 없었다.

영국도 세력 균형을 유지하고 프랑스를 저지할 목적으로 99년 동안 주룽九龍을 조차해줄 것을 요구했다. 조약을 체결하기 하루 전, 리훙장은 영국 공사 클로드 맥도널드Claude MacDonald와 격렬한 논쟁을 벌였다. 리훙장은 "비록 당신네들이 주룽을 조차했지만, 산 위에 포대를 건설해서는 안 됩니다."라고 말했다. 이에 화가 난 영국 공사는 탁자를 치며 "많은 말이 필요 없습니다! 우리 영국이 이 지역을 요구한 것은 귀국이 광저우 만을 프랑스에 양보해서 우리의 홍콩이 위험해졌기 때문입니다! 만약 공께서 광저우 만 관련 조약을 폐기할 수만 있다면, 우리도 즉시 이 요구를 철회하겠습니다."라고 언성을 높였다. 이 말을 들은 리훙장은 울분을 억누르며 아무 말도 할 수가 없었다. 이날이 1898년 6월 5일이었다.

6월이 되자, 또 영국과 러시아 간에 격렬한 싸움이 일어났다. 루한蘆漢 철도와 뉴좡牛莊 철도 사건이 바로 그것이다. 처음에 루한 철도를 맡았던 성쉬안화이盛宣怀는 1897년 4월 벨기에의 한 회사와 차관 계약을 체결하고, 다음해 1월~2월 첫 번째 차관을 해준다는 약속을 받았다. 하지만 독일이 자오저우를 점령하자 이 회사는 갑자기 약속을 저버리고 계약을 변경하지 않으면 차관을 제공하지 않겠다고 말했다. 성쉬안화이는 리훙장, 장즈퉁과 상의한 후 다시 새로운 계약을 체결했다. 새로 체결한 계약에서 벨기에 회사는 단지 꼭두각시에 불과했다. 실권은 모두 화어은행華俄銀行이 장악하고 있었는데, 화어은행은 실제로 러시아 정부의 은행이나 다름없었다. 이 조약으로 인해 황허 이북 지역은 전부 러시아 세력권이 되었다. 또한 러시아는 시베리아 철도를 상트페테르부르크를 기점으로 하고 한커우漢口를 종점으로 할 수 있게 되었다.

이를 크게 시기한 영국은 곧바로 러시아의 철도 노선을 횡단하는, 산하이관에서 뉴좡에 이르는 철도를 자신들이 맡아 건설하겠다고 제의했다. 러시아 공사는 영국을 제지하기 위해 총리아문으로 와서 큰 소란을 피웠다. 영국과 러시아 양국은 거의 개전開戰 직전과 같은 긴박한 상황에 빠져들었다. 양국은 똑같이 중국 정부에 책임을 돌리며 화를 냈다. 수많은 어려운 문제들이 몇 명의 외교관에게 집중되었다. 당시는 광서제가 이제 막 친정親政을 시작하고 그동안 지체되었던 모든 일들을 다시 시행하는 시기로, 리훙장이 러시아와 연합해 나라를 그르치는 행위를 황제는 몹시 못마땅하게 여겼다. 9월 9일, 황제는 조서를 내려 리훙장을 총리각국사무위문행주의 직무에서 물러나게 하고 외교 풍랑을 가라앉혔다. 리훙장의 외교관으로서의 생애는 이렇게 끝이 났다.

서양인들은 리훙장이 외교 수완이 좋은 외교관이었다고 말한다. 또 어떤 사람들은 리훙장이 교활하고 간사한 외교관이었다고 말한다. 사실 교활한 외교 수완은 외교관의 악덕이 아니다. 세계 각국은 나란히 서서 생존경쟁을 하고 있으며, 오직 이익만을 추구하고 있다. 그래서 서양 철학에서는 항상 "사람은 도덕이 있지만, 국가는 도덕이 없다."라고 말한다. 여러 나라의 위대한 외교가라 불리는 사람들을 한번 봐라. 누구 하나 교활한 외교 수완 없이 명성을 얻은 사람이 있는가?

그러나 중국에서 외교술이 제일이라는 리훙장도 세계에서는 제일 뒤쪽에 위치한다. 리훙장의 외교 수단은 주로 다른 국가와 연합해 또 다른 국가와 균형을 이루는 것이었다. 그러나 소위 연합이라는 것은 평시에 맺어지는 것이 아니고, 일이 있을 때만 임시로 맺어지는 것이다. 그는 아마도 『전국책戰國策』[2]에 있는 사상을 가슴속에 담아두었던 것 같다. 그는 프랑

---

2 『전국책』: 주周나라 정정왕貞定王 57년(기원전 454)으로부터 진시황 37년(기원전 210)에 이르기까지 약 240년 동안의 정치, 사회와 책사언행策士言行을 기록한 역사책이다. 전국시대에 활약한 외교 전술가들은 종횡가從橫家라고 부르는데,『전국책』은 이러한 종횡가의 책략을 모은 것이다.

■ 중국을 집어삼키려는 열강들을 풍자한 1898년 프랑스의 정치풍자만화 〈중국-왕들과 황제들의 파이〉. 영국의 빅토리아 여왕, 독일의 빌헬름 2세, 러시아의 니콜라이 2세, 1848년에 자유, 평등, 박애의 프랑스 혁명정신과 프랑스공화국을 상징하는 여성상으로 공표된 프랑스의 상징 '마리안Marianne', 그리고 일본의 메이지 천황이 중국을 나눠 가지려는 것을 청나라 대신이 손을 들고 저지하려 하지만, 힘이 없다. 이 풍자만화는 당시 중국을 차지하려는 열강들의 제국주의적 속성을 은유적으로 묘사하고 있다.

스-베트남 사건 때는 영국과 독일을 부추겨 프랑스를 제지하려 했고, 청일 전쟁 때는 러시아와 영국을 부추겨 일본을 제지하려 했고, 자오저우 사건 때는 러시아, 영국, 프랑스를 부추겨 독일을 제지하려 했다. 결국 효과를 거둔 것은 하나도 없고, 오히려 그로 인해 잃은 것이 훨씬 더 많았다. 자오 저우, 뤼순, 다롄, 웨이하이웨이, 광저우 만, 주룽의 사건들은 모두 이 정책 이 화근이었다.

세상은 단지 다른 사람에게만 의지해 생존할 수가 없다. 서양의 외교관 들도 모두 다른 나라와 동맹을 맺는 것에 열중했지만, 반드시 자신들이 자 립할 수 있는 방법을 확보한 후에 다른 사람을 제지했기 때문에 자신들은 제약받지 않을 수 있었다. 그러나 오늘날의 중국은 걸핏하면 다른 나라와 연합한다고 말만 하지, 먼저 그들이 우리와 연합하겠다고 했는지는 말하 지 않는다. 설령 그들이 우리와 연합을 한다 하더라도, 우리는 단지 그들 의 노예가 되어 유린당할 뿐이다. 리훙장은 어찌하여 이런 사실을 몰랐단 말인가? 내가 보기엔 그도 알고 있었으나, 단지 그것을 대신할 방법이 없 었을 뿐이다. 요약하면, 내정을 제대로 하지 않으면 외교를 내실 있게 처 리할 수가 없다. 오늘날 중국의 국력으로는 설령 리훙장보다 외교 수완이 10배 더 뛰어난 사람이 있다 하더라도 할 수 있는 대외 정책은 그저 참고 견디는 것뿐이다. 이것이 내가 리훙장을 불쌍히 여기는 이유이다. 일본을 견제하기 위한 술책인 중러밀약 이외에 리훙장이 처리한 다른 사건들에서 는 술책을 활용하는 것을 보지 못했다. 그러나 한 번 사용한 이 술책 때문 에 훗날 여러 가지 곤란한 문제들이 발생했으니, 이 또한 자업자득이라 하 겠다. 이런 상황인데 구태여 나까지 슬퍼할 필요가 있겠는가?

■부연 설명: 자오저우 사건 이후의 여러 사건들은 리훙장 한 사람에게만 책임이 있는 것이 아니다. 공친왕과 장인헝도 총리아문의 중요 인물이었다. 리훙장과 함께 그들도 책임을 져야 할 필요가 있음을 독자들이 몰라서는 안 된다.

제10장 한직에 있을 때의 리훙장

량광 총독 시절의 업적과 과오

리훙장이 한가했다고 말할 수 있는 시기는 1885년 4월부터 1886년 4월까지의 1년과 1898년 9월부터 1900년 9월까지의 2년뿐이다. 하지만 1898년부터 1900년 사이에도 그는 황허를 치수하라는 명령을 받고 상무대신 및 량광 총독으로 임명되었다. 만약 다른 사람이었다면 이 자리가 매우 인정받는 자리라고 생각했겠지만, 그에게는 한직이나 다름없었다.

량광 총독에 부임한 리훙장은 범죄 현장에서 범인을 잡는 즉시 극형에 처하는 제도를 부활시켜 많은 사람들을 교화 없이 범죄 현장에서 곧바로 죽였고, 도박을 권장하면서 '체포 경비'라는 그럴듯한 이름의 세금을 거두어들임으로써 스스로 자신의 도덕성과 명예를 손상시켰다. 또 "해외에서 캉유웨이 일당의 기세가 날로 커지고 있으니 진압하라."는 조정의 명령에 해외에서 활동하던 정치가들의 무고한 가족을 죽이기도 했다.

황허 치수 사업에 작지만 의미 있는 공헌을 하다

1862년에서 1901년까지 40년 동안 리훙장은 늘 중요한 위치에 있었다. 그가 한가했다고 말할 수 있는 시기는 1885년 4월부터 1886년 4월까지의 1년과 1898년 9월부터 1900년 9월까지의 2년뿐이다. 하지만 1898년부터 1900년 사이에도 리훙장은 황허를 치수治水하라는 명령을 받고 상무대신商務大臣 및 량광 총독으로 임명되었다. 만약 다른 사람이었다면 이 자리가 매우 인정받는 자리라고 생각했겠지만, 리훙장에게는 한직이나 다름없었다. 그가 가장 한가했을 때는 1895년과 1896년 사이 내각에 들어갔을 때와 1898년 9월부터 12월까지 총리아문에서 물러났을 때인데, 정말로 책에 기록할 만한 내용이 하나도 없었다. 그는 량광 총독으로서 황허를 치수할 때도 보통 사람들과는 달랐다. 이 책에 그것을 덧붙여 기술하는 것도 역사를 쓰는 사람의 책임일 것이다.

황허는 치수가 어려운 것으로 널리 알려져 있었다. 그래서 수천 년 동안

■1898년 9월 이후 잠시 적합한 직위가 없었던 리훙장은 황허를 치수하라는 명령을 받고 상무 대신 및 량광총독으로 임명되었다.

모든 정치가들은 황허 치수를 아주 중요한 문제로 생각했다. 미국이 미시시피Mississippi 강을 다스린 것처럼 황허를 다스리지 못한다면 근본적인 문제를 해결할 수 없고 절대로 치수 성과를 얻을 수 없었다. 1898년 9월 이후 잠시 적합한 직위가 없었던 리훙장에게 이 임무가 맡겨졌다. 하지만 결과적으로 그는 황허 치수 사업 역사에 작지만 의미 있는 공헌을 했다.

범죄 현장에서 잡는 즉시 극형에 처하다

전임 량광 총독 리한장과 탄중린譚鍾麟의 뒤를 이어 리홍장이 부임했다. 당시 광둥의 모든 정무가 제대로 이루어지지 않아, 도적들이 자유자재로 돌아다녔고 강도 또한 도처에 널렸다. 그러나 리홍장은 부임 후 신속하게 질서를 잡았다. 그는 범죄 현장에서 잡는 즉시 극형에 처하는 제도를 부활시켜 엄정하고 잔혹하게 형벌을 집행해 죽는 사람이 헤아릴 수 없이 많았다. 학식 있는 사람들은 이 제도가 옳지 않다고 생각했다. 그러나 도적들은 리홍장의 위엄과 명성을 두려워하게 되었다. 결국 도적들은 잡혀서 죽거나 다른 곳으로 도망을 가버렸다. 이로써 광둥 지역은 평온을 되찾을 수 있었다.

도박을 권장하면서 세금을 거두다

하지만 리홍장은 광둥 사람들에게 좋지 않은 일을 하기도 했다. 그것은 바로 도박하는 사람들로부터 군인 급료 및 보급품 구입 경비를 충당한 것이었다. 광둥에서 도적질과 도박은 밀접한 관계가 있었다. 도적 중에서 도박을 하지 않는 자가 없었고, 도박하는 자 중에서 도적질을 하지 않는 자가 없었다. 리홍장은 도박을 권장하면서 '체포 경비'라는 그럴듯한 이름의 세금을 거두었다. 도박으로 딴 돈을 거둬들여 도적들을 체포하는 데 사용하겠다는 의미였다. 이것은 백성들이 도적질을 하지 않는 것이 걱정되어, 그들에게 도적질을 가르치는 것과 무엇이 다르단 말인가?

나쁜 것을 가르쳐놓고는 나쁜 짓을 했다고 죽여버리니, 이 제도는 사람이 할 짓이 아니라며 덕망 있는 자들은 모두 입을 모아 말했다.

맹자孟子는 "백성이 죄를 범한 후에 법으로 그들을 처벌한다는 것은 곧 백성을 속이는 것과 같다.及陷于罪. 然后從而刑之. 是罔民也"[1]고 말했다. 교화하지 않고 바로 처벌하는 것은 이미 백성을 속인 것이나 다름없다. 한술 더 떠서 리훙장은 사람들이 죄를 짓도록 권한 뒤 그들을 처벌하지 않았는가? 근본적인 문제를 해결하지 않고 눈앞의 재난만 없애려다가 오히려 더 큰 재난을 당한 것인데, 당시 리훙장이 판단력을 잃었던 것일까? 판단력을 잃은 것이 아니라면 어찌 말년에 자신의 도덕성과 명예를 손상시키고 후세에게 욕을 먹을 짓을 저질렀단 말인가? 어떤 사람은 리훙장이 "도박은 절대로 없앨 수 없기 때문에 차라리 그것을 이용해 정치에 필요한 경비를 모으는 것이 낫다고 생각했다."라고 말한다. 하지만 퇴폐풍조가 쉽게 근절되지 않는다고 기생집을 만든다는 것은 들어본 적이 없다. 또한 약탈하는 풍조가 쉽게 근절되지 않는다고 산적 소굴을 만든다는 것도 듣지 못했다. 이와 같은 이치를 리훙장이 알지 못했다고 할 수는 없다. 오히려 알면서도 그렇게 한 것이기 때문에 양심이 전혀 없었다고 말할 수밖에 없다. 리훙장이 광둥에 있을 때 황쭌셴黃遵憲의 건의를 받아들여 성省 소재지에 경찰법을 시행하려 했다고 한다. 하지만 법이 완성되기 전에 그는 광둥을 떠났다.

---

1 『맹자(孟子)』「양혜왕편梁惠王篇」상上.

교활한 천주교 신자들에 맞서다

광둥에는 중국인과 서양인, 좋은 사람과 나쁜 사람이 모두 뒤섞여 살고 있었다. 일부 교활한 무리들은 천주교 신자가 된 것을 마치 부적처럼 생각하고 마을에서 늘 난폭한 짓을 했다. 게다가 천주교 신부들은 자신들이 대신 책임을 지고 그들을 용서해주었다. 최근 10년 동안 광둥의 대사大使들은 모두 나약하고 무능력하며, 금방이라도 죽을 것 같은 나이 든 인물들이었다. 그들은 서양인을 호랑이 대하듯 두려워했고, 그로 인해 교활한 천주교 신자 무리들은 기세가 더욱 등등했다. 리훙장이 광둥에 부임하자, 그들은 늘 해왔듯이 예전과 같은 방법으로 리훙장을 시험했다. 리훙장은 신부들을 모아놓고 올바른 이치와 권한의 한계를 분명하게 설명하고, 그 한계를 넘는 것을 절대 용서하지 않겠다고 말했다. 몇 가지 일로 본때를 보이자, 다시는 감히 나쁜 짓을 하는 자가 나타나지 않았다. 아! 수십 년 동안 숙련된 외교가인 리훙장이 큰 적을 감당하기에 능력이 부족했는지는 모르지만, 이런 하찮은 자들을 처리하는 것은 일거리도 되지 않았다. 오늘날도 지방관들은 여전히 종교 관련 업무를 가장 꺼려한다. 정말 불쌍하다.

"캉유웨이 일당의 기세를 진압하라"

리훙장이 량광 총독으로 막 부임했을 때 "해외에서 캉유웨이康有爲 일당의 기세가 날로 커지고 있으니 진압하라."는 조정의 유지가 내려왔다. 리

캉유웨이

청나라 말기 및 중화민국 초의 학자이자 정치가
(1858~1927). 무술변법戊戌變法의 핵심 지도자이
다. 광둥 성 난하이 현南海縣 출신. 전통적인 유교
를 새로운 관점에서 보는 공양학公羊學을 배우고
널리 유럽의 근대 사정도 익혔다. 그 무렵에 격렬
해진 열강의 침략에 저항하기 위해 일본의 메이지 유신明治維新을 본떠 국
회를 열고 헌법을 정하여 입헌군주제로 하는 정치적 개혁(변법자강책變法
自彊策)의 필요성을 느꼈다. 그는 고향에 사숙私塾 만목초당萬木草堂을 열
고 량치차오梁啓超 등을 교육하는 한편, 황제에게 상서上書를 올리고 베이
징, 상하이에서 면학회勉學會를 조직하는 등 활동을 하기 시작했다.

1898년 캉유웨이의 '변법자강책'은 제사帝師인 웡퉁허翁同龢를 통해 광서
제光緖帝에게 받아들여졌다. 그의 변법자강책에는 과거제도 개혁, 실업의
장려, 탐관오리 혁파, 각종 경제 개혁 등이 담겨 있고, 무술변법을 통해 이
중 일부가 실행에 옮겨지기도 했다. 그 내용은 시대의 조류에 알맞은 것
이었으나 개혁의 추진력이 궁정 내의 일부에 한정되었고, 국민들과의 광
범한 유대가 없었기 때문에 실효를 거두지 못했다. 그의 무술변법은 광서
제의 권위에만 의존했으며, 결국 서태후 등 반개혁파에게 패배해 외국으
로 망명을 가는 결과로 끝이 난다. 이로 인해 무술변법은 '100일 변법'이
라고도 불린다. 망명 후 보황회保皇會를 설립해 의화단義和團의 난을 틈타
광서제의 복위를 꾀하기도 했으나, 그의 사상은 차차 쇠퇴하여 쑨원孫文
등의 혁명파에 의해 대체되었다.

홍장은 해외에서 활동하던 정치가들의 가족 3명을 붙잡아 죽였다. 그들은 죄가 없는데도 처벌을 받은 것이다. 무고한 백성에게 피해를 끼쳤으니 이보다 심한 야만 정치는 없다. 어떤 사람은 "이것은 리홍장의 뜻이 아니었다."라고 말한다. 설령 그렇더라도 나는 이 사실을 숨길 수가 없다.

제11장 리훙장의 말년

죽기 직전까지 국사를 걱정한
한 시대의 풍운아

리훙장은 오랫동안 고난을 겪었고, 어느덧 인생의 말년에 다다랐다. 1901년에 들어서는 간질환이 더욱더 악화되었고, 늘 화를 내는 모습이 마치 정신병자 같았다. 게다가 러시아 공사는 일부러 리훙장의 명을 재촉하듯 매일 겁을 주면서 일을 독촉하며 사람을 견디기 힘들게 만들었다. 결국 그는 1901년 11월 7일 베이징 현량사에서 병사했다.

그가 죽기 1시간 전에도 러시아 공사가 와서 문서에 서명할 것을 재촉했다. 임종 때 그는 집안일에 대해서는 한 마디도 하지 않은 채, 단지 이를 갈며 "위셴이 국가를 이 지경으로 망쳐놓은 것이 너무나도 원망스럽다."라고 말하고 "황제와 태후는 돌아오려 하지 않는구나."라며 긴 탄식을 토한 뒤, 향년 78세를 일기로 세상을 떴다.

의화단 사건, 무술변법의 반작용

리훙장은 처음에 장쑤 순무로 임명되었으나, 이름만 있었을 뿐 실제로 부임하지는 못했다. 마지막으로 즈리 총독에 임명되었으나, 역시 이름만 있었을 뿐 부임하지는 못했다. 설마 운명이 그를 희롱한 것일까? 비록 그렇다 하더라도, 과거와 현재의 변화는 사람들을 숨 가쁘게 만들었다.

리훙장이 량광 총독을 맡은 지 1년 뒤, 1900년에 의화단義和團 사건[1]이 발생했다. 의화단 사건은 왜 발생했을까? 바로 무술변법戊戌變法[2]의 반작

---

1 의화단 사건: 청나라 말기인 1900년 중국 산둥 성에서 일어난 반기독교 폭동을 계기로 화베이華北 일대에 퍼진 반제국주의 농민투쟁. 북청사변北淸事變 혹은 단비團匪의 난이라고도 한다. 중심 세력인 의화단은 백련교白蓮敎 일파로 불리는 종교적 비밀결사로서, 당시의 사회 모순, 기독교 포교, 독일의 진출 등에 반감을 품고 '부청멸양扶淸滅洋'을 부르짖으며 무력적 배외운동을 전개했다. 1899년 산둥 성 서부에서 폭동을 일으키고, 외국인 특히 기독교도를 박해했으며, 청조에서도 이를 선동해 폭동이 확대되었다. 1900년에는 베이징에까지 들어와 관군과 함께 열국의 공사관을 공격했으나, 영국, 러시아, 독일, 프랑스, 미국, 이탈리아, 오스트리아, 일본 등 8개국 연합군에게 격파되었다. 1901년 9월 베이징 의정서北京議定書(신축조약辛丑條約)의 성립으로 사건은 마무리되었으나, 엄청난 배상금 지불을 포함한 12개 항의 내용은 독립국의 면모를 실추시키는 동시에 중국의 식민지화를 더욱 촉진시키는 결과를 가져왔다.

■ 청일전쟁 패전과 그에 따른 제국주의 열강에 의한 중국 분할로, 유럽의 무기와 기술만을 도입하려는 양무운동洋務運動의 한계를 깨달은 캉유웨이(왼쪽)와 량치차오(오른쪽)는 일본의 메이지 유신을 본받아 변법자강운동을 주도했으나, 서태후를 중심으로 한 보수 세력의 반격(무술정변)으로 100일 만에 실패했고, 캉유웨이는 영국으로 망명하고 량치차오는 일본으로 도망쳤다.

용이었다. 처음에는 광서제가 유신維新 때문에 서태후를 노하게 만들었고, 9월의 무술정변[3] 이후에는 무술변법을 시행하려 했던 6명이 처형되었고, 소인배들이 기를 펴고 활동하기 시작했다. 이에 캉유웨이는 영국으

2　무술변법: 1898년 캉유웨이와 량치차오가 주도한 개혁 운동으로, 변법자강운동變法自强 運動이라고도 한다. 당시 광서제는 서태후의 손아귀에 휘둘리고 있었고, 이러한 상황을 타개하고 개혁 정치를 추구하기 위해 캉유웨이의 갖가지 정책을 지지하게 된다. 캉유웨이의 변법자강책에는 과거 제도 개혁, 조세 개혁, 탐관오리 혁파, 각종 경제 개혁 등이 담겨 있었고, 이중 일부를 실행에 옮기기도 한다. 그러나 그의 무술변법은 광서제의 미약한 권위에 의존했고, 결국 서태후 등 반개혁파에게 패배해 외국으로 망명을 가는 결과로 끝이 났다. 이로 인해 무술변법은 '100일 변법'이라고도 불린다.

3　무술정변: 1898년에 서태후와 조정 보수파 관료들이 정변을 일으켜 개혁파를 축출하고 실권을 잡은 사건이다. 1899년에 청나라 광서제가 등용한 캉유웨이 등의 개혁파가 전제정치를 폐지하고 정치개혁에 착수했으나, 서태후를 비롯한 수구파 관료들의 반대 음모로 실패해, 광서제가 유폐되고 개혁파들이 체포되어 전제정치가 부활되었다. 이로써 캉유웨이의 변법자강운동은 100일 만에 끝이 나고 이후 청조는 수구파가 지배하게 되었다.

■ 1900년 당시 의화단의 모습. 의화단은 19세기 말 청나라 말기 백련교白蓮敎 일파로 불리는
종교적 비밀결사로, '청나라의 전복'과 '외세의 배격'을 목표로 무장 봉기를 일으킨 단체이다.
이들은 손오공이나 저팔계 따위를 신으로 숭배하면서 칼에 맞아도 피를 흘리거나 부상을 입지
않으리라 믿었다고 한다.

로 망명했고, 량치차오는 일본으로 도망쳤다.

조정을 장악하고 있던 완고당은 원래부터 외국인을 원수로 여겼고, 국제법도 알지 못했다. 또 외국인들이 캉유웨이 및 량치차오와 결탁하여 자신들을 음해하려 한다고 생각했다. 그래서 외국인에 대한 원한은 더욱더 깊어졌다. 또한 톈진 교안과 독일의 자오저우 점령 이후로 북부 지방 백성들은 외국인에 대한 분노와 증오가 계속 쌓여만 갔다. 결국 미신을 믿는 이들은 이 기회를 틈타 일어났다. 완고당은 이들을 이용하면 자신들의 목적을 이룰 수 있다고 생각했다. 그 결과, 의화단은 실질적으로 정부와 민간 연합체가 되었다. 하지만 그들의 목표는 같지 않았다. 공공심公共心에서 출발한 민간인들은 우둔하고 책략이 없어 가련하기 그지없었다. 완전히 사심에서 시작한 정부는 지나치게 거만하고 도리에 어긋나는 짓을 하여 온 세상 사람들이 증오했다.

만약 당시 리훙장이 즈리 총독이었다면 이런 큰 재앙을 피할 수 있었을지도 모른다. 최소한 변란이 발생했을 때, 위안쉬袁旭와 쉬징청許景澄보다 훨씬 더 빨리 적극적으로 개입했을 수도 있다. 하지만 이는 아무도 알 수 없는 일이다. 하늘은 이 변란이 빨리 평정되게 하지도 않았고, 리훙장을 일찍 죽게 놔두지도 않았다. 마치 일부러 하나의 사건을 만들어 리훙장에게 또다시 일생일대의 큰 성과를 안겨주려는 것 같았다. 1900년 7월 이후, 연합군이 수도(베이징) 근처까지 쳐들어왔다. 다시 리훙장이 전권의화대신全權義和大臣으로 임명되었다.

■ 1900년 베이징에서 찍은 리훙장의 모습. 1900년 6월에 의화단이 베이징에 있는 외국 공관을 포위 공격하자, 8월 14일 영국, 일본, 미국, 독일, 러시아, 프랑스, 오스트리아, 이탈리아, 이 8개국 연합군이 베이징을 점령했다. 당시 80세에 가까운 리훙장은 청나라 대표로 11개국과 평화회담을 했고, 1901년 9월 7일에 불평등조약인 신축조약(베이징 의정서)을 체결했다.

당시 리훙장이 취할 수 있었던 상·중·하책

어떤 사람이 당시 리훙장이 취할 수 있는 방법을 생각했는데, 그가 생각한 방법은 다음과 같다. 리훙장이 량광에서 자립해 아시아에 새로운 정부를 여는 것이 상책上策이다. 군대를 이끌고 북상해 황실을 받들고, 의화단을 토벌하여 세계 각국에 보여주는 것이 중책中策이다. 황제의 명을 받들어 베이징으로 들어가 완고당이라는 호랑이 굴에 몸을 던져 그들이 바라는 대로 행동하는 것이 하책下策이다.

그러나 첫 번째 방법은 반드시 비범한 학식과 기백이 있어야만 실행할 수 있는 것인데, 리훙장은 그런 사람이 못 되었다. 그는 40년 전 중년기에도 관습을 깨는 행동을 하지 못했는데, 하물며 80세에 가까운 노인이었던 당시에 어떻게 그런 일을 해낼 수 있었겠는가? 그러므로 이 말을 한 사람은 리훙장이 어떤 사람인지 전혀 몰랐던 것이다.

두 번째 방법은 비교적 현실에 부합한다. 그러나 당시 광둥 성에는 실제 가용한 병력이 없었고, 게다가 위험 부담도 있었다. 만약 리훙장과 사이가 나쁜 대신이 있어, 리훙장을 탄핵하고 리훙장의 군대로 반란을 일으킨다면, 리훙장은 이러지도 저러지도 못하는 상황에 처하게 되어 대단히 힘들었을 것이다! 또한 리훙장은 매일 대충대충 끌려 다니며 자신의 신분과 명성을 보전할 생각만 한 인물이었다. 그렇기 때문에 그 스스로도 이 방법은 선택하지 않았을 것이다. 그는 자기 혼자 베이징으로 들어간다면 의외의 일이 발생할지도 모른다는 것을 알고 있었다. 그래서 상하이에서 몇 달을 머물며 출발하지 않았다.

열강 11개국과 신축조약을 체결하다

황제와 태후가 시안西安으로 도망가고 나서야 평화회담이 시작되었다. 이번 평화회담은 지난 번 일본에 갈 때처럼 험난하지는 않았다. 그러나 골칫거리와 풍파는 오히려 더 많았다. 리훙장은 평화회담 기간 중에 맑은 정신을 유지했고, 천천히 상의하고 토론했다. 다행히 소란스럽고 어지러운 상황에 질려버린 연합국들도 신속히 사태가 해결되기를 바랐다.

■ 1901년 9월 7일, 신축조약 조인식에 참석한 각국 대표들. 오른쪽에서 두 번째가 리훙장이다.

중국 조정도 후회하는 모습을 비췄다. 결국 1901년 9월, 12개 조항의 신축조약后丑條約[4]이 체결되었다. 그 주요 내용은 다음과 같다.

제1조

중국은 순친왕醇親王 짜이리載澧를 독일로 보내어 독일 황제에게 독일 대사 피살에 대해 사죄한다. 그리고 독일 대사가 피살된 곳에 추모비를 건립한다.

4　신축조약: 의화단 사건 당시 열강 8개국 연합군이 중국 베이징을 점령한 다음 청나라 정부를 압박해 1901년 9월 7일에 체결한 불평등조약으로, 베이징 의정서라고도 한다. 청 정부 측 대표인 이쾅, 리훙장과 영국, 독일, 일본, 미국, 러시아, 오스트리아, 프랑스, 이탈리아, 네덜란드, 스페인, 벨기에 등의 11개국 대표가 베이징에서 체결했다. 관세를 담보로 한 막대한 배상금 지불, 외국 군대의 베이징 주둔, 모든 배외운동의 적극적인 탄압을 약속했다. 신축조약 체결로 서구 열강은 중국에 대한 통치를 강화했으며, 청 정부는 이에 반대할 힘이 없었다.

제2조

의화단을 도왔던 대신들에게 죄를 묻고, 전쟁에 반대했던 대신과 의화단 이용을 반대했던 대신들은 복직시키거나 상을 내린다.

제3조

중국은 일본에 대사를 보내서 일본 공사관 관원이 피살된 것을 사죄한다.

제4조

의화단운동 시기에 훼손되거나 모욕을 당한 외국인 무덤은 각국 공사관에서 다시 고친다. 중국은 베이징 부근의 묘지에 대해서는 각 묘지당 백은白銀 1만 냥, 다른 성의 묘지에 대해서는 백은 5,000냥을 지불한다.

제5조

중국은 무기와 탄약 수입을 2년간 금지한다.

제6조

중국은 각국에 전쟁 배상금으로 백은 4억5,000만 냥을 지급한다. 39년에 걸쳐 분할 상환하며, 연 이자율은 4%이다. 이를 위해 관세關稅와 염세鹽稅 등을 차압한다.

제7조

베이징의 대사관 구역 내에 중국인의 거주를 금지하고, 각국은 호위를 위해 파병할 수 있다.

■신축조약체결서. 1901년 9월 7일에 체결한 신축조약은 불평등조약으로, 베이징 의정서라고도 한다. 이 조약으로 청나라는 관세를 담보로 한 막대한 배상금 지불, 외국 군대의 베이징 주둔, 모든 배외운동의 적극적인 탄압을 약속했다.

제8조

다구大沽 포대 및 베이징과 톈진 사이에 있는 포대를 모두 파괴한다.

제9조

다른 나라들은 베이징과 산하이관 사이의 철도 옆 주요 지점 12곳에 군대를 주둔시킬 수 있다.

제10조

중국은 외국에 저항한 자들을 처벌한다.

제11조

중국은 수로를 개선하며, 대외무역을 개선한다.

제12조

총리각국사무아문總理各國事務衙門을 외무부로 고친다.

러시아와 중러만주조약을 체결하다

신축조약(베이징 의정서)이 체결된 후에도 리훙장이 끝맺지 못한 일이 한 가지 있었다. 그것은 바로 러시아의 만저우滿洲 사건이다. 맨 처음 중러밀약의 내용 중에 러시아는 군대를 파견해 동청철도東淸鐵道⁵를 보호하는 권한을 가진다는 규정이 있었다. 의화단운동이 활발해지자 양국 사이에는 교전이 있었고, 러시아인들은 이를 구실로 분쟁을 일으켰다. 지린吉林, 헤이룽장黑龍江 등지에서 진격을 시작해 잉커우에 도달했다. 당시 베이징은 연합군의 공격을 받고 있는 상황이라 러시아에 신경을 쓸

---

5 동청철도: 만주 북부 만저우리滿洲里와 쑤이펀허綏芬河를 잇는 철도 노선으로, 오늘날 하얼빈哈爾濱 철도의 옛 이름이다. 1911년 중화민국이 성립한 뒤에는 중동철도中東鐵道로 불렸다. 1896년 중러밀약에 의해 러시아가 북만주를 횡단해 시베리아 철도와 블라디보스토크를 잇는 부설권을 획득했으며, 또한 1898년 하얼빈~뤼순 사이 남부지선 부설권을 획득, 1900년 의화단 사건으로 상당한 피해를 입었으나, 1901년 전선全線을 개통하고, 1903년 영업을 개시했다.

겨를이 없었다. 러시아는 평화회담이 시작되자, 이 일은 당연히 중국과 러시아 두 나라가 별도로 협상해야 한다며 베이징 일과는 연관성이 없다고 단호하게 말했다. 중국 정부는 어쩔 수 없이 이 요구를 수락했다. 각국과 평화조약을 체결한 후, 마침내 만저우에서 문제가 발생했다. 리홍장은 러시아를 두려워했는가, 아니면 러시아를 가까이했는가? 어쩔 수 없는 것이 도대체 무엇인가? 비록 자세한 내용은 알 수 없지만, 회담이 시작될 때부터 리홍장이 동북3성 전부를 러시아의 세력 범위로 인정했다는 것은 분명하다.

제1조
러시아는 만저우를 중국에 반환한다. 행정사무는 전과 같이 처리한다.

제2조
러시아는 군대를 남겨 만저우 철도를 보호한다. 지방 상황이 안정되고, 본 조약의 가장 주요한 4조가 모두 이행된 뒤 철수한다.

제3조
만약 사변이 일어나면, 러시아는 이 군대로 중국의 진압을 도울 것이다.

제4조
만약 중국의 철도(만저우 철도를 가리키는 것으로 생각된다)가 개통되지 않으면, 중국은 만저우에 군대를 주둔시킬 수 없다. 만약 훗날 군대를 주둔시킬 수 있게 된다면, 주둔군의 병력 수 역시 러시아와 협상해야 한다. 또한 만저우에 무기를 들여와서는 안 된다.

제5조
만약 지방 관원이 문제를 해결하는 것이 깔끔하지 않을 시, 러시아 정부가 요청하면 이 관원을 반드시 파면해야 한다. 만저우를 순찰하는 군대는 반드시 러시아와 상의하여 병력 수를 결정하고, 외국인은 쓰지 않는다.

제6조
만저우와 멍구蒙古의 육군 및 해군은 외국인을 초빙해 훈련해서는 안 된다.

제7조
중국은 당연히 뤼순커우의 베이진저우北金州에 대한 자주권을 포기한다.

제8조
만저우, 멍구, 신장 이리伊犁 지역의 철도와 광산, 그리고 기타 이익은 러시아 승인 없이는 다른 국가에 양보해서는 안 된다. 설령 중국이 이용하더라도 반드시 러시아 승낙을 거쳐야만 한다. 뉴장 주변 지역은 다른 나라에 조차해서는 안 된다.

제9조
러시아의 군사비용은 모두 중국이 지불한다.

제10조

만약 만저우 철도회사에 손실이 발생하면 중국 정부는 반드시 회사와 상의하여 해결책을 결정한다.

제11조

현재 손해를 본 것들은 중국이 당연히 배상해주어야 한다. 손해 전부를 배상하거나, 혹은 실제 이익의 일부분을 담보로 한다.

제12조

중국은 만저우 철도의 지선을 바꾸어 베이징에 이르는 철도를 건설하는 것을 허가한다.

이 중러만주조약中俄満洲条約의 초안이 공포되자, 남쪽에 있는 각 성省의 관원들과 백성들은 모두 흥분한 채 분노했으며, 잇따라 전보를 보내 조약 체결을 저지해야 한다고 건의했다. 어떤 사람들은 공개적으로 연설을 했고, 공동 성명을 올려 이 조약 체결을 저지하기도 했다. 영국, 미국, 일본 등은 자국의 언론을 통해 이 일에 간섭하겠다는 의사를 표명했다. 러시아 공사는 이런 형세에 눌려 결국 양보하기로 했다. 몇 달 후, 중러만주조약은 다음과 같이 수정되었다.

제1조

위와 같다.

제2조

위와 같다.

제3조

위와 같다.

제4조

중국은 만저우에 군대를 주둔시킬 수 있지만, 군대의 병력 규모는 반드시 러시아와 상의한다. 러시아가 병력 규모를 결정하면 중국은 이에 반대할 수 없다. 그러나 여전히 만저우에 무기를 들여와서는 안 된다.

제5조

위와 같다.

제6조

위와 같다.

제7조

삭제.

제8조

만저우의 광산 개발, 철도 건설, 그리고 기타 이익이 되는 것에 대해서 중국은 반드시 러시아와 상의한다. 만약 그렇지 않으면 이런 이익을 다른 나라 거주민에게 주어 경영하는 것을 허가하지 않겠다.

제9조
위와 같다.

제10조
위와 같다. 그리고 "이것은 베이징에 주둔한 각국 공사들의 협의로 채택한 방법이다."라는 문구를 첨가한다.

제11조
위와 같다.

제12조
중국은 만저우 철도 지선부터 즈리 성 경계선의 만리장성에 이르는 철도를 건설할 필요가 있다.

한 시대의 풍운아 역사 속으로 사라지다

이 시기 리훙장의 병은 매우 심각했다. 80세에 가까운 고령의 리훙장은 오랫동안 고난을 겪었고, 어느덧 인생의 말년에 다다랐다. 그런데 또 이런 변고를 당해 마음이 우울하고 피로가 쌓여 병에 걸렸고, 이미 보통 사람이 감당할 수 있는 한도를 넘어섰다. 1901년에 들어서는 간질환이 더욱더 악화되었고, 늘 화를 내는 모습이 마치 정신병자 같았다. 게다가 러시아 공사는 일부러 리훙장의 명을 재촉하듯 매일 겁을 주면서 일을 독촉하며 사람을 견디기 힘들게 만들었다. 리훙장은 쉬서우벙徐壽朋의 부고 소식을 들었을 때, 손으로 명치를 누르며 피를 토했고 죽음 직전까지 갔다. 결국 1901년 11월 7일 베이징 현량사賢良寺에서 병사했다. 그가 죽기 1시간 전에도 러시아 공사가 와서 문서에 서명할 것을 재촉했다. 결국 이 조약은 체결되지 않고, 다시 경친왕慶親王과 왕원사오王文詔에게 맡겨졌다. 임종 때 그는 집안일에 대해서는 한 마디도 하지 않은 채, 단지 이를 갈며 "위센毓賢[6]이 국가를 이 지경으로 망쳐놓은 것이 너무나도 원망스럽다."라고 말하고 "황제와 태후는 돌아오려 하지 않는구나."라며 긴 탄식을 토한 뒤 향년 78세를 일기로 세상을 떴다. 시안에 있는 정부는 전보를 듣고 크게 놀랐다. 다음날 상유上諭[7]가 도착했다.

짐은 태후의 명을 받는다. 대학사 일등숙의백 즈리 총독大學士一等肅毅伯 直隸總督 리훙장은 항상 주도면밀하게 계획하고 원대하게 생각하며 남들보다 재간이 뛰어났다. 한림翰林의 신분으로 회군을 통솔하여 태평천국과 염군을 섬멸하는 등 상당히 큰 공을 세웠다. 이에 조정은 특별히 은혜를 배풀어 승급하여 백작으로 봉했다. 또 즈리 총독 겸 북양대신으로 임명되어 어려움을 바로잡고 구제하여 중국과 외국이 화목하게 어울리도록 했다. 노련하게 나라를 운영했으며, 멀리까지 내다보며 나라를 위한 충성심을 불태웠

---

6 위센: 1842~1901. 청조 말기의 가혹한 관리로 유명했고, 극단적으로 외국 인사를 배척했다.

7 상유: 황제나 임금의 말씀.

다. 지난해 수도에 동란이 발생했을 때 특별히 대학사는 전권대신으로 파견되어 각국 사신들과 평화조약을 체결하여 시국에 큰 도움을 주었다. 원래 전반적인 형세가 안정된 후에 상을 내리려 했으나 갑자기 세상을 떴다는 소식에 심히 놀란 마음을 금치 못한다. 리홍장에게 특별히 은혜를 더해 대학사의 격에 맞게 무휼撫恤을 시행하며, 타라경陀羅經을 상으로 내려 함께 매장한다. 공친왕과 10명의 호위병을 보내어 추모하도록 한다. 시호를 문충文忠으로 하고 태부太傅로 추증追贈한다. 일등후작一等侯爵으로 봉하고, 현량사에 위폐를 올려 충신을 그리워하는 뜻을 표한다. 기타 장례 상의 예절은 다시 흠차를 통해 유지를 내리겠다.

그 후 백은 5,000냥을 내려 장례를 치르도록 했다. 리홍장의 아들 리징수李經述에게 4품경당四品京堂의 직위를 내리고, 리홍장의 일등후작을 계승하게 했다. 리징마이李經邁에게는 경당후보京堂候補를 내리고, 나머지 자손들도 적절한 우대를 해주었다. 천단天壇과 지단地壇에서 제사를 지내는 대우를 해주고, 또 그의 고향과 공을 세웠던 성省, 그리고 수도에 사당을 세우도록 명령을 내렸다. 지방관은 매년 설을 � 때 제사를 올리고, 국가의 사전祠典에 이름을 올렸다. 조정에서는 최고로 영예로운 대우를 해주었다. 갑자기 뜻하지 않게 한 시대의 풍운아가 북양함대와 진방연용津防練勇의 호위 속에서 이 세계와 국민들에게 영원한 이별을 고했다. 그의 사망 소식을 들은 나는 애도하는 글을 하나 썼다.

■한 시대의 풍운아 리홍장은 1901년 11월 7일, 향년 78세의 나이로 베이징 현량사에서 병사했다.

탄식하노니 그가 떠난 뒤로 서주와 사주 지역이 텅 비어 쓸쓸하구나.[8]

장강과 회수는 끝없이 흐르건만, 이제 영웅은 어디에 있단 말인가.

고개를 돌려보니 산과 강은 예전과 다르고, 오직 석양만이 아름답구나.

슬프기 그지없도다. 요동에 돌아온 신비스런 학[9]은 어디로 갔는가?

太息斯人去, 蕭條徐泗空, 莽莽長淮, 起陸龍蛇安在也.

回首山河非, 只有夕陽好, 哀哀浩劫, 歸遼神鶴竟何之.

8　당시선唐詩選 중 이백李白의 「경하비이교회장자방經下邳圯橋懷張子房」(경하비이교에서 장자방(장량張良)을 생각하다)에 나오는 "欺息此人去, 蕭條徐泗空(장자방이 죽은 이후로 쓸쓸하게도 서주와 사주 지역에는 인물이 없음을 탄식한다.)"이라는 시구를 차용한 것이다.

9　한漢나라 때 요동遼東 사람 정영위丁令威가 영호산靈虛山에서 도를 닦고 신선이 된 뒤 학으로 변하여 요동에 돌아와서 성문城門 앞 화표주華表柱(무덤 앞 양쪽에 세우는 한 쌍의 돌기둥)에 앉아 울다가 날아가버렸다는 고사에서 비롯된 말이다. 학으로 변한 정영위가 성문 앞 화표주에 앉아 있었는데, 이때 어떤 소년이 활로 쏘려고 하자 날아올라 공중을 배회하며 말하기를 "옛날 정영위가 한 마리 새가 되어 집을 떠난 지 천 년 만에 이제야 돌아와보니, 성곽은 의구한데 사람은 모두 바뀌었나니, 어찌하여 신선술을 배우지 않아 무덤만 즐비한고." 하고 탄식하고는 날아가버렸다고 한다.

제12장 결론

리훙장은 어떤 인물이었나?

진정한 영웅은 절대로 다른 사람의 힘에 의지하지 않고 자신 스스로 역량을 만들어낼 수 있어야 한다. 호시 도루와 크리스피는 모두 스스로 역량을 만들어냈다. 리훙장은 청나라 조정에서 부유하고 존귀한 생활을 하는 것에 만족했을 뿐이다. 만약 그가 국가를 강성하게 하고 국민을 이롭게 하는 것을 자신의 포부로 삼았다면, 어째서 정권을 40년간 잡은 노련한 공신이 민심을 얻지 못하고 구습에 얽매이는 것을 극복하지 못했을까? 리훙장의 학식은 호시 도루만 못하고, 리훙장의 열정은 크리스피만 못했다.

하지만 그렇다 해도 대국 중국에서 리훙장보다 학식 있고 열정 있는 사람을 몇 명이나 찾을 수 있는가! 19세기의 세계 여러 나라들에는 모두 영웅이 있었는데 유일하게 중국에만 영웅이 한 명도 없었다. 그래서 우리 중국인들은 결국 사슴을 가리켜 말이라고 하지(指鹿爲馬) 않았는가! 세상의 비웃음을 피하고자 리훙장을 전 세계에 추켜세우면서 "이 사람이 우리나라의 영웅이다."라고 말했다. 아! 그는 우리나라의 영웅이 되기에 적합한 인물이었다. 하지만 19세기 이전에 적합한 인물이었다.

리훙장이 중국의 수천 년 역사에서 중요한 인물이라는 점은 의심의 여지가 없다. 또한 19세기 세계사에서도 중요한 인물이라는 점 역시 분명 의심의 여지가 없다. 그렇다면 리훙장이라는 인물은 역사에서 어떤 위치를 차지하고 있을까? 리훙장과 중국 혹은 중국 밖의 다른 인물들을 비교해본다면 어떤 의미가 있을까? 이에 대해 한번 토론해보자.

리훙장과 곽광

역사가들은 곽광霍光(?~기원전 68)을 "불학무술不學無術(배운 것도 없고 재주도 없다)"이라고 평가하는데, 나는 리훙장도 "불학무술"이라고 평가하고 싶다. 그렇다면 리훙장과 곽광은 과연 같은 부류의 사람인가? 나는 다음과 같이 말하고 싶다. 리훙장은 곽광과 같은 권위도, 곽광과 같은 매력도 없었다. 리훙장은 근신하고 절제하는 사람이었지, 시세에 따라

■ 곽광. 중국 전한前漢의 장군. 무제를 섬기다가 무제가 죽자 실권을 장악했다. 어린 소제를 보좌하여 대사마 대장군大司馬大將軍이 되었으며, 소제가 죽은 뒤 선제를 즉위시켜 20여 년 동안 권력을 누렸다.

자신의 마음에 있는 생각을 비상한 행동으로 옮기는 사람은 아니었다. 그는 일생 동안 그 자신의 뜻을 크게 이루지 못했는데 어떻게 곽광과 비교할 수 있겠는가? 그러나 일반 학문 분야에서는 곽광보다 우위에 있었다고 할 수 있다.

리훙장과 제갈량

리훙장은 충신忠臣이고 유신儒臣이며 군사가이고 정치가이며 외교가이다. 중국 역사 이래 이와 같은 다섯 자격을 모두 갖추고 후세에 아주 오랫동안 흠모를 받는 사람으로 제갈량諸葛亮(181~234)만한 사람이 없다. 리훙장은 제갈량보다 수중에 많은 것을 가지고 있었으나, 군주의 신임을 얻는 데 있어서는 제갈량에 미치지 못한다. 그가 처음 상하이에서 군대를 일으켰을 때는 보잘것없는 3개 성城에 의지했다. 장난 지역에서 큰 공을 거두고 새 왕조를 창업하는 데 한계가 있었다는 점은 둘이 비슷하

■ 제갈량. 중국 삼국시대 촉한蜀漢의 정치가 겸 전략가. 명성이 높아 와룡선생臥龍先生이라 불렸다. 유비를 도와 오吳나라의 손권과 연합하여 남하하는 조조의 대군을 적벽의 싸움에서 대파했다. 221년 한나라의 멸망을 계기로 유비가 제위에 오르자 승상이 되었다.

다. 그러나 그 이후 군사적 성취를 보면 리훙장은 제갈량과 비교가 되지 않는다. 제갈량은 교활한 촉蜀 백성들을 다스리고, 관리들이 간사한 마음을 품지 못하게 하고, 모든 백성들을 강하게 만들었다. 그러나 리훙장은 수십 년 동안 중신으로 있으면서도 국민들이 자신을 따르게 만들지 못했다. 제갈량이 죽은 뒤 남긴 재산은 모두 합쳐 뽕나무 800그루가 전부였다. 그러나 리훙장은 천하의 부호富豪로 이름이 나 있었기에 큰 차이가 난다! 이들은 생을 다할 때까지 나라를 위해 견마연주犬馬戀主[1]처럼 충성을 한 것은 매우 비슷하다.

리훙장과 곽자의

리훙장이 나라를 중흥시키고 내란을 평정한 공로는 곽자의와 비슷하고,

---

1 견마연주: 개나 말이 그 주인을 생각한다. 군주를 사모하는 간절한 마음을 겸손하게 이르는 말.

■ 곽자의. 중국 당대의 무장. 안녹산安祿山의 난이 일어
나자 중원中原의 반란군을 토벌했고 위구르의 원군을 얻
어 창안과 뤄양을 수복했다. 토번(티베트)이 창안을 치려 하
자 위구르를 회유하고 토번을 무찔러 당나라를 구했다.

그들의 운명도 차이가 거의 없다. 그러나 곽자의郭子儀(697~781)는 난을
평정한 것 말고는 특별히 한 일이 없다. 그리고 군사가로서 리훙장의 모
습은 자신의 일생에서 일부분에 불과하다. 따라서 그들의 처지를 바꾼다
면 곽자의가 리훙장보다 더 잘 할 수 있을 것이라고 단정할 수 없다.

리훙장과 왕안석

왕안석王安石[2](1821~1086)은 신법新法 때문에 세상의 비난을 받았고, 리
훙장은 양무 때문에 세상의 비난을 받았다. 왕안석의 신법과 리훙장의
양무는 비록 완전한 정책은 아니었지만, 그들이 보인 큰 지식과 견문은

2 왕안석: 중국 송宋나라 신종神宗 때 재상. 그는 부국강병책富國强兵策으로 신법新法을 실시했는
데, 신법은 서하西夏와의 전쟁으로 인한 국가재정난, 관료제로 인한 폐해, 지나친 문치주의로 인한
군사력 약화 등을 극복하기 위해 추진된 개혁정책이었다. 부국책으로는 농전수리법, 방전균세법,
청묘법, 모역법, 균수법, 시역법을, 강병책으로는 장병법, 보갑법, 보마법을 시행했다. 왕안석의 신
법은 신종의 지지를 바탕으로 계속 시행해나갔으나, 지나치게 급진적이라는 평가와 함께 보수 관
료들의 반발로 그 목적한 바를 이루지 못했다.

■ 왕안석. 송나라의 개혁 정치가. 신법이라는 개혁책을 통해 균수법均輸法, 청묘법青苗法, 시역법市易法, 모역법募役法, 보갑법保甲法, 보마법保馬法 등을 실시했다. 하지만 이러한 그의 개혁 노력은 당쟁이 격화되고 정치가 혼란에 빠지면서 큰 성과를 거두지 못했다.

절대로 욕할 수 없다. 어질고 덕망이 높다는 사대부들은 그들을 도와주지 않고 삼삼오오 모여 험담하고 방해하면서 궁지로 몰았다. 그 결과, 어쩔 수 없이 신임하는 사람들을 자신의 곁에 두지 못했다는 점에서 왕안석과 리훙장은 처지가 같다. 그러나 왕안석은 황제의 지지를 받았기 때문에 국정에 대한 신중한 계획과 큰 포부를 가질 수 있었다는 점에서는 리훙장보다 낫다고 하겠다.

리훙장과 진회

중국의 일반 학자들은 리훙장이 진회秦檜[3](1090~1155) 같다는 욕을 아주 많이 한다. 이런 논조는 청불전쟁과 청일전쟁 중에 극에 달했다. 만약 평민이나 무뢰배가 이런 말을 했다면 그냥 이해해줄 수도 있다. 하지만

---

3 진회: 중국 남송南宋시대 고종高宗의 재상. 악비岳飛를 무고하게 죽이고, 주전파主戰派를 탄압해 금金나라와 굴욕적인 화친을 체결한 간신奸臣이다.

■ 쩡궈판. 중국 청나라 말기의 정치가, 학자. 태평천국의 난을 평정하고 서양 문화를 받아들여 허난에 조병국을 만들어 5 서국을 열었고 유학생을 해외에 보내는 등 청나라를 다시 강하게 만들려고 힘썼다. 이런 그의 밑에서 리훙장과 같은 큰 인물이 나오게 되었다. 그는 학자로도 뛰어나 고문古文, 송학宋學, 주자학을 연구하여 그 분야의 당대 제일가는 인물이 되었다.

지식인이나 고위층이 이런 말을 했다면 나는 대꾸할 가치를 못 느낀다. 그래도 굳이 한 마디 한다면 미친개처럼 제멋대로 짖어댄다고 해두자.

리훙장과 쩡궈판

리훙장과 쩡궈판曾國藩(1811~1872)의 관계는 관중管仲과 포숙아鮑叔牙[4], 한신韓信과 소하蕭何[5]의 관계와 같다. 뿐만 아니라 리훙장은 학문, 견문과 지식, 일처리 모두 다 쩡궈판이 도와줘서 좋은 결과를 거두었다. 따라서 리훙장은 쩡궈판의 문하생門下生이라고 할 수 있다. 세상 사람들은 리훙장이 쩡궈판에 미치지 못한다고 평한다. 그러나 유학자 쩡궈판에게 외교

---

4 관중과 포숙아: 제齊나라 사람 관중管仲 (?~기원전 645)과 포숙아鮑叔牙 (?~기원전 644)는 어려서부터 평생 깊은 우정을 나누었으며, '관포지교管鮑之交'라는 말은 "형편이나 이해 관계에 상관없이 친구를 무조건 위하는 두터운 우정"을 일컫는다.

5 한신과 소하: 한漢의 재상이던 소하蕭何 (?~기원전 193)는 한신韓信을 유방에게 천거했고, 그 후 한신은 대장군으로서 큰 활약을 하게 된다.

■ 쭤쭝탕. 중국 청나라 말기의 군인, 정치가. 1852년 이후 쩡
궈판의 상군湘軍을 지휘하여 태평천국의 난을 진압했다. 1866
년 중국 최초의 관영 조선소를 만들어 양무운동의 선구자가
되었으며, 1876년 흠차대신으로서 신장의 위구르족의 난을
진압하고, 1884년 청불전쟁 때는 평화 외교를 벌였다.

업무를 맡겼다면 리홍장의 교묘한 지혜와 빠른 눈치를 따라갈 수 없었을
것이다. 이는 사실 알 수 없는 일이다. 또 쩡궈판은 만족을 알고 그칠 때
를 알아야 한다는 신념을 굳게 지켜 때가 오면 결단성 있게 관직에서 물
러나겠다는 생각을 가지고 있었다. 그러나 리홍장은 혈기가 왕성하여 아
무리 어려운 일이라도 당연히 자신이 맡아서 처리했다. 쩡궈판처럼 어려
움을 두려워하여 피하려 하지 않았다는 점은 리홍장의 장점이다.

리홍장과 쭤쭝탕

당시 쭤쭝탕左宗棠[6](1812~1885)과 리홍장은 둘 다 유명 인물이었다. 그
러나 쭤쭝탕은 능력으로 승리했고, 리홍장은 인내 끝에 승리했다. 하지

---

6 쭤쭝탕: 1812~1885. 중국 청나라 말기의 군인, 정치가. 후난 성 태생. 1852년 이후 쩡궈판의 상
군을 지휘하여 태평천국의 난을 진압했다. 1866년 중국 최초의 관영 조선소를 만들어 양무운동의
선구자가 되었다. 1876년 흠차대신으로서 신장의 위구르 족의 난을 진압하고, 1884년 청-프랑스 전
쟁 때는 평화 외교를 벌였다.

■ 리슈청. 중국 태평천국의 무장. 홍슈취안이 거사할 당시에는 병졸에 불과했으나, 점차 두각을 나타내어 1859년 충왕忠王이 되었으며, 태평천국의 주역主役이 되었다. 태평천국을 사수하여 창저우, 우시, 쑤저우와 장난의 주요 도시를 점령하고, 상하이를 위협하면서 상승군과 역전하는 등 태평군 최후의 빛을 발했다. 1864년 난징이 함락된 후 홍슈취안의 아들을 옹호하고 탈출을 꾀했으나, 쩡궈판의 상군에게 잡혀 처형되었다.

만 쭤쭝탕의 기량은 리훙장에 미치지 못했다. 상군에서 자만한 자들이 쭤쭝탕을 수구당守舊黨의 수장으로 추대해 리훙장에게 대항하려고 했다. 사실 두 사람의 양무에 대한 견식은 우열을 가리기 어려웠다. 그리고 쭤쭝탕은 수구파가 아니었고, 리훙장도 유신파가 아니었다. 쭤쭝탕은 다행히도 리훙장보다 10여 년 일찍 저세상으로 갔기 때문에 살아생전 얻은 명성을 그대로 간직할 수 있었다. 이후의 어려운 일과 큰 비난은 모두 리훙장 혼자의 몫이었다. 그러니 쭤쭝탕이 운이 더 좋았다고 말할 수 있다.

리훙장과 리슈청

이 둘은 모두 근대의 호걸이었다. 리슈청李秀成(?~1864)은 태평천국에 충성했고, 리훙장은 청조에 충성했다. 리슈청은 '충왕忠王'에 봉해졌고 리훙장은 '문충文忠'이라는 시호諡號를 받았는데, 둘 다 그럴 만한 자격이 있다. 군사 지휘, 정치, 외교 능력은 리슈청과 리훙장이 거의 비슷했으나, 리슈청이 실패하고 리훙장이 성공한 것은 하늘의 뜻이다. 내가 근대를 두루 살펴보고 두 사람씩 비교하면서 조금의 유감도 없는 이들이 어찌 이 두 사람뿐이겠는가? 리슈청은 자오징셴趙景賢을 죽이지 않았고, 왕유링의 장례도 예를 다해 치러주었다. 하지만 리훙장은 항복한 팔왕八王을 죽였다는 점에서는 부끄러워해야 한다.

리훙장과 장즈퉁

10년 동안 리훙장과 함께 유명했던 인물이 바로 장즈퉁張之洞[7](1837~1909)이다. 그러나 장즈퉁이 과연 리훙장과 어깨를 나란히 할 수 있을까? 리훙장은 모든 것을 실천으로 옮긴 인물인 데 반해, 장즈퉁은 실속 없이 겉만 화려한 인물이었다. 리훙장은 명성에 연연하지 않았으나, 장즈퉁은 명성에 연연했다. 그래서 리훙장은 기꺼이 고생과 원망을 받아들였지만, 장즈퉁은 항상 교묘하게 자신의 이익만 추구했다. 장즈퉁은 외교 분야에서 항상 리훙장을 난처하게 만들었고, 그가 계획한 정책들은 말이나 행동으로 옮길 만한 것이 없었다. 리훙장은 다른 사람에게 "장즈퉁이

---

7 장즈퉁: 1837~1909. 중국 청나라 말기의 정치가이다. 1863년 진사시進士試에 합격한 뒤 여러 관로官路를 거쳐 량광兩廣 총독, 후광湖廣 총독을 지내고, 1907년 군기대신軍機大臣의 요직에 취임해 리훙장과 어깨를 겨루는 실력자가 되었다. 총독시대에 광둥廣東 해군과 우창武昌 육군을 서양식 편제로 바꾸고, 광둥, 우창, 한커우에 병기창과 조병창 및 방적·제사공장 등을 세웠다. 그 가운데에서도 한양철창漢陽鐵廠과 평샹萍鄕 탄광이 유명하다. 또한 외국 차관으로 징한京漢 철도를 건설하여 근대 이후 중국 관료자본의 창시자 가운데 한 사람이 되었다. 그러나 사상으로는 보수파에 속해 의화단이 봉기했을 때 이를 탄압했다.

■ 장즈퉁. 중국 청나라 말 정치가. 1907년 군기대신의 요직에 취임하여 리홍장과 어깨를 겨루는 실력자가 되었다. 보수적인 대외 강경론자로 총독 시대에 광둥 해군과 우창 육군을 서양식 편제로 바꾸고, 병기창과 조병창 및 방적·제사공장을 세우는 등 유교적인 전통을 살리면서 근대화 정책을 취했다.

관직에 앉은 지 벌써 수십 년이 되었는데도, 그의 의견은 아직까지도 서생 수준이다."라고 말한 적이 있다. 이 말은 장즈퉁의 평생을 잘 나타내주는 말이다. 항상 자만하고 도량이 좁으며 잔인하고 작은 일에 시끄럽던 장즈퉁은 상식이 있고 도량이 큰 리홍장과는 하늘과 땅처럼 차이가 난다.

리홍장과 위안스카이

리홍장의 유산을 지금까지 계승한 인물은 위안스카이袁世凱(1859~1916) 뿐이다. 위안스카이는 리홍장이 길러낸 인물이다. 그가 장년이 되어 처음 큰 임무를 맡았을 때만 해도 두각을 나타내지 못하고 지금과 많이 달랐다. 그러나 깊은 공명심과 용감한 기백을 바탕으로 파격적인 행동을 한 점은 오히려 리홍장보다 낫다. 앞으로 그의 마음 씀씀이가 어떠할지, 그의 의지력이 어떠할지는 지금으로서는 알 수가 없다. 하지만 오늘날

■ 위안스카이. 중국 청나라 말기의 무관, 군인이며 중화
민국 초기의 정치가. 청나라 말 총리교섭통상대신으로 조
선에 부임하여 국정을 간섭하고 일본과 러시아를 견제했
다. 청일전쟁에 패한 뒤 서양식 군대를 훈련시켜 북양군
벌의 기초를 마련하고 개혁파를 배반하고 변법운동을 좌
절시켰다. 이후 의화단의 난을 진압했으며 신해혁명 때
청나라 조정의 실권을 잡고 임시총통이 되었고, 이어 스
스로 황제라 칭했다.

의 관료들 중에서 자력과 명망, 재능 면에서 리훙장의 뒤를 이을 수 있는
인물은 위안스카이밖에 없다.

리훙장과 메테르니히

오스트리아의 재상 메테르니히Klemens Wenzel Nepomuk Lothar von Metternich[8]
(1773~1859)는 19세기의 제일가는 간웅奸雄이다. 그는 40년 동안 국사
를 담당하면서 오로지 교활한 외교 수단을 이용해 대외적으로는 전 유

---

8 메테르니히: 1773~1859. 오스트리아의 정치가. 이지理智와 뛰어난 용모, 변술을 무기로 출세했
다. 나폴레옹 지배(1801~1806) 때 베를린, 파리에 사신으로 갔는데, 그의 보고는 오스트리아를 반反
나폴레옹적 입장을 취했다. 1809년에 수상이 되었으며, 1813년에는 대對프랑스 동맹을 체결해 나
폴레옹을 굴복시켰다. 빈 회의에 출석해 사실상 회의를 주도하여 유럽 외교계의 제1인자로 군림했
다. 프랑스 혁명 전으로 복귀하자는 군주의 정통주의를 이상으로 삼고, 절대 군주들 사이의 국제적
단결을 강조하고 4국 동맹을 결성해 이를 주도했으며, 신성동맹에도 가입했다. 빈 회의 뒤의 '메테
르니히 체제'를 전개, 이탈리아, 독일 등의 자유주의, 국민 통일 운동을 억압했다. 국내에서도 경찰
을 정비, 가톨릭과 군대의 보호와 증강에 주력하는 한편 생활 개선에도 노력했다. 하지만 7월 혁명
에 대한 탄압은 그의 몰락 원인이 되어 1848년 3월 혁명에 의해 완전히 실각했다.

■ 메테르니히. 오스트리아의 정치가. 베를린·파리 주재공사, 외무장관 등을 지냈고 대對나폴레옹 해방 전쟁에서 승리한 후, 빈 회의 의장으로서 유럽의 질서 회복을 위한 외교상의 지도권을 장악했다. 재상이 된 이후 정책 실패로 실각, 망명했다.

럽을 지휘했고, 대내적으로는 민주당의 활동을 탄압했다. 19세기 전반의 유럽 대륙은 매우 부패했는데, 이는 실제로 메테르니히의 책임이 크다. 어떤 사람은 리훙장이 메테르니히와 아주 비슷하다고 말한다. 그러나 리훙장의 마음 씀씀이는 메테르니히만큼 음흉하지 않았고, 재주 역시 메테르니히만큼 뛰어나지도 않았다. 메테르니히는 민중의 힘을 알고 억압했으나, 리훙장은 민중의 힘을 몰라서 이를 이용하지 못했다. 메테르니히의 외교정책은 군웅群雄을 조종할 수 있었지만, 리훙장의 외교정책은 조선도 안정시키지 못했다. 이런 점에서 둘은 같지 않다.

리훙장과 비스마르크

어떤 이는 리훙장을 '동양의 비스마르크'라고 하는데, 이 말은 아첨일 뿐

■ 비스마르크. 프로이센의 정치가로 독일 제국의 건설자, 초대 총리. 철혈정책으로 군비를 확장했으며, 오스트리아를 격파하여 북독일 연방을 건설했다. 프랑스와의 전쟁에서도 승리하여 남독일의 국가들을 참가시키는 독일 제국을 수립했다. 독일 제국의 성립을 선언한 후 프로이센 왕 빌헬름 1세를 황제로 추대하고 자신은 총리가 되었다.

말도 안 되는 소리이다. 리훙장을 어떻게 비스마르크Otto Eduard Leopold von Bismarck[9] (1815~1898)와 비교할 수 있겠는가? 군사 면에서 비스마르크가 승리한 대상은 모두 적국인 반면, 리훙장이 승리한 대상은 동포였다. 내정 면에서 비스마르크는 분열되어 있던 연방들을 하나로 통합해 독일 제국을 탄생시킨 반면, 리훙장은 거대한 중국을 이등국가로 만들었다. 외교 면에서 비스마르크는 먼저 오스트리아, 이탈리아와 연합해 자국에 유리하게 이용한 뒤 나중에 이들을 쫓아낸 반면, 리훙장은 러시아와 연합했지만 오히려 러시아의 덫에 빠지고 말았다.

---

9 비스마르크: 1815~1898. 독일의 정치가. 제2제국의 건설자로 철혈鐵血재상이라고 불려진다. 셴하우젠의 귀족 출신으로 괴팅겐 대학을 졸업한 뒤 아버지의 뒤를 이어 영지를 경영하다가 작센의 지방의회 의원을 거쳐 1851년 프랑크푸르트의 연방회의의 프로이센 대표가 되었으며 오스트리아와 대항해 프로이센의 성가를 높였다. 러시아(1859)·프랑스(1862)의 대사를 거쳐 외상이 되고 (1862), 독일의 통일에 힘써 군비확장으로 보오전쟁, 보불전쟁에서 대승했으며 1871년 독일의 통일을 완성했다. 전기의 현상 타파, 후기의 현상 유지의 2대 외교 정책은 너무나 유명하다. 내정에서는 자본주의를 육성하고 사회 민주당과 투쟁, 사회주의 운동을 탄압했다. 1890년 내외 정책의 실패로 사직했다.

이 세 가지 면을 서로 비교해보면, 두 사람이 너무 천양지차 아닌가? 이 것은 결코 성패라는 기준으로 사람을 평가한 것이 아니다. 리훙장의 학문, 권모술수, 담력, 어느 것 하나 비스마르크를 능가하는 것이 없다. 성취 면에서도 비스마르크보다 못하다. 실제 생존경쟁에서 강한 자는 번성하고 약한 자는 도태된다는 이치와 같다. 비록 운 면에서는 리훙장이 비스마르크에 미치지 못했지만, 밑천 면에서는 리훙장이 비스마르크보다 더 나았다.

사람은 저마다 어려움을 가지고 있다. 만약 그 어려움을 극복하지 못한다면 영웅이 될 수 없다. 리훙장은 비스마르크에게 자신이 처한 어려움을 말했지만, 비스마르크에게도 그만의 어려움이 있었다는 것을 이해하지 못했기 때문에 결국 깨우치지 못했다. 두 사람의 처지를 바꿔놓고 생각해도 그 성패의 결과는 역시 같았을 것이다. 따라서 "서양에 비스마르크가 있다면, 동양에는 리훙장이 있다."라고 얘기하는 것은 두 사람 모두를 더럽히는 것이다.

리훙장과 글래드스턴

어떤 이들은 리훙장, 비스마르크, 글래드스턴William Ewart Gladstone[10]

---

10 글래드스턴: 1809~1898. 리버풀 출신이며 옥스퍼드 대학을 졸업하고 영국 수상을 4회 역임했다. 1833년 보수당 하원의원이 되었다. 필 내각 때에 관세 개혁을 하여 자유무역의 길을 열었다. 또한 1852년 애버딘 연립 내각의 재무상이 된 후, 1853년에 획기적인 예산안을 성립하여 재정가로서의 명성을 확립했다. 1867년 자유당의 당수가 되고 보수당의 디즈레일리와 상대하여 전형적인 정당 정치를 전개했다. 여러 번 재무장관이 되어 활약했다. 1868년~1894년까지 4번이나 자유당 내각을 만들어 교육 제도를 고쳐 국민 누구나 교육을 받을 수 있게 했다. 1894년 정계에서 은퇴해 하위

■ 글래드스턴. 1870년의 추밀원령에 의해 공
개경쟁시험의 원칙을 확대·적용하는 등 근대
적인 실적주의의 기초를 닦은 영국의 정치가.
수상을 4회 역임한 그는 선거법 개정을 통해
영국의 선거 풍토를 바꾸고, 교육 제도를 고쳐
국민 누구나 교육을 받을 수 있게 하고, 자유주
의 입장에서 하층 계급의 불만을 해소시키기
위해 많은 개혁을 단행했다.

(1809~1898)을 삼웅三雄이라 부른다. 그들이 오랫동안 국사를 운영했고,
지위와 명성이 높았기 때문에 나온 말이다. 하지만 리훙장과 글래드스턴
은 서로 비슷한 점이 하나도 없다. 영국의 수상 글래드스턴은 내치와 민
정 전문가라는 장점이 있었으나, 군사와 외교에서는 어떠한 업적도 남기
지 못했다. 글래드스턴은 도덕가로서 민주국가의 모범이 되는 인물이다.
하지만 리훙장은 공명을 널리 얻은 동양의 인물이나 18세기 이전 시대의
영웅 유형이다. 따라서 두 사람 간의 차이는 매우 크다.

든에서 연구와 연설로 여생을 보내고, 백작 작위를 수여하려고 할 때 이를 사양하여 대평민The Great
Commoner으로서 일생을 마쳤다. 그는 내정 면에 있어서는 자유주의 입장에서 하층 계급의 불만을
해소시키기 위해 많은 개혁을 단행했다.

■ 티에르. 프랑스의 정치가이자 역사가. 폴리냐크 반동
내각에 항거했고, 루이 필리프의 시민적인 왕정 실현에
협력했으며, 수상을 지냈다. 보불전쟁에서 프랑스가 패하
자, 행정장관에 취임했으며, 파리 코뮌에 대항해 내란을
수습한 후 대통령이 되어 부르주아 공화주의의 확립과 안
정을 위해 협력했다.

리훙장과 티에르

프랑스 대통령 티에르Marie Joseph Louis Adolphe Thiers[11](1797~1877)는 보불
전쟁으로 파리가 포위 공격을 당했을 때 강화회담의 전권대신이었다.
당시 그가 처한 상황은 리훙장이 1895년과 1900년에 처한 상황과 매우
비슷했다. 국가의 존망이 달린 위급한 상황에서 국민들은 울분을 억눌
러야 했고 아무 말도 못하는 어려운 처지였다. 이러한 상황을 티에르는

---

11 티에르: 1797~1877. 프랑스의 정치가이자 역사가. 마르세유 출생. 엑상프로방스에서 법률을
공부했고 거기서 그의 평생의 우인인 사학자 F. A. M. 미녜François Auguste Marie Mignet를 만났다. 1821
년 파리로 가서 일간신문에 기사를 기고하는 동안에 탈레랑에게 재능을 인정받았다. 1823년부터
『프랑스 혁명사』 집필에 몰두하여 1827년 전8권을 완성했으며 미녜와 함께 필연사파必然史派의 대
표로 손꼽히게 되었다. 1829년 폴리냐크Polignac 반동내각에 항거해 라파예트Lafayette, F. P. G. 기조
François Pierre Guillaume Guizot 등과 결탁했고, 1830년 7월 혁명에는 솔선하여 복고왕정을 탄핵하는 논문
을 집필, 루이 필리프Louis Philippe의 시민적인 왕정 실현에 협력했으며 1836년~1840년 수상에 취임
했다. 1843년부터 20여 년간 『통령 정부와 제정사』(20권)를 집필하여 나폴레옹 시대의 역사를 완성
했다. 1848년 2월 혁명 후 의석을 획득했으나, 1851년 나폴레옹 3세의 쿠데타와 함께 정계를 떠나
그 후 약 20년간 집필에만 종사했다. 1871년 보불전쟁에서 프랑스가 패배하자 다시 행정장관에 취
임했으며, 파리 코뮌Commune de Paris에 대항해 내란을 수습한 후, 그 해 8월 대통령에 취임, 독일에 대
한 배상 문제를 해결하고 부르주아 공화주의의 확립과 안정을 위해 협력했다. 1873년 L. 강베타Leon
Gambetta의 급진공화파와 왕당파의 협공을 받고 퇴진했다.

■ 이이 나오스케. 오미近江 히코네번彦根藩의 제15대 번
주이자 에도 막부의 다이로. 1858년 미일수호통상조약에
서명함으로써 일본이 서구 열강에 문호를 개방하는 계기
를 마련했다.

우연히 단 한 번 처리한 데 반해, 리훙장은 여러 번 처리했다. 티에르가
상대한 적국은 하나였지만, 리훙장은 여러 국가를 상대했으니 리훙장이
더 비참했다고 할 수 있다. 그리고 티에르는 강화회담 후에 일장 연설로
즉시 50억 프랑이 넘는 돈을 모았으며, 프랑스를 10년도 안 되어 유럽의
일등강국으로 만들었다. 그러나 리훙장은 배상금 지불에 힘겨워하면서
도 아무런 대책도 없었기 때문에 날이 갈수록 중국을 위험에 빠뜨렸다.
이것은 두 나라 국민의 애국심 차이 때문인가, 아니면 리훙장이 민심을
이용하는 방법을 몰랐기 때문인가?

리훙장과 이이 나오스케

쇼군將軍이 정권을 쥐고 있던 일본 막부幕府 시대, 이이 나오스케井伊直弼
[12](1815~1860)는 막부의 중신으로서 내정과 외교에서 중책을 맡았다. 그
는 시세를 자세히 관찰하고 나서 쇄국정책은 안 된다는 것을 깨달았다.
그래서 유럽 및 미국과 동맹을 체결하고, 그들의 장점을 재빨리 배워 자

립하려는 생각을 가졌다. 하지만 당시 민간에서 존왕양이尊王攘夷 운동
이 일어나자, 그들을 강력하게 진압하여 막부에 충성을 다했다. 그 결과,
나라 전체가 그를 원망하고 그에게 모든 책임을 돌렸다. 결국 쇼군의 성
으로 가던 중 반대파 자객에게 암살당하고 말았다. 그가 죽자, 일본에서
유신운동이 활발해졌다.

　이이 나오스케라는 인물은 메이지 정부의 큰 적이자 공신이었다. 지금
도 뛰어난 재능을 가진 그가 살해당한 것을 매우 안타까워하는 일본인들
은 그의 죽음을 원통해하고 있다. 리홍장은 이이 나오스케와 아주 비슷한
상황이었지만, 그보다 훨씬 더 큰 곤란을 겪었다. 이이 나오스케는 횡사
했지만 리홍장은 죽어서 영예를 얻었으니 그의 운명이 이이 나오스케보
다 나았다고 말할 수 있다. 그러나 일본은 새로운 강국이 되었으나 중국
은 옛날과 달라진 게 없다.

---

12 이이 나오스케: 1815~1860. 오미 히코네번의 제15대 번주이자 에도 막부江戶幕府의 다이로大老
이다. 1815년 11월 29일 히코네 번彦根藩주 이이 나오나케井伊直中의 14번째 아들로 태어났다. 14남
이라는 위치, 한미한 생모의 신분 등으로 후계자가 될 가능성이 희박한 탓에 어린 나이에 집안의 후
원을 받는 절로 보내졌다. 17세부터 400석의 한직을 맡아 15년간 은둔자에 가까운 생활을 하는 동
안 13명의 형들이 대부분 죽거나 다른 집안에 양자로 가는 바람에 후계자 후보가 되었다. 형이자
14대 번주 이이 나오아키井伊直亮의 아들이 죽자 형의 양자가 되었고, 1850년 제15대 번주가 되었
다. 1853년 페리 제독이 함대를 이끌고 일본에 찾아오자 개국 여부를 둘러싸고 막부 중신 및 다이
묘들 사이에 의견대립이 생겨나고, 쇼군 도쿠가와 이에사다德川家定가 취임하자 그의 후계자 문제
까지 겹쳐 양이파와 개국파의 대립은 극심한 지경에 이르게 된다. 1858년 에도 막부의 비정기 최고
직인 다이로에 취임했고, 당시 천황의 승인을 받지 못해 계류 중이던 미일수호통상조약을 독단적
으로 처리했다. 또한, 쇼군의 후계자 분쟁에서도 기슈 번紀州藩주 요시토미慶福를 추천한 난키파의
손을 들어주고 그에 반발하던 히토쓰바시파를 숙청하는 이른바 안세이 대옥安政の大獄 사건을 일으
키게 된다. 이러한 강압정책은 여러 사람의 불만을 샀고, 특히 전 미토 번水戶藩주인 도쿠가와 나리
아키德川斉昭가 가택연금당한 것에 원한을 품은 미토 번 출신의 유랑무사 로닌에게 사쿠라다 문 밖
의 변桜田門外の変 당시 암살당했다.

■ 이토 히로부미. 일본 제국의 정치가. 요시다 쇼인吉田松陰 문하에서 '존왕양이운동'에 참가했으나, 이노우에井上馨와 같이 영국 유학 중 양이론을 포기했다. 1868년 메이지 신 정부가 들어서자 정계에 들어가 내무경內務卿 등을 지내 고, 1881년 정변으로 오쿠마大隈重信를 내쫓은 뒤 정부의 최고지도자가 되어 제국 헌법을 만들었다.

리훙장과 이토 히로부미

리훙장과 일본 재상 이토 히로부미伊藤博文[13](1841~1909)는 청일전쟁 당시 양국 영웅이었다. 영웅의 기준이 승리와 패배라면 당연히 이토 히로부미 가 리훙장보다 우위라고 할 수 있으나, 이토 히로부미는 결코 리훙장의 상대가 되지 않는다. 일본인들은 항상 이토 히로부미가 시대의 운을 아주 잘 타고난 인물이라고 평가하는데, 이 말은 맞는 것 같다. 그들의 경험을 살펴보면 일본의 메이지 유신 초기에 이토 히로부미는 큰 공이 없었으나, 리훙장은 분주하게 돌아다니며 갖은 고생을 다 했으니 첫 판은 리훙장에

---

13 이토 히로부미: 1841~1909. 일본의 정치가. 조슈長州 태생. 농민의 집안에서 태어나 요시다 쇼 인吉田松陰 문하에서 존왕양이尊王攘夷운동에 참가했으나, 이노우에井上馨와 같이 영국 유학 중 양이 론을 포기했다. 1868년 메이지 신정부가 들어서자 정계에 들어가 내무경內務卿 등을 지내고, 1881 년의 정변으로 오쿠마大隈重信를 내쫓은 뒤 정부의 최고지도자가 되어 제국 헌법을 만들었다. 1885 년 내각제도를 창설, 초대 내각총리대신이 되고, 국회의 개설과 함께 귀족원 의장이 되었다. 1905 년 러일전쟁 후 주한 특파대사로 와서 한국 정부와 고종을 협박, 을사조약을 강제로 성립시키고 초 대 한국통감이 되어 합방의 기초공작을 수행했다. 1909년 통감에서 물러나 추밀원 의장이 되어 그 해 10월 만주 시찰과 러시아와의 협상을 위해 만주 하얼빈역에 내렸다가 안중근 의사의 총격을 받 고 사살되었다.

게 졌다고 할 수 있다. 따라서 일본에서 이토 히로부미의 중요성은 중국에서 리훙장의 중요성보다 못하다. 설령 그들의 처지를 바꾼다고 해도 이토 히로부미가 리훙장에 미치지 못한다고 나는 생각한다.

그러나 이토 히로부미가 리훙장보다 나은 점은 바로 일찍이 유럽 유학을 간 덕분에 정치의 본질이 무엇인지 알고 있었다는 점이다. 이토 히로부미는 이것을 바탕으로 헌법을 만들어 장기간 나라가 태평하고 사회 질서와 생활이 안정되게 만들었다. 리훙장은 벌어진 일을 해결하고 수습하기에도 바빠서 큰일을 하려 해도 실패만 하고 끝내 아무것도 성취해내지 못했다. 일본에는 이토 히로부미와 같은 학식을 갖춘 사람이 적어도 100명 넘게 있었지만, 중국에는 리훙장과 같은 재능을 가진 사람이 단 한 명도 없었으니 모든 책임을 리훙장 한 사람에게만 떠넘길 수는 없다.

리훙장에 대한 일화

리훙장은 업무 처리 시 책상 위에 공문을 쌓아두지 않고 제시간에 처리했고 손님을 문 앞에서 기다리게 하는 법이 없었다. 이런 일처리 방식은 모두 쩡궈판에게서 배웠다. 리훙장은 서양인들처럼 일상생활과 식사 시간이 항상 규칙적이었다.

또한 그는 규율을 중요시하고 자기 자신을 엄격히 다스렸는데, 이 점에서는 중국인 중에 그를 능가하는 자가 거의 없었다. 여름철이나 겨울철에도 항상 아침 5시 정각에 일어나 송宋 시대 탁인본拓印本 『난정서蘭亭序』를 보고 반드시 100자의 글을 따라 썼으며, 자기가 따라 쓴 글은 남에게 보

■톈진을 방문한 율리시스 그랜트 장군과 함께한 리홍장. 미국 남북전쟁에서 큰 공을 세운 율리시스 그랜트 장군은 리홍장이 존경한 인물 중 한 명이었다. 그랜트 장군이 중국 톈진을 방문하자, 리홍장은 그를 특별 예우했다.

여주지 않았다. 쩡궈판이 정신 수양을 위해 매일 부대 내에서 바둑 한 판을 둔 것처럼, 리홍장의 이 모든 행동은 그가 자율적으로 정신을 수양하는 방법이었다. 또한 리홍장은 매일 점심 식사 후에 꼭 1시간씩 낮잠을 자곤 했는데, 때를 놓친 적이 단 한 번도 없었다. 총리아문에 있을 때, 그는 낮잠을 자고 일어날 때마다 기지개를 켜며 큰 소리로 하품을 한 뒤 신을 신고 옷을 단정히 했다. 그리고 시종이 늑장을 부려 일을 그르치는 것은 조금도 용서하지 않았다.

리홍장은 서양식대로 자기 몸을 관리했다. 끼니마다 닭 2마리를 삶아 먹었고, 수시로 의사의 진찰을 받았다.

리훙장을 방문한 고든이 톈진에 몇 개월 머문 적이 있다. 당시 이리 지역의 사건 때문에 러시아가 중국을 위협하고 있었고, 양국의 관계는 곧 깨지기 직전이었다. 리훙장이 고든에게 의견을 물었다. 이에 고든은 "공께서 스스로 황제가 되어 권력을 장악하고 대대적으로 정리를 하지 않는 한, 지금의 중국은 결코 앞으로 다가올 세계에서 살아남을 수 없습니다. 만약 공께서 황제가 될 뜻이 있다면 저는 모든 노력을 아끼지 않을 것입니다."라고 말했다. 리훙장은 순식간에 안색이 변하면서 어안이 벙벙해졌다.

리훙장은 사람을 대할 때는 항상 오만하고 경멸하는 태도로 내려다보았다. 오직 쩡궈판과 일을 할 때만 엄격한 아버지 대하듯 공손히 예의를 다했다. 왜 그가 그렇게 다른 행동을 했는지 전혀 이해가 되지 않는다.

리훙장이 외국인과 외교 교섭을 할 때는 더욱더 그들을 경멸하는 태도를 보였는데, 마치 시장에서 장사꾼을 대하듯 했다. 그는 "저 자들은 모두 이익을 얻기 위해 왔고, 나 역시 그에 따른 계산이 있다. 오직 이익을 얻기만 하면 그만이다."라고 말했다. 서양인을 떠받드는 그런 저열한 근성은 리훙장에게서 찾아볼 수 없었다.

리훙장이 외국인 중에서 존경한 인물은 단 두 사람뿐이다. 한 사람은 고든이고, 다른 한 사람은 미국 남북전쟁에서 큰 공을 세운 율리시스 그랜트Ulysses Simpson Grant[14] 장군이다. 리훙장은 톈진을 방문한 그랜트 장군을 특별 예우했다. 그 후에도 미국 공사를 만날 때마다 그랜트 장군의 근황을 물어보았다. 그가 미국을 방문했을 때 미국인들이 그랜트 장군을 기

---

14 율리시스 그랜트: 1822~1885. 미국의 군인이자 정치가. 멕시코 전쟁에 종군했고 남북전쟁이 시작되자 수많은 공적을 세우고 남군 사령관 R. E. 리Robert Edward Lee를 항복시켜 전쟁을 사실상 종결시켰다. 1868년에는 그의 인기를 바탕으로 공화당 대통령 후보에 지명되어 제18대 대통령으로 당선되었다.

리는 비를 건립한다는 얘기를 듣자, 존경하는 마음으로 그 자리에서 금 1,000냥을 기부했다.

리훙장은 항상 업무를 열정적으로 처리했다. 매일 접하는 문제라도 조금도 소홀함 없이 반드시 두세 번씩 심사숙고했으며 함부로 승인하지 않았다. 하지만 일단 승인하면 반드시 실천으로 옮기는, 언행이 일치하는 인물이었다.

리훙장이 유럽을 방문했을 때, 그는 만나는 사람의 나이와 재산이 얼마나 되는지 자주 물었다. 그러자 수행원이 "서양인들은 그런 질문을 가장 싫어합니다. 물어보지 마십시오."라고 귀띔했다. 그러나 리훙장은 개의치 않았다. 왜냐하면 그는 유럽인을 대단찮게 여겼고, 모든 것이 자신의 손바닥 위에 있다고 생각했기 때문이다. 가장 웃긴 일화로 리훙장이 영국의 어느 큰 공장을 방문했을 때의 이야기를 소개하겠다. 공장을 다 둘러본 리훙장이 갑자기 공장장에게 물었다.

"이렇게 큰 공장을 관리하는 공장장의 1년 수입은 얼마나 됩니까?"

공장장이 대답했다.

"월급 외에 다른 수입은 없습니다."

리훙장은 공장장의 다이아몬드 반지를 가리키며 말했다.

"그렇다면 이 다이아몬드는 어디에서 난 것입니까?"

유럽인들은 해외 토픽으로 이 이야기를 전했다.

세상 사람들은 리훙장의 재산이 천하제일이라고 하나, 이 말은 믿기 어렵다. 리훙장에게 대략 수백만 금의 재산이 있었다는 심증은 간다. 초상국招商局, 전보국, 광산 개발, 중국통상은행中國通商銀行의 투자지분이 적지 않았다. 또 다른 말에 의하면 난징과 상하이 여러 지역의 전당포와 은행 대다수가 그가 관리하던 것이라고 한다.

리훙장은 수도에 있을 때는 항상 현량사에 머물렀다. 쩡궈판이 장난 지방을 평정한 뒤, 리훙장이 처음으로 수도에 들어와 황제를 알현할 때 이곳에 잠시 머물렀던 것이 인연이 되어 그 후부터는 항상 현량사에 머물렀다. 훗날 이 사찰은 『춘명몽여록春明夢餘錄』에 하나의 이야기를 더한다.

리훙장이 평생 가장 아쉬워했던 것은 바로 과거시험의 주고관主考官이 되지 못한 것이었다. 1898년 무술회시戊戌會試 때 그는 수도에 있었는데, 주고관이 되고 싶었지만 끝내 선발되지 못했다고 한다. 조정에서 답안을 채점하는 대신일 뿐인데, 끝까지 한 번도 임명되지 못했다고 리훙장은 불만이 매우 컸다. 세상에 으뜸가는 공훈과 명성을 가진 그가 이렇게 작은 일에 미련이 남아 아쉬워하다니, 이를 통해 당시 과거시험이 사람들에게 얼마나 큰 피해를 줬는지 엿볼 수 있다.

이상의 여러 가지 일화들은 내가 우연히 듣고 보게 된 것들인데, 조리 없이 여기에 기록한 것은 리훙장이라는 인물의 일부분을 보기 위해서이다. 나는 리훙장과 깊게 사귀지 않아서 더 이상 그와 관련된 이야기를 알지 못한다. 그리고 그런 이야기들은 그렇게 중요한 것이 아니니 여기서 그치겠다.

리훙장에 대한 어느 일본인의 평론

도대체 리훙장은 어떤 인물인가? 나는 두 가지 말로 결론을 내고자 한다.

"배운 것도 없고 재주도 없어 감히 파격적이지 못했다.無學無術 不敢破格"

이것이 그의 단점이다.

"고생을 피하지 않고 비난을 두려워하지 않았다. 不避勞苦 不畏謗言"
이것이 그의 장점이다.

아! 리훙장은 세상을 떠났다. 그러나 천하는 오히려 리훙장의 시대보다
더 많은 어려움에 처해 있다. 후세 사람들은 어떻게 헤쳐나갈 것인가?

나는 일본 신문에서 일본인이 쓴 평론을 보았다. 그는 리훙장에 대해
남다른 견해를 가지고 있다. 번역하여 아래에 싣는다.

중국의 유명인사 리훙장이 사망했다. 이 때문에 동아시아 정국이 조용해
지기 시작했다. 청나라 조정을 위해 일하던 나라의 대들보가 무너졌다.

리훙장이란 인물이 얼마나 위대한지 공훈과 업적이 얼마나 큰지를 말하
는 것보다, 그의 복과 운이 다른 사람보다 좋았다고 말하는 편이 낫다. 그는
젊었을 때 과거에 합격해 진사가 되었고, 한림을 역임했다. 고상하고 귀한
명성을 얻었다. 태평천국이 반란을 일으키자, 쩡궈판의 참모가 되어 회군을
통솔했다. 또한 고든의 도움을 받아 장쑤를 평정했다. 이후 염군을 궤멸시
킨 그는 쩡궈판이 남겨놓은 책략에 의지해 큰 업적을 거두었다. 그가 즈리
총독일 때 톈진 교안이 발생했다. 프랑스가 중국을 압박하는 매우 난처한
상황이었는데, 갑자기 보불전쟁이 발발했다. 프랑스, 영국, 러시아, 미국 등
은 모두 서유럽의 큰 전쟁을 처리하기에 바빴기 때문에 교안 사건은 바로
조용히 해결되었다. 거의 25년 동안 북양대신으로 있었다. 톈진에 아문을
설립해 중국의 대권을 장악하고 세계 정치무대에서 외교를 맡았다. 이때가
실질적인 전성기였다.

그러나 리훙장의 지위와 명성이 뜻밖의 행운으로만 얻어진 것은 아니다.
그는 중국의 문무백관 중에서 비범한 안목과 민첩하고 과감한 정치 수완을

지니고 있었다. 보통 사람과는 비교할 수 없었다.

그는 서양 세력이 동양을 침략하려 한다는 것을 알았다. 따라서 외국의 선진 문명을 받아들여 중국을 강하게 만들려고 했다. 이러한 선견지명은 선배 쩡궈판이라 해도 그에 미치지 못한다. 쭤쭝탕과 쩡궈취안 같은 사람들은 말할 필요도 없다.

그는 톈진에서 회군을 서양식으로 훈련시켰다. 북양해군를 창설하고 뤼순, 웨이하이, 다구에 요새를 세웠다. 윤선초상국을 개설하고 연해 지역의 수상 교통을 편리하게 만들었다. 또 기계국을 만들어 무기를 제조했다. 카이핑 탄광을 세웠고, 철로 부설을 제안했다. 군사, 상업, 공업 방면에서 관심을 기울이지 않은 것이 없었다. 이러한 생각을 리훙장 자신이 했는지, 대권이 모두 그의 수중에 있었는지, 그가 양무를 처리한 것이 효과가 있었는지에 대해서는 말하지 않겠다. 그러나 도대체 누가 청나라를 지금의 수준까지 이끌었는가? 제일 먼저 꼽을 수 있는 인물이 바로 리훙장이다.

세계 사람들은 단지 리훙장만 알았지, 베이징 조정에 대해서는 알지 못했다. 그러나 베이징 조정은 리훙장을 깊이 신뢰하지 않았다. 뿐만 아니라 종종 리훙장을 근거도 없이 의심하고 질투했다. 당시 외국의 압박을 해결해야 하는 어려운 일은 리훙장만이 할 수 있었기 때문에 어쩔 수 없이 그를 쓴 것뿐이었다. 게다가 여러 성의 총독과 순무, 조정의 관리들 중에서 리훙장과 사이가 좋지 않은 사람이 여럿 있었다. 이 때문에 처리해야 할 일이 아주 많던 시기에도 리훙장의 조정 내 영향력은 미약했다. 대외 관계를 맺을 때처럼 무한한 권력이나 영향력이 그에게는 없었다.

리훙장 일생에서 청일전쟁은 운명의 전환점이었다. 혹시 그가 처음부터 의도적으로 전쟁을 시작한 것은 아닐까? 이것은 확실하게 알 수 없다. 하지만 이전에 맺은 약속들이 깨지려고 하자, 갑자기 리훙장이 러시아 공사와 협상해 러시아에 출병을 요청했다는 것은 알고 있다. 그는 먼저 조선에 군대를 파병했다. 일본을 위협해 싸우지 않고 굴복시키려고 했을 가능성이 있다. 하지만 이것 또한 단정하기는 어렵다. 아마도 그는 자기 자신을 너무 과대평가한 것 같다. 그리고 중국을 너무 과대평가해서 상대의 상황을 충분히 파악하지 않았으며, 동아시아의 정세를 잘 알지 못해서 계획에 착오가 생겼다. 그는 정말로 많은 실수를 저질렀다.

간단하게 말하면 청일전쟁은 리훙장 생애에서 가장 큰 도박이었다. 하지만 그는 이 도박판에서 졌고, 한 평생 쌓은 공로와 명성을 조금도 남김없이 모두 다 잃었다.

보통 사람이라면 이런 좌절과 실패를 당하면, 울분으로 죽음에 이르지는 않더라도 이와 비슷한 상황에 처했을 것이다. 73세의 고령인 리훙장은 국내에서는 무자비한 비난을 받았고, 대외적으로는 뒷수습을 해야만 했다. 그는 자진해서 강화회담을 책임지려 했지만, 불행히도 자객의 총격에 부상을 입었다. 하지만 끝까지 침착하게 일을 처리하여 사명을 완수했다. 그 이후 직접 러시아로 가서 러시아 황제 대관식에 축하사절로 참석했고, 유럽과 미국 등 여러 나라를 방문했다. 그는 마치 아무 일도 없었던 것처럼 행동했다. 이것이 바로 그의 장점이다.

리훙장의 말년은 대단히 쓸쓸했다. 앞의 반평생은 영국을 상당히 가까이했고, 뒤의 반평생은 러시아를 가까이했다. 그래서 영국은 리훙장이 러시아에 몸을 팔았다고 생각했다. 그가 러시아를 가까이한 것은 러시아가 두려웠기 때문일까, 아니면 러시아를 믿었기 때문일까? 나는 잘 모르겠다. 어쨌든 그는 러시아가 동양에서 가장 큰 세력을 가진 국가라고 생각했다. 그래서 관외關外의 토지를 러시아에 뇌물로 바치면서까지 러시아 세력의 보호 아래 잠시 동안의 평온을 얻고자 했다. 이것이 그가 러시아를 가까이한 가장 큰 이유이다. 어떤 사람은 중러밀약, 중러만주조약 때문에 리훙장을 진회와 같은 매국노로 여긴다. 하지만 이러한 견해는 정말 너무 지나치다. 그의 행동은 이해득실의 문제이지, 선과 악의 인성 문제가 아니다.

총리아문을 그만둔 리훙장은 산둥에서 황허 치수 사업을 관장했다. 량광 지역에서 상무대신과 량광 총독을 맡았고, 의화단이 어지럽게 일어났을 때 다시 즈리 총독를 맡았다. 경친왕과 함께 전권의화대신의 직책을 맡았고, 일이 해결되자마자 갑자기 사망했다. 정말로 비참한 말년이라고 할 수 있다. 하지만 치욕적인 말년이라고는 할 수 없다. 그 이유는 무엇일까? 그의 웅대한 포부와 뜻은 죽을 때까지 사라지지 않았기 때문이다.

만약 리훙장이 청일전쟁 전에 죽었다면 세계 역사가들은 19세기 위인 중 한 명으로 그를 크게 다루었을 것이 분명하다. 그는 위풍당당한 용모에 언변이 뛰어났으며, 민첩하고 융통성이 있고 태연했다. 그를 한 번 본 사람들은 모두 다 리훙장이 위인임을 알아챘다. 하지만 그의 핏속에는 영웅의 피가 한 방울도 없었던 것일까? 이 점은 단언할 수 없다. 그는 글래드스턴처럼 도의를 갖춘 고결한 마음씨도, 비스마르크처럼 강하고 고집이 센 남자다운 기개도 없었다. 또 캉유웨이처럼 불타는 애국심도, 사이고 다카모리西鄕隆盛[15]처럼 사람을 진심으로 대하는 정성도 없었다. 그래서 리훙장의 견문과 경력들은 나를 탄복하게 만들지 못한다. 그는 다른 사람의 마음속에

---

15 사이고 다카모리: 1827~1877. 도쿠가와 막부(에도 막부江戸幕府)를 전복시킨 메이지 유신의 지도자 중의 한 사람이다. 그러나 그 후 자신이 옹립한 천황 정부의 취약점에 대항해 반란을 일으켰다. 왕정복고王政復古에 참가해 큰 공을 세움으로써 전설적인 영웅이 되었으나 왕정복고로 인해 자신이 속한 사무라이 계급이 몰락하게 된 것을 애석하게 여겼다.

영웅으로 자리 잡을 수 있는 인물이 절대로 아니었다.

그러나 리훙장의 명저名著들은 여전히 사람들을 감탄하게 만든다. 그는 중국 사람이다. 위대한 중국 사람이다. 그는 무슨 일을 하든지 심각한 상황에서도 태연자약했고, 화를 내거나 번민하지 않았다. 그는 보통 사람이 참을 수 없는 것들을 참아냈다. 어떤 실망스러운 상황과 맞닥뜨려도 뜬 구름이 하늘을 지나가듯 대처했다. 그의 마음속에 번뇌가 없었을지는 몰라도 후회하는 마음까지도 없었을까? 그러나 겉으로는 후회의 흔적을 한 점도 찾아볼 수 없다. 철혈재상 비스마르크를 만나지 않았는가? 그는 일단 정치적으로 뜻을 이루지 못하자, 권력을 이양했다. 그의 가슴 속 분노의 불꽃은 그야말로 격렬하게 분출되었어야 했다. 그러나 리훙장은 자신에게 일어난 일들을 생각할 가치가 없는 것처럼 대했다. 그의 강한 참을성은 우리가 존경하고 숭배할 가치가 있고 절대 따라할 수 없는 것이다.

만약 그에게 제갈량 같은 사람이 되어야 한다고 요구했다면, 절대로 이 세상에서 오랫동안 버틸 수 없었을 것이다. 어째서 그럴까? 리훙장 평생의 일대기는 실제로 중화제국이 멸망해가는 역사 그 자체였다. 그와 같은 시대의 인물들은 이미 거의 모두 세상을 떠났다. 그의 일생에서 앞의 반평생은 영예로웠지만, 뒤의 반평생은 암담하게 끝났다. 그러나 그는 여러 안 좋은 일들을 처리할 때도 괴롭다고 느낀 적이 없었다. 어떤 사람은 리훙장이 뇌가 없고 심장과 간이 없는 사람이라고 말한다! 설령 이렇다 하더라도 세상 사람 중에 리훙장처럼 뇌가 없고 심장과 간이 없는 사람처럼 행동할 수 있는 사람이 몇이나 있겠는가? 죄가 있는데도 이러한 성과를 얻어냈다는 것은 참으로 존경하고 칭찬할 만한 일이다.

무쓰 무네미스는 리훙장에 대해 이렇게 평가했다.

"리훙장에게 뛰어난 배짱이 있고 출중한 능력이 있고 결단력이 있다고 말하는 것보다, 차라리 유난히 똑똑하고 영리하며 계획을 잘 세우고 일의 이해득실을 예견하는 능력이 있다고 말하는 것이 더 옳다."

상당히 정확한 지적이다. 그러나 리훙장의 큰 장점 중 하나는 여태껏 책임을 회피해본 적이 없다는 것이다. 그가 청 정부에서 몇 십 년 동안 요직을 맡고, 죽을 때까지 계속해서 가장 중요한 인물이었던 것은 중국과 외국의 간절한 희망을 자신이 맡아 처리했기 때문이다. 어떤 사람은 리훙장이 자신은 어떠한 책임도 없다고 여겼기 때문에 더 큰 중요한 책임도 모두 회피하지 않은 것이라고 말한다. 이것은 단지 한 사람의 견해일 뿐이지만, 실제 리훙장의 장점이기도 하다.

리훙장은 중국의 대표 인물이다. 그는 한 마리 순수한 냉혈동물 같았다. 이것은 중국인의 특성이다. 강한 자를 따르는 것도 중국인의 특성이다. 그의 강한 인내심도 중국인의 특성이다. 철면피와 같은 그의 뻔뻔함과 강한 개성도 중국인의 특성이다. 그의 뛰어난 언변도 중국인의 특성이다. 그의 교활함과 계산적인 면도 중국인의 특성이다. 그의 자신감과 잘난 척하는 면도 중국인의 특성이다. 그는 관중管仲처럼 경세제민經世濟民의 견문도, 제갈량과 같은 치국의 포부도 없었다. 하지만 왕안석처럼 그렇게 융통성이 없고 고리타분하지는 않았다. 그는 쉬면서 힘을 비축해뒀다가 피로한 적군을 맞아 싸웠고, 재치 있는 지혜로 천하를 종횡무진 누볐다. 온화한 태도로 침착하게 각종 곤란한 일과 분쟁을 해결했다. 전 세계를 다 둘러 찾아봐도 리훙장과 견줄 만한 사람은 찾기 힘들다.

이 평론은 리훙장의 진면목을 빠짐없이 잘 보여주고 있다. 지나치게 과

장하지도, 지나치게 깎아내리지도 않았다. 내가 여기에 추가로 말할 것은 없다. 그러나 이 일본인은 중국인을 대표하는 사람인 리훙장을 통해 우리 중국인들이 깊이 반성해야만 한다고 여겼다. 예전에 나는 『음빙실자유서飮冰室自由書』를 쓴 적이 있는데, 그 속에 「이십세기지신귀二十世紀之新鬼」라는 글이 있다. 그 글에서 리훙장을 논평한 부분을 발췌해 싣는다.

아! 호시 도루星亨[16]와 크리스피Francesco Crispi[17] 같은 인물이 불세출의 호걸이 아니란 말인가? 이 다섯 사람(빅토리아 여왕Queen Victoria[18], 호시 도루, 크리피스, 매킨리William Mckinley[19], 리훙장)은 모두 자기 나라에서 굉장히 중요한 인물들이다. 빅토리아 여왕은 입헌국가의 군주이고, 군주는 책임지지 않기 때문에 평가를 할 필요가 없다. 하지만 그 외 크리피스와 매킨리는 자신들의 국가를 새롭게 만들었고, 호시 도루는 국가를 변화시키고자 했으나 그 포부를 이루지 못했다. 따라서 이 세 사람을 리훙장과 비교해보면 부끄러움을 느낄 수밖에 없다. 리훙장은 항상 "전 국민이 방해한 탓에 나의 포부를 이루지 못했던 것이다."라며 위안을 삼았다. 비록 그 말이 사실이라고

---

16 호시 도루: 1850~1901. 메이지 시대의 의회 민주주의와 정당 정치를 발전시킨 정치가이다. 1892년~1893년 중의원衆議院 의장議長을 역임했으며, 1895년에는 조선에 법부위문고문관朝鮮国法部衙門顧問官으로 오기도 했다.

17 프란체스코 크리스피: 1819~1901. 이탈리아의 정치가로 이탈리아 통일운동에 참가했고 내무장관을 지낸 후, 내각을 조직하여 독일, 오스트리아와 3국 동맹을 맺고 에티오피아로 제국주의적 침략을 감행했다.

18 프란체스코 크리스피: 1819~1901. 이탈리아의 정치가로 이탈리아 통일운동에 참가했고 내무장관을 지낸 후, 내각을 조직하여 독일, 오스트리아와 3국 동맹을 맺고 에티오피아로 제국주의적 침략을 감행했다.

19 윌리엄 매킨리: 1843~1901. 미국의 제25대 대통령(재임 1897~1901). 금본위제도 유지와 보호관세로 산업자본에 유리한 정책을 전개했다. 미서전쟁(미국-스페인전쟁)을 일으키고 극동에 대해서 문호개방정책을 취했다.

하더라도, 온갖 어려움과 치욕을 참아내면서 극복해 마침내 목적을 달성한 호시 도루와 크리스피는 어떻게 봐야 하는가? 진정한 영웅은 절대로 다른 사람의 힘에 의지하지 않고 자신 스스로 역량을 만들어낼 수 있어야 한다. 호시 도루와 크리스피는 모두 스스로 역량을 만들어냈다. 리흥장은 청나라 조정에서 부유하고 존귀한 생활을 하는 것에 만족했을 뿐이다. 만약 그가 국가를 강성하게 하고 국민을 이롭게 하는 것을 자신의 포부로 삼았다면, 어째서 정권을 40년간 잡은 노련한 공신이 민심을 얻지 못하고 구습에 얽매이는 것을 극복하지 못했을까? 너무나도 안타깝다! 리흥장의 학식은 호시 도루만 못하고, 리흥장의 열정은 크리스피만 못했다. 자신이 가진 것은 그들보다 10배나 많았으면서도, 자신의 성취는 오히려 이들에 미치지 못했다. 근본적으로 리흥장은 실제로 학식도, 열정도 부족한 사람이었다.

하지만 비록 이렇다 해도, 대국 중국에서 리흥장보다 학식 있고 열정 있는 사람을 몇 명이나 찾을 수 있는가! 19세기의 세계 여러 나라들에는 모두 영웅이 있었는데 유일하게 중국에만 영웅이 한 명도 없었다. 그래서 우리 중국인들은 결국 사슴을 가리켜 말이라고 하지指鹿爲馬 않았는가! 세상의 비웃음을 피하고자 리흥장을 전 세계에 추켜세우면서 "이 사람이 우리나라의 영웅이다."라고 말했다. 아! 그는 우리나라의 영웅이 되기에 적합한 인물이었다. 하지만 19세기 이전의 영웅에 적합한 인물이었다.

결론적으로 말하자면, 리흥장은 재능은 있었으나 학식이 부족했고, 경험은 있었으나 혈기가 부족했다. 그는 나라를 위해 몸과 마음을 다 바칠 생각이 전혀 없지는 않았다. 그러나 그는 매일 적당하게 보내면서 눈앞의 안일만을 꾀하며 죽기를 기다렸다. 죽기 전까지 그는 줄곧 책임을 미루는 일이 없었다. 그러나 후세를 위해 100년 대계大計을 생각해보는 포부가 없었다. "하루 중노릇을 하면 종을 하루 친다."라는 속담처럼 그저 하루를 대충 보냈다. 중국의 조정과 재야, 위에서부터 아래까지 모든 사람들의 마음이 그와 같았다. 리훙장은 단지 그들의 대표 인물일 뿐이다. 그러나 오늘날 조정의 2품 이상 고위 관리와 50세 이상의 고관들 중에 리훙장을 따라갈 수 있는 사람은 단 한 명도 없다고 감히 단언할 수 있다. 아! 이제 리훙장의 실패 이유를 분명하게 알게 되었다. 앞으로 내우외환의 풍파는 리훙장 시대보다 몇 배는 더 심할 것이고, 오늘날 리훙장 같은 인물을 또다시 찾아보기는 거의 불가능할 것이다. 중국의 앞날을 생각하면 나는 절로 등골이 오싹할 정도로 소름이 끼친다. 중국의 최후 모습이 어떠할지 예측조차 할 수가 없다.

중원에 새바람이 일어 개혁해야 하는데, 하나같이 말이 없으니 슬프지 아니한가.
하늘에게 바라나니 거듭 힘을 내서 인재들이 마음껏 뜻을 펼치게 하소서.
九州生氣恃風雷, 萬馬齊喑可哀.
我勸天公种抖擻, 不拘一格降人才.
- 공자진龔自珍[20]의 『기해잡시己亥雜詩』에서

---

20 공자진: 1792~1841. 중국 청나라 말기의 학자 겸 시인. 청나라 말기의 다난한 시대상과 자신의 울분을 정감 넘치는 시문詩文으로 표현했는데, 그 속에서 엿보이는 개혁의지는 이후의 개혁가들에게 큰 영향을 끼쳤다. 저서로는 『정암문집定庵文集』 『시집詩集』, 『보편補編』, 『기해잡시己亥雜詩』 등이 있다.

리훙장 李鴻章 평전

초판 1쇄 인쇄 2013년 1월 8일
초판 1쇄 발행 2013년 1월 11일

지은이 ㅣ 량치차오
옮긴이 ㅣ 박희성 · 문세나
펴낸이 ㅣ 김세영

책임편집 ㅣ 이보라
편집 ㅣ 김예진
디자인 ㅣ 강윤선 · 홍효민
관리 ㅣ 배은경

펴낸곳 ㅣ 도서출판 프리스마
주소 ㅣ 121-894 서울시 마포구 서교동 381-38 3층
전화 ㅣ 02-3143-3366
팩스 ㅣ 02-3143-3360
블로그 ㅣ http://blog. naver.com/planetmedia7
이메일 ㅣ webmaster@planetmedia.co.kr
출판등록 ㅣ 2005년 10월 4일 제313-2005-00209호

ISBN 978-89-966482-4-6 03990